TINA WILLMS | Momente, die dem Himmel gehören

TINA WILLMS

Momente, die dem Himmel gehören

Gedanken, Gedichte und Gebete für jeden Tag

Ein Jahresbegleiter

neukirchener

Bibliografische Information der Deutschen Nationalbibliothek:
Die Deutsche Nationalbibliothek verzeichnet diese Publikation in der Deutschen Nationalbibliografie; detaillierte bibliografische Daten sind im Internet über http://dnb.d-nb.de abrufbar.

3. Auflage 2025

Andreas-Bräm-Straße 18/20, 47506 Neukirchen-Vluyn,
info@neukirchener-verlage.de

Umschlaggestaltung: Agentur 3Kreativ, Essen, unter Verwendung von Bildern © shutterstock/nereia, © shutterstock/Midstream
Lektorat: Lea Omers, Duisburg
DTP: Magdalene Krumbeck, Wuppertal
Verwendete Schrift: Scala
Gesamtherstellung: Drukarnia Dimograf Sp z o.o., Bielsko-Biała
Printed in Poland
ISBN 978-3-7615-6784-5 (Print)
ISBN 978-3-7615-6785-2 (E-Book)

www.neukirchener-verlage.de

Geleitwort von Annette Behnken

Ein Wort ist mehr als ein Wort. Jedes Wort: ein ganzes Universum. Ach, falsch! Jedes Wort ist viele Universen! Brot zum Beispiel. Oder Regen. Welche Kosmen an Sinneseindrücken, Erinnerungen, Gefühlen und Gedanken werden allein durchs Lesen oder Hören dieser Worte in jedem, jeder entfacht! Von: »Verflixt, hat der Bäcker noch offen?« über die Erinnerung an die riesigen Brotlaibe, die meine Oma früher buk – was allein das Wörtchen »buk« schon an Assoziationskaskaden auslöst! – bis zu den verschimmelten Schulbrotresten meiner Kinder. Und der durchsichtige Regenschirm mit Marienkäfern, der mein ganzer Stolz war als Fünfjährige. Welche Kosmen, helle und dunkle, werden in zwanzig Jahren ausgelöst von Worten wie Aerosol, Inzidenzwert und Mund-Nasen-Schutz?

Als Theolog*innen und Geistliche suchen wir nach Worten, um den Himmel auf die Erde zu holen. Hohe Gedanken, tiefe Einsichten werden in verbalen Vehikeln transportiert. Auf diese Weise entstehen großartige Texte, werden scharfsinnig Einsichten formuliert, narrativ Weisheiten aufgespürt – findet ein Ringen um die dem Inhalt angemessene Sprache statt. Das ist die Kunst und mal gelingt sie beglückend gut, mal bleiben die Worte zwischen Himmel und Erde hängen.

Auch den Gedichten, Geschichten und Gebeten von Tina Willms wird möglicherweise gelegentlich dieses Ringen vorangegangen sein. Das Besondere dieser poetischen Kleinode liegt darin, dass hier der Himmel bereits auf der Erde ist. Er ist schon da und kann aufgespürt werden. Worte, Instrumente des Ausdrucks, werden zugleich zu Instrumenten des Aufspürens:

Sonden, Lupen, Höhrrohre, Pinzetten, Tastorgane ... auf der Suche nach Heiligem mitten in den Dingen des Lebens. Tina Willms begibt sich mit dem Instrumentarium ihrer Worte auf »religiöse Erkundungen der Wirklichkeit«[1].
Mir persönlich ist dabei ihre Wertschätzung des Fragezeichens außerordentlich sympathisch und wichtig:

Auf schmalem Grat

Ich stehe
auf schmalem Grat,

gespannt
zwischen Himmel und Erde.

Aufrecht hält mich
ein Fragezeichen.[2]

Das, werte Leser*innen, ist das Universum, das Tina Willms' Worte mir eröffnen. Ihnen öffnen sie möglicherweise andere. Ich wünsche Ihnen beim Lesen belebende, tröstende, erhellende, himmeleröffnende Wirklichkeitserkundungen!

Annette Behnken, Wennigsen im Januar 2021

---

1 Klaus Eulenberger: Nur die Stimme der Wahrheit kann trösten. Religiöse Erkundungen der Wirklichkeit, Berlin 2010.

2 Tina Willms, Auf schmalem Grat, in: dies., Zwischen Abschied und Anfang. Ein Begleiter durch die Passions- und Osterzeit – Andachten, Gedichte und Gebete. © 2020 Neukirchener Verlagsgesellschaft mbH, Neukirchen-Vluyn, S. 74.

1. Januar

Und ich … will dich segnen …
und du sollst ein Segen sein.
GENESIS 12,3

Zum neuen Jahr

Lebensfreude suche dich täglich auf,
Glück schneie zuweilen herein
und Träume sollen sich
niederlassen bei dir.

Freund*innen seien in Reichweite,
Hoffnungslicht falle durchs Fenster
und der Alltag schenke dir unerwartet
manch duftenden Strauß.

Segen sei über dein Dasein geschrieben,
Sinn erfülle dir alle Sinne
und über dir wölbe sich
der Himmel als bergendes Dach.

2. Januar

Und alles, was ihr tut mit Worten oder mit Werken, das tut alles im Namen des Herrn Jesus, und dankt Gott, dem Vater, durch ihn. KOLOSSER 3,17

Der Zauber des Neuanfangs

Ein leeres Heft, dieses neue Jahr. Schneeweiß die Seiten. Der Zauber des Neuanfangs liegt darüber, als ob alles anders werden könnte. So viele unverbrauchte Tage, die es zu gestalten gilt. So viele Möglichkeiten, die mich locken.
Doch dann denke ich daran, wie es früher war mit den neuen Heften: Meine Schrift war dieselbe geblieben. Und so sehr ich mich bemühte, alles richtig zu machen, es gelang mir nie. Immer wieder kleckste ich hässliche Flecken auf das schöne weiße Papier. Manches konnte ich immerhin mit dem Tintenkiller wieder einigermaßen gutmachen.
Auch im neuen Jahr werde ich dieselbe bleiben, ich nehme mich immer und überall hin mit. Das beunruhigt mich. Denn in das Heft meines Lebens schreibe ich ohne Radiergummi und ohne Tintenkiller. Alles, was ich notiere, wird so stehen bleiben müssen, wie es ist. Keinen einzigen Punkt kann ich im Nachhinein hinzufügen. Nichts vermag ich später wieder zu streichen.
Ich wünsche mir, dass mir das, was ich schreiben werde, gelingen wird. Dass ich erzählen kann von hellen Tagen und Wegen, von Freund*innen an meiner Seite, von Plänen, die gelingen, von fröhlichen Festen.
Aber ich weiß auch: Manches wird am Ende des Jahres in diesem Heft stehen, das mir nicht gefallen wird. Es werden Dinge geschehen, die ich mir nicht ausgesucht habe. Manches wird mir vor Augen stehen, das mir misslungen ist, und ich werde erzählen müssen von Abschieden, die mich schmerzen.

Noch kenne ich die Überschrift nicht, die ich später im Rückblick diesem Jahr meines Lebens geben werde. Aber es tut mir gut zu wissen, dass dieser Titel nicht über dem Ganzen stehen, sondern nur ein Untertitel sein wird.
Denn über das Buch meines Lebens hat ein anderer seinen Namen als Überschrift gesetzt. Jesus Christus. Fest und unverrückbar steht dieser Name da. In ihm lebe ich mein Leben. Die guten Tage und auch die schweren. Die hellen Momente und auch die dunklen. Immer ist er da, neben mir. An ihn will ich mich halten. Das neue Jahr: ein Heft, noch weiß und leer. Für einen Moment will ich die Verheißung genießen, die über dem Anfang liegt; nichts soll ihren Zauber stören. Dann nehme ich den Stift in die Hand und beginne zu schreiben.

3. Januar

Der ist wie ein Baum, gepflanzt an den Wasserbächen, der seine Frucht bringt zu seiner Zeit, und seine Blätter verwelken nicht. PSALM 1,3

An der Quelle

Wie das Wasser auf dem Weg
zwischen Quelle und Mündung
flüstert und wispert,
säuselt und raunt,
murmelt und summt,
so lass mich murmeln deine Weisungen
und summen deine Weisen,
bis sie summen
und murmeln in mir.

Die ihre Wurzeln strecken zu dir,
du Quelle des Lebens:
Grünen werden sie,
singen und summen wird es
in ihren Zweigen.

Stämme werden sie,
stark und fest,
damit sich anlehnen können alle,
die suchen nach Halt und Trost.

Alle, die suchen nach dir.

4. Januar

Siehe, ich mache alles neu! OFFENBARUNG 21,5

Neues ist möglich

Ob es ein Zufall ist, dass der Beginn eines neuen Jahres in den Winter fällt? Irgendeiner muss das doch irgendwann festgelegt haben. Ob es ein Mensch war, der auf der Nordhalbkugel lebte, weit entfernt vom Äquator? In einem Land, in dem der Winter das, was gestern vor dem Fenster war, über Nacht in eine andere Landschaft verwandelt?

Und diese verwandelte Landschaft bringt Bilder mit sich, die wie Metaphern sind für ein neues Jahr.

Schnee ist gefallen: Ein weißes, glänzendes Feld liegt vor mir, ohne jegliche Spur. Jeder Weg scheint noch möglich zu sein. Ich kann prägen und gestalten, was vor mir liegt.

Raureif kleidet die Welt in ein neues Gewand. Er hebt Details hervor, die vorher unscheinbar waren. Gerade das, was im Schatten liegt, kommt nun groß heraus.

Der See ist zugefroren, ein dunkler Spiegel, der mich doch lockt, auch dem zu vertrauen, was unwägbar ist und zerbrechen kann.

Über allem ein manchmal gleißendes, manchmal sanftes Licht. Es hebt an den kalten und frostigen Tagen die Schönheit hervor wie eine Verheißung.

»Siehe, ich mache alles neu!«, verspricht Gott im letzten Buch der Bibel. Die winterliche Welt unterstützt seine Zusage.

Als wolle sie Mut machen, ihm zu vertrauen am Anfang eines neuen Jahres.

5. Januar

Auf dem Weg der Träume

Einmal am Tag mich unterbrechen, um auf dem Weg der Bilder zu gehen, die Gott für diese Welt erträumt.

Wie denkt er?
Wie stellt er sich die Menschen vor, denen ich begegne?
Welche Vision hat er vor Augen von meiner Stadt?
Wie träumt er die Welt?

Einmal am Tag aus dem Alltag abbiegen. Den Umweg nehmen, um Gott durch die Träume zu gehen. Was kann ich heute und hier dazu beitragen, damit sie wahr werden?

Das könnte tätiges Beten sein.

6. Januar

Die Finsternis vergeht und das wahre Licht scheint schon. 1. JOHANNES 2,8B

Das wahre Licht

Peter Härtling erzählt in seinem Buch »Nachgetragene Liebe« folgende Szene, die er selbst erlebt hat: Sein Vater, ein Anwalt, ist besorgt über ihn, den Sohn, der in grobe, nationalsozialistische Gesellschaft geraten ist. Und so nimmt er ihn mit zu einem Besuch bei einem Mandanten, den er vertritt. Dieser ist ein Jude und heißt ausgerechnet »Glück« mit Nachnamen.

Aber er hat kein Glück, im Gegenteil: Alles ist ihm genommen worden und seine Deportation in das Konzentrationslager Theresienstadt steht bevor. Und doch empfängt er Vater und Sohn freundlich. Der Sohn verfolgt das Gespräch der beiden erwachsenen Männer:
»Ich kann Ihnen nicht helfen. Vater spricht sehr leise.
Ich weiß. Herr Glück nickt zustimmend. Vaters Hilflosigkeit verletzt ihn nicht. Vater fügt noch einen schlimmen Satz hinzu: Ich weiß gar nicht, warum ich noch gekommen bin.
Herr Glück richtet sich auf. Seine Augen werden groß und freundlich. Damit Sie mir nicht auch noch verloren gehen, sagt er.
Vater hat wohl mit einer solchen Antwort nicht gerechnet. Er legt überrascht die Hand auf die Brust und fordert mich auf, in den Garten zu gehen.«[3]
Später verabschieden sich die beiden Männer mit einer Umarmung. Befremdet und erstaunt steht der Sohn daneben. Er versteht erst viel später, was dort geschehen ist: Diesem Menschen, dem alles genommen wurde, soll es jetzt auch noch an sein Leben gehen. Er weiß es, und der Vater, sein Anwalt, weiß es auch. Er hat alles versucht, doch vergeblich. Nun kann er nichts mehr tun. Und trotzdem besucht er Herrn Glück. Der Anwalt mag machtlos sein. Der Mensch aber ist es nicht.
Herr Glück wird seine wenigen Habseligkeiten in einen Koffer packen. Er wird schon bald in einer Schlange stehen und auf den letzten Zug seines Lebens warten. Dieser Anwalt aber, der zu einem Menschen geworden ist, der seine Verzweiflung teilt und da ist bis zuletzt, er ist ihm nicht verloren gegangen.
Und darum nur geht es: dass wir bleiben, auch, wenn unsere Hände leer und wir selbst machtlos sind. Dass wir dem anderen,

---

3 Peter Härtling: Nachgetragene Liebe. Erzählung, Darmstadt 1980, S. 144.

der alles verliert, am Rand des Lebens nicht auch noch verloren gehen. Dann scheint selbst in der tiefsten Finsternis ein Licht, von dem man sagen kann: Das wahre Licht scheint schon.

7. Januar

Lieben

Im Trotzdem wohnen,
dem zugigen Zelt.

Zerbrechlich die Wände.
Unverwundbar der Raum.

Sich wandelndes Zuhause
im Niemandsland.

8. Januar

Nach dem Abspann

Die Komplikationen beginnen nach dem Abspann. Filme sparen das oft aus. Aber im Leben geht das nicht.
Da fängt nach den schönsten Augenblicken irgendwann der Alltag wieder an.
Als sei nichts gewesen, drängt er sich in das Besondere und verdrängt es. Er stellt seine unabweisbaren Forderungen und zuweilen auch seine unbequemen Fragen und verlangt sein Recht.

Es ist Zeit, den nadelnden Tannenbaum abzuräumen, die Kugeln und Sterne zurückzupacken in Schachteln und Tüten. Durchfegen und lüften. Nun ist der Platz im Wohnzimmer seltsam leer. Aber ich weiß: Schon nach einem Tag habe ich mich wieder daran gewöhnt.

Was tun, damit Weihnachten nicht auch eine Leerstelle in meinem Leben wird, an die ich mich schnell gewöhne? Wie kann ich etwas mitnehmen und in die Normalität retten vom Glanz dieser Zeit? Ich möchte so gerne das Herz offen und berührbar halten und nicht verhärten.

Ich nehme zwei Sterne wieder aus der Schachtel. Einen Strohstern lege ich mir auf den Schreibtisch.

Das Stroh: Es ist nach dem Dreschen auf der Tenne übrig geblieben, ein Rest. Hat auf der Erde gelegen. Ist aufgehoben worden. Ich stelle mir vor, dass es in der Krippe gelegen hat.

Dann hat jemand – vielleicht ein Hirtenkind – einen Stern daraus gemacht.

Der zweite ist aus Transparentpapier. Ich denke an den Stern, der über dem Stall stehen blieb.

In ihm leuchtete die Liebe Gottes, die uns leitet. Sie kann an jedem Tag als Licht in mein Leben fallen und hindurchschimmern durch mich.

Schließlich nehme ich den Engel, den jemand aus dünnem Papier eines Gesangbuchblattes gefaltet hat. Die Lieder der Advents- und Weihnachtszeit klingen nach.

Ein Engel kann mir begegnen und manchmal kann ich selbst einer sein.

Zwei Sterne und einen Engel rette ich in den Alltag. Der Staub des Alltäglichen wird sich über den Glanz des Besonderen legen. Die Erinnerung wird ihn zuweilen beiseitewischen. Sie wird eine Brücke ins Heute schlagen:

Gott ist Mensch geworden und über die Erde gegangen. Er ist unterwegs mit uns. Auch nach dem Fest werde ich seine Spuren finden können in der Welt. Und ich werde selbst die ein oder andere legen können. Spuren des Friedens und der Liebe. Ein Jahr lang. Auch nach dem Abspann. Mitten im Alltag.

9. Januar

Deine neue Welt

Guter Gott,
öffne an jedem Morgen
mir die Augen neu,
nicht nur für das, was ist,
sondern auch für das,
was werden könnte.

Beflügele meine Fantasie
mit den Bildern
deiner neuen Welt,
und schenk mir Geduld und Geschick,
um sie einzuzeichnen
in die Straßen meiner Stadt.

10. Januar

Siehe, ich habe vor dir eine Tür aufgetan, die niemand zuschließen kann. OFFENBARUNG 3,8A

»Herzlich willkommen!«

Meine Freundin steht in der offenen Tür. »Komm rein, ich habe schon Kaffee gekocht«. Drinnen ist es warm und gemütlich, Blumen und Kuchen stehen auf dem Tisch, und der Kaffee duftet. So ein Empfang tut gut. Ich fühle mich angenommen und geborgen.

Ich habe auch schon vor verschlossenen Türen gestanden. Wenn ich schnell noch etwas einkaufen wollte, der Laden aber schon zu war. Wenn jemand nicht zu Hause war.

Im Laufe des Lebens bemerke ich, dass einige Türen sich für immer schließen und manche Chancen nicht mehr wiederkommen. Das ist bitter. Oft übersehe ich dann die Wege, die sich an anderer Stelle für mich auftun.

Und dann gibt es auch die Türen, die einmal offen waren, aber später zugeschlagen und fest verriegelt wurden. Am Anfang waren zwar der Wunsch und der Wille da, einander ein zu Hause zu geben. Doch irgendwann ließ das Verbindende nach, Worte und Gesten kamen nicht mehr an, die Herzenstüren wurden verschlossen.
Es ist ein großes Glück, wenn es uns Menschen gelingt, einander die Tür ein Leben lang offen zu halten. Wir können uns darum bemühen. Aber garantieren können wir es nicht.

Gott allein kann so ein Versprechen geben. Und er bindet es nicht an ein künftiges Verhalten. Auch, wenn ich mich verändere, seine Zusage bleibt: »Meine Tür ist und bleibt offen für dich! Niemand kann sie zuschließen.«
Das ist eine gute Grundlage für mein Leben: Ich bin willkommen in Gottes Wohnung. Seine Herzenstür steht mir offen. Bei ihm finde ich ein Zuhause, das bleibt.

11. Januar

Wintertag

Schwarzweiß
fällt der Tag
auf die Netzhaut.

Die Farben
verkriechen sich
unterm Laub
vom letzten Jahr.

Immergrün aber
überwintert
dein Wort,

raunt es in Fichten
und flüstert in Kiefern:
Das Leben siegt.

12. Januar

Einer trage des andern Last, so werdet ihr das Gesetz Christi erfüllen. GALATER 6,2

Christus hat keine Hände

Meine Hände sind komplizierte Gebilde. Was sie alles können, merke ich, wenn sie nicht so funktionieren, wie sie sollen. Wenn sie verletzt sind oder steif vor Kälte.
Ich schaue sie in Ruhe an, meine Hände. Vier Finger, unterschiedlich lang. Knochen, Muskeln, Sehnen und Gelenke machen die Finger beweglich. Blutgefäße versorgen und wärmen sie, Nerven sorgen für ein feines Gespür, besonders in den Innenflächen und in den Fingerspitzen. Dann ist da noch der Daumen, der den Fingern gegenüberliegt. Durch diese sogenannte Daumenopposition sind wir Menschen besonders geschickt. Ja, es gibt sogar einen geschichtlichen Zusammenhang zwischen der Entwicklung der Hand und der des Menschen.
Schaue ich meine Handflächen an, dann sehe ich feine Linien, die sie durchziehen. Auch die Spitzen von Fingern und Daumen sind von Linien gezeichnet. Mit ihnen kann man mich überall auf der Erde identifizieren. Kein Mensch unter acht Milliarden hat dieselben Fingerabdrücke wie ich.
Meine Hände ermöglichen mir, die Welt zu begreifen. Sie lassen mich handeln und helfen mir, mein Leben in die Hand zu nehmen. Kraftvoll zupacken, das kann ich mit meinen Händen. Ich kann tragen, ziehen und halten, ich kann aber auch schlagen, boxen, ja sogar prügeln. Meine Hände machen es mir ebenso möglich, fein und präzise zu arbeiten. Ich kann schreiben oder stricken, nähen oder Klavier spielen.
Mein Fingerspitzengefühl hilft mir, Dinge zu ertasten und zu erkunden: hartes Holz oder ein weiches Fell. Und mit meinen

empfindsamen Handinnenflächen kann ich einem anderen Menschen über die Haut streichen und ihn sanft berühren.

Sicher, ich habe nicht alles in den Händen. Aber doch eine ganze Menge. So vieles machen meine Hände mir möglich. Wenn ich sie anschaue, freue ich mich über diese Wunderwerke und bin dankbar dafür. Mir fällt eine Gedichtzeile ein, die ich einmal gelesen habe und die ich mir zu Herzen nehmen will: Christus hat keine Hände, nur unsere Hände, um seine Arbeit heute zu tun.

13. Januar

Im Wir

Immer sind es andere,
unter deren Flügeln
der Aufwind der Liebe
noch trägt.

Sie heben dich
durch den Zweifel
und hegen die Hoffnung,
damit sie wächst.

Sie geleiten dich
durch Tränentage,
bis sich ein Weg
ins Leben öffnet.

Sie hüten dich
am Gefahrenrand,
damit dir Kräfte wachsen,
die ins Weite führen.

Und einmal gehörst du
zu den anderen,
unter deren Flügeln
die Liebe noch trägt.

14. Januar

Und dienet einander, ein jeder mit der Gabe, die er empfangen hat, als die guten Haushalter der mancherlei Gnade Gottes. 1. PETRUS 4,10

Die Welt zum Klingen bringen[4]

Zwei Männer in einem Winterwald weit oben auf einem Berg. Einen mühevollen Weg haben sie hinter sich; nun gehen sie an den Bäumen entlang und beklopfen sie mit der stumpfen Seite einer Axt. Sie lauschen den Tönen, die entstehen. Dann markieren sie den einen oder anderen Baum.

Was tun die beiden dort? Einer von ihnen, Martin Schleske, ist Geigenbauer, er ist auf der Suche nach sogenannten »Sängern« unter den Bäumen. Diese bringen besondere Töne hervor, wenn

4 nach: Martin Schleske:Der Klang. Vom unerhörten Sinn des Lebens © Wilhelm Goldmann Verlag, München, 5. Auflage 2014.

man sie mit der Axt beklopft. Und sie werden gutes Klangholz sein für seine Instrumente.

Später findet sich dieses Holz in der Werkstatt von Martin Schleske wieder. Der Baum-Sänger wird zu einer Geige werden, die im Konzertsaal mit ihrem Klang die Zuhörenden verzaubert.

Der Geigenbauer versteht seine Arbeit als eine schöpferische. Er unterscheidet sie von der Konstruktion, wo sich das Material dem Willen des Erbauenden fügen und darum möglichst perfekt und makellos sein muss.

In seiner Werkstatt ist es anders. Schleske arbeitet mit dem, was er vorfindet. Er bezieht die Eigenarten des Holzes in seine Arbeit mit ein: die Maserung, die Dicke der Jahresringe, Unregelmäßigkeiten im Wuchs.
Gerade das Nicht-Perfekte, die Eigenart ist unverzichtbar für den besonderen und somit auch perfekten Klang jedes einzelnen Instruments.

Indem er sich als Schöpfer begreift, klinkt Martin Schleske sich ein in das Selbstverständnis dessen, der die Welt ins Leben ruft. Auch für den Schöpfer der Welt – so erzählen es die ersten Seiten der Bibel – ist das Ausgangsmaterial keineswegs perfekt. Ein Tohuwabohu findet Gott vor, ein chaotisches, wüstes Durcheinander. Das Material für sein Vorhaben scheint alles andere als optimal zu sein.

Und es muss offensichtlich nicht perfekt sein. Denn Gott konstruiert nicht, sondern er erschafft und belebt.
Dafür braucht er kein ideales Ausgangsmaterial. Er arbeitet mit dem, was er vorfindet. Er entdeckt das Potential, das darin

steckt. Die Eigenarten, die andere vielleicht als Makel empfinden würden, deutet er um und lässt sie einfließen in das, was entsteht.

Wie wäre es, sich selbst als Werk dieses Schöpfers zu begreifen? Wir, Sie und ich, sind angesehen, so wie wir sind, wir sind entstanden aus Gottes Vision. Unsere Eigenarten, das, was wir selbst oder auch andere als Makel empfinden könnten, interpretiert er als Besonderheit. So werden wir zu seinen Resonanzräumen, in denen sich seine Stimme entfaltet. Gemacht, um die Welt zum Klingen zu bringen.

Ja, Gott macht uns sogar zu seinen Mitschöpfer*innen. Er vertraut uns an, was er erschaffen hat. Wir können uns einklinken in seine Arbeitsweise. Nicht nur als Geigenbauer*innen. Sondern an dem Platz, an dem wir sind.

Eine sorgsame Wahrnehmung ist dafür gefragt. Ohren, die den Klang schon hören, der entstehen könnte. Augen, die die Schönheit des Eigenartigen sehen und sich faszinieren lassen von der Vielfalt des Lebendigen.
Als schöpferische Menschen werden wir die Welt nicht zurechtbiegen, sondern gestalten. Wir werden andere Menschen nicht in unsere Erwartungen hineinzwingen und verlangen, dass sie sich unseren Wünschen anpassen. Wir werden vielmehr das Potential entdecken, das im Vorfindlichen steckt, um dann hervorzuheben, wie einzigartig es ist.

Neugierig bleiben wie die beiden Männer auf dem Berg. Lauschen, entdecken, keine Mühe scheuen, Visionen entwickeln.
Die Geige wird den Konzertsaal füllen mit ihrer Musik. Wir werden Resonanzräume sein, die die Welt zum Klingen bringen. Gott wird lauschen und sich daran erfreuen.

15. Januar

Prägende Kraft

Ich wünsche dir,
dass der Tag vor dir liegt
wie ein schneebedecktes Feld,
das dich reizt,
es zu betreten.

Gott hat dich
einzigartig gemacht,
damit du einen
Abdruck seiner Liebe
in der Welt hinterlässt.

Er wirkt in dir,
durch dich,
über dich hinaus.
Geh im Vertrauen
auf seine prägende Kraft.

16. Januar

Geschenkte Zeit

Ein Arztbesuch, Vorsorge, jährliche Routine. Bisher war immer alles in Ordnung.
Aber diesmal ist es anders. Ein Befund ist auffällig und erfordert weitere Untersuchungen. Ich mache einen Termin bei einer Spezialistin aus. Zwischendrin sind zwei Tage Zeit.

In meinem Kopf spult ein Film ab. Was, wenn es etwas Schlimmes ist? Ich versuche, den Gedanken beiseitezuschieben und mich abzulenken. Aber das gelingt nicht immer.
Also probiere ich es anders. Ich gehe ein Stück spazieren und lasse den Film ablaufen. Ich schaue die Bilder an und höre dem, was mir durch den Kopf geht, zu.

Wie wäre es, nur noch eine begrenzte Zeit zur Verfügung zu haben? Was müsste passieren, damit ich mich gut von meinem Leben verabschieden kann?
Mir fallen Wünsche ein, die unerfüllt sind. Fragen, die offen sind. Beziehungen, in denen noch etwas zu klären ist.
In Gedanken schreibe ich Briefe an die Menschen, die ich liebe. Ich erzähle ihnen, was sie mir bedeuten. Ich erinnere mich an die Momente, die mir am wertvollsten waren.

Am Ende geht alles gut aus. Ich schicke ein Dankgebet zum Himmel. Danke für die Zeit, die mir geschenkt ist. Danke für jeden Tag.
Nein, das Leben geht nicht endlos immer so weiter. Und manchmal ist es gut, den Gedanken an die eigene Vergänglichkeit zuzulassen. Mir hat der Film in meinem Inneren gezeigt, was mir wichtig ist.
Ich nehme mir vor, die Dinge, die ausstehen, endlich anzugehen. Den einen oder anderen Traum möchte ich mir erfüllen und was geklärt werden sollte, will ich klären.
Ich schreibe mal wieder einen Brief an einen Menschen, der mir wichtig ist, und sage ihm, was er mir bedeutet.
Noch ist Zeit. Mir geschenkt, um mein Leben zu gestalten.

17. Januar

Offene Sinne

Guter Gott,
manchmal bist du ganz in der Nähe,
doch ich spüre dich nicht.
Manchmal gäbe es Gründe zur Freude,
doch ich sehe sie nicht.
Manchmal spricht eine stärkende Worte,
doch ich höre sie nicht.
Manchmal reicht mir einer die Hand,
doch ich nehme sie nicht.
Schenke mir offene Sinne für die Momente,
in denen der Himmel zur Erde kommt.

18. Januar

Ein unabweisbarer Ruf

Es gibt sie noch, die Klöster. Manche befinden sich inmitten einer Stadt, als sei diese um sie herum gewachsen. Andere abgelegen, hinter Hügeln in einem Tal, das man auf einer schmalen, kurvenreichen Straße durchfährt.
Dort wohnen Menschen, die sich dreimal, viermal, fünfmal am Tag vom Klang einer Glocke unterbrechen lassen. Sie legen beiseite, was sie in der Hand halten, und gehen mit eiligen Schritten in Richtung Kirche oder Kapelle, als folgten sie einem unabweisbaren Ruf.

Dann beten sie. Sie wenden sich an ein Wesen, das ungewiss ist, an eine Adresse, über die nicht wir verfügen.
In überkommene Worte und Gesänge klinken sie sich ein und verbinden so die Zeiten. Wenn die Hoffnung in die Vergangenheit reicht, warum sollte sie es nicht auch in die Zukunft können?

Sie beten auch mit ihren eigenen Worten: für einen Menschen, für die Stadt, für die Welt. Sie scheuen sich nicht, Bitte zu sagen. Sie scheuen sich nicht, Danke zu sagen.
Inmitten oder am Rande der Stadt richten sie beharrlich ihre Worte in Richtung Himmel.

Viele sind es nicht mehr. Manchmal frage ich mich, wie es sein wird, wenn einmal die Glocken schweigen und das Beten verstummt. Wird es Menschen geben, die es vermissen?

Ob es etwas verändert, das Bitten und Danken, lässt sich ja nicht sagen.
Immer noch sitzen Bettelnde in der Fußgängerzone. Wieder hat jemand in der Nacht ein Hakenkreuz ans Rathaus geschmiert.
Und heute las ich, das Frauenhaus sei überfüllt.

Sie aber beten unbeirrt weiter. Als bräuchte es Menschen, die Gott nicht verlassen.

Gelegentlich möchte ich einfach hingehen und hineinsinken in ihre Gesänge und Worte. Möchte mich trösten lassen von ihrem Vertrauen.
Und später zweifelnd nach Hause zurückkehren.
Dieselbe und doch eine andere als vorher.

19. Januar

Metapher

Mag sein, dass
der Himmel
eine Metapher ist,
von mitfühlenden Menschen
erdacht.

Damit die Sehnsucht
erträglich wird,
der Boden
unter den Füßen
fester
und jeder Mensch
sein Spiegelbild
bejahen kann,
als sei er
gewollt, geliebt.

Damit Bomben
nicht ewig den
Himmel zerreißen
und Kinder,
vor allem die Kinder,
essen, spielen, lachen dürfen
und leben.

Damit Albträume
sich wandeln
in Sonnenlicht,
das Menschen
eine Hoffnung
ins Gesicht
und Rosen
in die steinernen Herzen
pflanzt.

Mag sein, dass
der Himmel
eine Metapher ist.

Und ich
zu Erde werde,
unwissend,
dass er
ein Traumbild war,
und meine Worte,
die gut gemeinten,
vergeblich.

Er aber singt noch
über den Gräbern
ein Lied
und schreibt
in die Trauerumrandeten
ein Gedicht.

20. Januar

Gedenke des Sabbattages, dass du ihn heiligst.

EXODUS 20,8

Die Satzzeichen des Lebens

Gott hat in den Menschen eingebaut, dass er Pausen machen muss. Jede und jeder von uns muss schlafen. Niemand kann ohne Punkt und Komma arbeiten, ohne schlecht gelaunt oder gar krank zu werden. Pausen sind die Satzzeichen des Lebens. Sie helfen, es zu gliedern, zu gestalten und seinen Sinn zu verstehen.

Mich macht es nachdenklich, dass diese Pausenzeichen zunehmend abgeschafft werden.

Dass in Krankenhäusern rund um die Uhr jemand dienstbereit sein muss, leuchtet mir ein. Und ich kann den Bauern verstehen, der seine Ernte am Sonntag bei Sonnenschein einfährt, weil für die kommende Woche Regen angesagt ist.

Aber: auch sonntagmorgens frische Brötchen und anschließend in die Stadt zum Shopping? Das mag für den Handel gut sein. Für den Menschen nicht unbedingt. Für die auf der anderen Seite des Tresens bedeutet es zum Beispiel, weniger Zeit für sich und die Familie zu haben. Termine mit Freund*innen lange im Voraus zu planen. Zu wenig zu schlafen und sich schnell erschöpft zu fühlen.

Ich selbst kann mir weitaus schönere und erholsamere Dinge vorstellen, als auch am Sonntag noch einkaufen zu gehen.

Ich denke an einen Sonntagsausflug in den Harz. Während wir Erwachsenen unsere Gesichter in die Sonne hielten, spielten die Kinder selbstvergessen im Bach. Ein kleines Mädchen sprach mir aus dem Herzen, als es hinterher um uns herum

sprang und sagte: »Ich bin so glücklich, dass es so etwas Schönes gibt.«
Ich bin sicher: Deshalb hat Gott Pausen in uns eingearbeitet und uns gesagt: »Du sollst den Feiertag heiligen«: Damit wir Sonnenschein auf der Haut spüren und die Füße in einen plätschernden Bach halten können. Damit wir mit anderen Menschen zusammen sein können und Gottes Liebe wahrnehmen. Diese altmodisch klingende Gebot ist eine große Erlaubnis: Du darfst Kommas und Punkte in dein Leben setzen. Gott gönnt dir, dass du dich ausruhst und innehältst, dass du Menschen triffst, die du liebst und dein Leben genießt.

21. Januar

Anders gesagt: Gottesdienst

Gottesdienst: Gott dient den Menschen.
Sie werden schön, weil ihnen seine Liebe begegnet.

Das Segenslicht seines Antlitzes liegt auf ihren Gesichtern.
In ihnen summt langlebig ein Lied.
Sie gehen aufrechter als vorher.
Auf ihrer Zunge liegt ein freundliches Wort.
Himmlischer Frieden pocht als Herzschlag in ihnen.
Gottes Treue tragen sie durch die Kirchentüren hinaus in ihre Stadt.

22. Januar

Das Leben in fünf Sekunden[5]

Das Leben in fünf Sekunden: So heißt ein Büchlein, das mich neugierig macht. Tatsächlich, dort sind auf jeder Seite einige wenige Piktogramme zu sehen, kleine, vereinfachte Bildzeichen, anhand derer man etwas erraten muss. Einen Begriff, ein Ereignis, einen Gegenstand, eine Person.

Zwei Männer, die eine Sänfte tragen – Ein Mann, der eine Rikscha zieht – Ein Pferd, das vor eine Kutsche gespannt ist – Ein Auto mit einem kleinen Schild auf dem Dach. Gesucht wird das Taxi.
Oder: der Eiffelturm – ein Sonnenblumenstrauß – ein Ohr – eine Pistole. Gesucht wird Vincent van Gogh.

Das Raten macht Spaß und ist lustig. Tatsächlich sind eine lange Entwicklung oder ein ganzes Leben anhand weniger Bilder erkennbar. Natürlich ist das meiste weggelassen, ein Leben besteht aus viel mehr. Und doch gibt es diese Momente oder Eigenschaften, durch die eine Epoche oder ein Leben einzigartig werden.
Ich überlege: Welche Piktogramme würden wohl für mich selber stehen? Was macht mich und mein Leben aus, ja, wodurch wird es erkennbar und unverwechselbar?
Und: Welche Bilder wünsche ich mir? Was sollen die Wesenszüge meines Daseins sein?

---

5 nach: Matteo Civaschi und Gianmarco Milesi: Das Leben in fünf Sekunden, Fischer Taschenbuch, Frankfurt am Main 2013.

Das lustige Ratespiel enthält doch ernste Fragen. Wie will ich mein Leben gestalten, um Bilder hervorzubringen, die ich schön finde?

Mein Herz auszurichten auf die Liebe, die Gott selbst ist. Das wünsche ich mir. Damit ihre Icons über meinem Leben stehen und es unverwechselbar machen.

23. Januar

Rollenspiel

Lebendiger Gott,
ich spiele so viele Rollen
und weiß doch manchmal nicht,
wer ich bin.

Ich trage so oft eine Maske
und verberge dahinter
voller Angst mein Gesicht.

Sieh mich an,
im Licht deiner Liebe
werde ich schön.
So, wie ich bin.

24. Januar

Einander verstehen

Eigentlich ist es unmöglich, dass Menschen einander verstehen können. Nicht nur, wenn sie unterschiedliche Sprachen sprechen. Die babylonische Sprachverwirrung macht nicht an Landesgrenzen halt.
Im Grunde spricht jeder Mensch seine eigene Sprache. Schon beim Wort »Tisch« stellt sich der eine etwas anderes vor als die andere.
Entsteht ein Missverständnis zwischen zwei Menschen, so benötigen sie wiederum Worte, um es zu klären. Auch diese können missverständlich sein, weil beide Unterschiedliches damit verbinden.
Beim Wort »Tisch« mag es einfach sein, zu klären, was ich damit genau meine. Komplizierter wird es bei abstrakteren, komplexen Begriffen.

Einander verstehen: Ein schwieriges Unterfangen. Jeder Mensch – so könnte man meinen – ist allein in seinem Universum. Schnittmengen: kaum vorhanden. Berührungspunkte: allenfalls tangential.
Und doch geschieht es: Menschen verstehen einander. Mitten in einem Gespräch führt ein Wort eine Wende herbei. Oder es öffnet sich jenseits aller Worte ein Raum, in dem zwei Menschen einander in einem neuen Licht sehen und sich anders als vorher begegnen.
Gelegentlich geschieht das Verstehen auch mittelbar. Ich lese ein Gedicht und nicke: Genauso habe ich es auch erlebt. Als habe jemand für mich die richtigen Worte gefunden und sie aufgeschrieben.

Ich höre ein Musikstück: Es tröstet oder belebt mich, es trifft meine Stimmung oder mein Lebensgefühl. Als habe es in mir etwas zum Klingen gebracht und Resonanzen erzeugt. Nun höre ich mich selbst anders, ganz neu.

Tiefgehend und beglückend sind solche Momente. Oft erinnere ich mich noch Jahre später daran.

25. Januar

Engelszungen

Gott, lehre mich die Kunst des sorgsamen Sprechens.
Wo zu viele Worte gemacht werden, gib mir den Mut zu schweigen.
Wo aber das Schweigen lähmend wird, schenk mir das eine, lösende Wort.
Wenn meine Rede hart werden will, dann verwandle sie. Lass Silben und Sätze auf dem Weg zu den Lippen etwas sanftmütiger werden als ich es bin.
Du weißt, dass ich manchmal zum Zynismus neige. Nimm meinem Unterton seine Schärfe und ersetze sie durch Freundlichkeit. Schenk meiner Stimme eine Wärme, die mich selbst überrascht.
Wenn meine Worte verletzend sind, so verlangsame sie, bis sie stillstehen.
Doch lass sie hurtig über die Lippen gehen, wenn es gilt, andere zu loben.
Gott, wo du bist, sind auch die Engelszungen nicht weit.
Misch dich ein, in und unter das, was ich sage.

26. Januar

Hindurchhoffen

Ich wünsche dir Menschen,
die bleiben, wenn du
durch schwere Zeiten musst.

Freundinnen,
die Zweifel erlauben,
Anklagen aushalten,
Schreie ertragen.

Gefährten,
die dich begleiten,
halten und
hindurchhoffen
durchs dunkle Tal.

Ich wünsche dir,
dass du selbst
zu einem Menschen wirst,
der bleibt, erträgt, hält
und hindurchhofft.

27. Januar (Befreiung Auschwitz)

Ohne Flügel

Mitten im Zweiten Weltkrieg versteckt die Familie Hubermann einen Juden in ihrem Keller: Max.

Das ist gefährlich. Alle aus der Familie müssen nun sorgsam auf das achten, was sie sagen, sobald sie mit anderen Menschen sprechen. So auch Liesel, ein Mädchen von dreizehn Jahren, das selbst erst einige Jahre zuvor zu Rosa und Hans Hubermann gekommen ist.

Sie und Max freunden sich an und helfen einander durch ihre Albträume und ihre Ängste.

Am Weihnachtsabend beschenkt Liesel den im Keller Versteckten, der nie nach draußen darf, mit Schnee. Übermütig veranstalten sie eine kleine Schneeballschlacht und bauen gemeinsam einen Schneemann.

Wenig später wird Max krank. Eines Abends fällt er in der abgedunkelten Wohnung der Familie beinahe in Ohnmacht. Rosa Hubermann steckt ihn in Liesels Bett. Dort bleibt er liegen, tagelang, wochenlang. Er schläft und schläft und wacht kaum einmal auf.

Liesel hört die heimlichen Gespräche der Eltern: wie sie sich fragen, was man denn nur tun solle, wenn Max stürbe. Und sie wird todtraurig darüber.

Wieder und wieder besucht sie Max. »Wach auf!«, beschwört sie ihn.

Sie liest ihm vor. An ihrem Geburtstag verspricht sie ihm einen riesengroßen Kuchen statt der üblichen dünnen Suppe.

Doch es tut sich nichts. Max schläft weiter, schläft seinen langen Schlaf im Niemandsland zwischen Leben und Tod.

Eines Tages bringt Liesel ihm ein Geschenk ans Bett: einen

plattgewalzten Ball. Sie werde ihm die Geschichte dazu erzählen, sagt sie, wenn er nur endlich aufwache.
Jeden Tag hält sie nun Ausschau nach etwas, das sie ihm geben kann, kleine Geschenke, die ihn dazu bewegen könnten, ins Leben zurückzukehren. Eine Feder bringt sie ihm, zwei Zeitungen legt sie an sein Bett.

Wie aber schenkt man jemandem ein Stück Himmel? Sorgsam wählt Liesel die Worte aus für eine Wolke, die sie ihm überreichen will. Als es endlich die richtigen sind, schreibt sie sie auf.
Aber Max wacht nicht auf. 13 lange Tage und Nächte lang wacht er nicht auf.
Und dann geschieht es doch.

Hören wir dem Tod zu, den Markus Zusak in seinem Buch »Die Bücherdiebin« zum Erzähler macht, wie er berichtet über den Augenblick, in dem er Max abholen will:

»Es muss in einem der wenigen Momente gewesen sein, als das Mädchen nicht bei ihm war, denn alles, was ich sah, war ein Mann in einem Bett. Ich kniete nieder. Ich machte mich bereit, meine Hände in die Decken einzutauchen. Dann spürte ich ein starkes Wiederaufleben – einen kraftvollen Kampf gegen mein Gewicht. Ich zog mich zurück.«[6]
Was hat dieses Wiederaufleben, diese starke Kraft ausgelöst? Wir erfahren es nicht direkt. Aber uns wird erzählt von dem Mädchen Liesel.
Dieses Mädchen hat keine Flügel und ist doch ein Engel. Sie ängstigt und sorgt sich um einen Menschen, dem andere nach dem Leben trachten. Als sie nichts für ihn tun kann, tut sie

---

6 Markus Zusak: Die Bücherdiebin © 2008 cbj Verlag, München, in der Verlagsgruppe Random House GmbH, Übersetzung: Alexandra Ernst.

doch etwas für ihn. Sie besucht ihn und wählt sorgsam ihre kleinen Geschenke aus.
Ob das alles etwas bewirkt? Man weiß es nicht. Aber es könnte doch möglich sein, dass die Angst und die Liebe dieses Mädchens den Mann am äußersten Rande des Daseins zurücklocken ins Leben.

28. Januar

Und er stand auf und bedrohte den Wind und sprach zu dem Meer: Schweig! Verstumme! Und der Wind legte sich und es ward eine große Stille. MARKUS 4,39

Sturmstillung

Noch eine Stunde, bevor sein Zug abfährt. Er war nur für zwei Tage in der Stadt, auf Dienstreise. Nun schlendert er durch die Fußgängerzone. Was tun mit diesem Stückchen geschenkter Zeit? Sich in ein Café setzen? Er hat weder Hunger noch Durst.

Stattdessen sieht er sich lieber die Kirche an, die am Marktplatz steht. Er öffnet die schwere Tür. Still und kühl ist es hier. An einem Tisch sitzt eine Frau und nickt ihm zu.
Er nickt zurück und geht langsam den langen Gang entlang nach vorne. Dann setzt er sich in eine der Bänke und schaut sich um. Der Altar ist mit einem Strauß Blumen geschmückt. Licht fällt bunt durch die Kirchenfenster auf den Steinboden. Auf einem von ihnen erkennt er die Geschichte von Jesus, der den Sturm auf dem See Genezareth stillt.

Seine Großmutter hat ihn früher oft mit in die Kirche genommen. Sie war ein erstaunliches Persönchen. Klein und zierlich, aber auch zäh. Sie hat es im Leben nicht leicht gehabt. Ihr Mann war gefallen. So musste sie allein mit ihren drei kleinen Kindern aus Ostpreußen fliehen. Und hier allein noch einmal von vorne anfangen. Ihr Leben war auch ziemlich stürmisch, denkt er.

Er sieht sie vor sich, wie sie sonntags ihren Hut aufsetzte, um in den Gottesdienst zu gehen. »Ich brauche das«, sagte sie. »Da komme ich zur Ruhe, all die Gedanken und Sorgen kann ich da abladen.« Es war, als wären dort die Stürme in ihr gestillt worden, denkt er.

Sein eigenes Leben geht ihm durch den Kopf. Viel Hektik, sein Beruf strengt ihn an, er muss oft reisen, ist mal hier, mal dort. Manchmal weiß er kaum, wo ihm der Kopf steht. Seine Familie kommt viel zu kurz.

Wie gut ist es, einfach eine Weile hier in der Bank zu sitzen. Es ist tatsächlich so, als würden sich auch in ihm einige Wogen glätten. Ob Gott seine Gedanken gehört hat? Vielleicht ist es ja so.

Er steht auf und geht nach vorne. Dort zündet er eine Kerze an. Bevor er sich auf den Weg zum Bahnhof macht, kauft er bei der Frau am Eingang noch eine Postkarte von dem Fenster mit der Sturmstillung. Die wird er sich zu Hause über den Schreibtisch hängen.

29. Januar

Mitten im Sturm

Mitten im Sturm
trau ich den Worten
nicht mehr,
schüttelt in Wellen
die Angst mich durch
und ich gehe
in Zweifeln fast unter.
Mitten im Sturm
halt ich mich fest
am Hoffnungslicht,
such in der Ferne
ein Ufer
und sehne mich
nach einer Stimme,
die spricht:
Ich bin bei dir,
mitten im Sturm.

30. Januar

Freundliche Reden sind Honigseim, süß für die Seele und heilsam für die Glieder. SPRÜCHE 16,24

Die Ananas und die Zeit

Samstagmorgen im Supermarkt. Ich brauche nur eine frische Ananas für den Obstsalat. Das müsste doch zügig gehen. Ananas ausgesucht und zur Schnellkasse, wo pro Person nur zehn Teile auf das Band dürfen. Aber ach: Dort stehen schon sieben Menschen. Na gut, ich schaue, was an den anderen Kassen los ist. Ich stelle mich dort an, wo die Schlange am kürzesten ist. Nur zwei Leute außer mir. Doch dann sehe ich, dass der Mann direkt vor mir seinen Einkaufswagen bis an den Rand vollgepackt hat. Trotzdem: Noch einmal an eine andere Kasse zu wechseln, hat wenig Sinn, überall stehen Schlangen.

Der Mann legt ein Teil nach dem anderen aufs Laufband, den Blick nach vorn gerichtet. Ich seufze innerlich. »Wenn jemand mit nur einem Artikel hinter mir steht, lasse ich ihn meistens vor«, denke ich. Aber er sieht mich ja gar nicht. Also heißt es wohl: geduldig sein.

Die Kassiererin gibt eben dem Kunden vor dem Mann das Wechselgeld, da wendet er sich an mich und fragt: »Möchten Sie vorgehen mit Ihrer Ananas?« Verblüfft antworte ich: »Ja, gerne!«, drängele mich an ihm vorbei und halte der Kassiererin die Ananas hin. »Danke«, sage ich an den Mann gewandt, »und Ihnen ein schönes Wochenende.« Auf dem Weg nach Hause freue ich mich. »Das war knapp«, denke ich. »Aber er hat mich doch noch gesehen. Und nicht nur mich, auch meine Ananas.« Wie schön, solch ein Moment am Morgen. Den Mann hat es nur einige Augenblicke seiner Zeit gekostet. Das Lächeln in mir aber geht lange mit.

31. Januar

Himmelsspuren

Immer wieder
sich aufmachen,
auch an kühlen Tagen
Himmelsspuren suchen.

Gefrorene Hoffnung aufwärmen,
schneebedeckte Sehnsucht freilegen
und sich offenhalten
für den Engel am Weg.

1. Februar

Narr sein

Ich wünsche dir den Mut,
dich hin und wieder
zum Narren zu machen
und laut zu lachen über dich selbst.

Ich wünsche dir Freude daran,
das aufzusuchen,
was in dir versteckt ist,
ihm Kleider anzulegen
und es nach außen zu kehren.

Vielleicht entdeckst du
verborgene Seiten,
die gelebt werden wollen
und dürfen:

Zu denen Gott selbst
längst »Ja« gesagt hat
und die auch du dir
nicht zu verweigern brauchst.

2. Februar (Mariä Lichtmess)

Über allem: die Liebe

Ob auch die im Nicht-Glauben so Sicheren gelegentlich ins Zweifeln geraten? Jene, die so felsenfest überzeugt sind davon, dass es weder einen Gott noch einen Himmel geben kann?

Ob sie ins Zweifeln geraten, etwa, wenn ein Kind geboren wird und sie vor dem stehen, was man ein Wunder nennen könnte? Oder wenn sie in einem Unglück bewahrt werden und das erleben, was man den Anflug eines Schutzengels nennen könnte?

Nicht, dass ich jemanden bekehren oder ihm ein triumphierendes »Siehst du!« entgegenhalten möchte.

Mir scheint nur, dass Zweifel an der eigenen Ansicht einen Menschen warmherziger und einfühlsamer machen gegenüber denen, die anders denken als er selbst.

Jeder Absolutheitsanspruch hingegen wirkt sich schädlich aus; sowohl der der allzu überzeugten Gläubigen als auch jener der allzu sicheren Nicht-Gläubigen. Er verhärtet diejenigen, die ihn vertreten. Er macht intolerant, verbissen und oft genug auch militant. Er richtet Grenzen auf, statt sie abzubauen und bringt manchmal sogar Hass und Gewalt in die Welt.

Und darum fände ich es zu begrüßen, wenn Glaubende gelegentlich ins Zweifeln und Zweifelnde gelegentlich ins Glauben kommen.

Dass die Deutung der Wirklichkeit auf vielfältige Weise möglich ist, darüber wünsche ich mir eine Übereinstimmung. Dass Skepsis zu würdigen ist und Entwicklung zu begrüßen.

Und eine Ökumene all jener Menschen, denen die Liebe das größte Gebot ist und Solidarität die daraus folgende unablässige Konsequenz.

3. Februar

Geheiligt werde

Sie nennen nie
seinen Namen.

Sie legen ihr Augenmerk
auf unscheinbare Wesen
am Rande.

Sie versperren engen Stirnen
beharrlich den Weg
und weisen mit Worten
ins Weite.

Sie gewähren
abgewiesener Hoffnung
ein Bleiberecht
und schreiben Briefe
gegen den Tod.

Nie nennen sie
seinen Namen.

Sie sagen: Zukunft.
Oder: Kinder.
Sagen: Evolution.
Oder: eine Welt.

4. Februar

Und Gott schuf den Menschen zu seinem Bilde, zum Bilde Gottes schuf er ihn; und schuf sie als Mann und Frau. GENESIS 1,27

Ebenbild sein

Manchmal, wenn ich durch die Stadt gehe, dann wundere ich mich darüber, wie viele Menschen ich nicht kenne. Was mag sie beschäftigen? Wie leben sie? Es sind vielleicht ein paar Hundert, die an mir vorbeigehen. Dicke, Dünne, Große, Kleine. Ein winziger Bruchteil gemessen an den 8,2 Milliarden Menschen, die auf der Erde leben. Und keiner ist genau wie der oder die andere.

Ob Gott die Welt und uns Menschen erschaffen hat, ist heutzutage umstritten. Es ist ja auch nicht zu beweisen, eine Glaubenssache. Für mich widerspricht dieser Glaube wissenschaftlichen Erkenntnissen nicht. Ich merke aber, wie es meinen Blick weitet und bereichert, wenn ich davon ausgehe, dass jeder Mensch zum Bilde Gottes geschaffen ist, als sein Ebenbild:

Ich gerate ins Staunen über Gottes schöpferische Kraft und seine Freude an der Vielfalt, über seine Fantasie und seine Liebe zum Leben.
Ich sehe die andere Person mit Gottes Augen. Auch wenn sie mir fremd ist, Gott hat sie zu seinem Ebenbild geschaffen. Ich will sie respektieren und achten.
Und auch auf mich selbst schaue ich neu: Gottes Ebenbild zu sein, das bedeutet:
Gott lässt mich teilhaben an seiner schöpferischen Kraft und seiner Fantasie. Ich kann aussäen und pflanzen, kann etwas aufbauen und die Welt um mich herum gestalten.

Ich bin geschaffen zu Gottes Bild. Welch eine Auszeichnung! Welch eine Verantwortung! Ich freue mich darüber. Und ich frage mich: Was kann ich dazu beitragen, um die Schöpfung zu schützen, andere Menschen zu stärken und das Leben zu bewahren?

5. Februar

Überraschung

Lass dich gelegentlich
von dir selbst überraschen.

Da ist manches,
was in dir ruht,
unscheinbar und verborgen
wie ein Schmetterling
in seiner Puppe.

Wenn die Zeit reif ist,
lass es frei, halt es
zum Trocknen in Gottes Liebe,
bis es schillernd und leicht
in die Welt fliegt.

Und dich selbst
ins Staunen bringt.

6. Februar

Siehe, ich sende einen Engel vor dir her, der dich behüte auf dem Wege. EXODUS 23,20A

Unter die Fittiche

Abends sprachen wir über Engel.
Wie sie den Menschen im Alltag begegneten. Bot*innen Gottes im Menschengewand. Mit einem Gesicht wie wir es haben: du und ich.
Flügel hatten sie keine. Nur ein Wort Gottes, das eine Wendung brachte. Oft wurden sie erst im Weggehen erkannt.

Einen Tag später ein Kaffeetrinken. Viele Menschen in einem Raum, Kinder wuseln um uns herum. Kuchen mit grünem Tortenguss liegt auf meinem Teller. Zwischen zwei Bissen sagt eine: Kais Vater ist tot.
Sechs Jahre alt ist Kai. Hat zwei große Brüder. Und eine Familie mit rauem Umgangston.

Wieder zwei Tage später bin ich in einer Kirche. Hölzerne Engel sind ausgestellt. Dazu Bilder, von Kindern gemalt. Ich gehe durch den Raum. Wundere mich, warum all diese Engel Flügel haben. Ich dachte, Bot*innen Gottes bräuchten die nicht.
Bis ich den einen sehe. Den hat ein Mädchen gemalt. Klein von Gestalt ist er, doch mit riesigen Flügeln, die einen Raum voller Geborgenheit öffnen.
Ja, denke ich, recht hat das Mädchen, manche Engel brauchen die Flügel wohl doch.
Gott, schick einen für Kai, einen oder zwei oder alle, die übrig sind. Damit ihn einer unter die Fittiche nimmt und ihn behütet auf seinem Weg.

7. Februar

Hoffnungslied

Horch doch,
wie auch die dunklen Tage
in sanften Tönen
von Hoffnung singen.

Filigran wie die Bäume
vor dem Winterhimmel
und licht wie die Tropfen
an ihren Ästen
klingt für den,
der es hören kann,
ihr Lied.

8. Februar

Raus aus den Schulden

»Raus aus den Schulden« so heißt eine Sendung, die ich mir vor vielen Jahren einmal angeschaut habe.
Ein Berater half einer Familie, die bis zum Hals verschuldet war. Er sortierte Berge von Mahnungen und erstellte eine Liste der Gläubiger*innen. Er führte komplizierte Verhandlungen, damit ein Teil des Geldes erlassen wurde. Als das gelungen war, sah man den Betroffenen an, wie erleichtert sie waren. Nun konnten sie wieder aufrecht in ihre Zukunft gehen.

Nicht nur Geldschuld wiegt schwer. Auch andere Schuld, die ich auf mich lade, drückt mich nieder: Ich habe einen Menschen mit Worten oder Taten verletzt. Ich habe Vertrauen verspielt. Ich habe mein Kind lieblos behandelt oder meinen Partner links liegen lassen.
Dann mag ich mich selbst nicht mehr anschauen. Ich werde innerlich ganz klein. Ja, manchmal kann man sogar krank daran werden.
In solchen Momenten merke ich: Ich habe nicht nur dem oder der anderen weh getan, sondern auch mir. Und ich habe Gott verletzt, dessen Wesen die Liebe ist. Wie lang mag die Liste sein, in der er mir meine Schuld vor Augen führen könnte?
Am liebsten würde ich das, was ich getan habe, ausradieren aus meinem Leben. Aber das kann ich nicht.
Gott selber sagt: »Raus aus den Schulden« und kommt mir entgegen. Er streicht den Schuldschein durch und hebt die Forderungen auf. Alle. Ohne Mahnungen. Ohne Verhandlungen. Ohne Restschuld. Gott baut mir eine Brücke aus Liebe, die ich frei und aufrecht betreten kann. Sie öffnet neue Wege: Zu ihm, zu anderen und zu mir selbst.

9. Februar

Das ganze Bild

Dass auch die dunklen Wege
nicht in den Abgrund führen
und einer an meiner Seite geht,
auch wenn ich ihn kaum noch spüre.

Dass alle Tränen gesammelt werden
und ins Wasser des Lebens fließen,
dass Trauerzeiten zu Ende gehen
und sich mein Mund neu mit Lachen füllt.

Dass selbst ein steinernes Herz
sich erweichen lässt
und eine Tür ins Freie führt,
wo der Himmel sich weitet.

Dass manches, was vergeblich erscheint,
mich doch wachsen lässt
und mich zu dem Menschen macht,
als der ich gedacht bin.

Dass ich am Ende,
das ganze Bild sehe
und eine Stimme höre,
die sagt: Es ist gut!

10. Februar

Er (Jesus) antwortete und sprach: Ich sage euch: Wenn diese schweigen werden, so werden die Steine schreien.

LUKAS 19,40

Was gesagt werden muss

Ein steinerner Glockenturm, fest steht er da. Ja, stabil muss er sein, wenn die tonnenschweren Glocken ganz oben zu schwingen beginnen. Wenn sie, getragen von ihm, zum Gottesdienst rufen. Oder mit weit vernehmbarer Stimme einladen, innezuhalten für ein kurzes Gebet. Am Morgen, am Mittag, am Abend.

An diesem Morgen sieht der Glockenturm etwas anders aus als sonst.
In der Nacht, während die Glocken schwiegen, ist jemand mit einer Farbdose gekommen.
»Gott ist tot. Amen«, hat er mit weißer Farbe in großen Buchstaben auf die Steine gesprüht.

Eine Gegenrede, die offensichtlich gesagt werden musste. Nun hat einer sie den Steinen in den Mund gelegt. Und sie schreien sie dem, der vorbei geht, entgegen.

In unserem Land steht jedem Menschen frei, zu glauben oder auch nicht. Viele sprechen höchstens im privaten Rahmen darüber, wie sie es mit der Religion halten. Nur wenige regen sich darüber auf, dass jemand glaubt, oder es eben nicht tut.

Hier aber macht jemand seine Meinung öffentlich. Gott ist tot. Amen. Warum musste das gesagt werden, was schwingt wohl mit, in diesem stummen und doch so deutlichen Schrei?

Ist der Mensch, der ihn auf die Steine gesprüht hat, verzweifelt? Vielleicht hat er etwas durchgemacht, was er nicht mit Gott in Verbindung bringen kann. Warum lässt Gott das zu?
Ist er zornig über etwas, was er mit der Kirche erlebt hat? Ist er wütend auf jene, die sie repräsentieren? Oder will er einfach nur provozieren?

Und warum hat der Graffitikünstler ein »Amen« hinter sein Statement gesetzt, den typischen Schluss für ein Gebet?
Es klingt ja nun fast, als wende er sich an genau die Adresse, die er soeben für nicht existent erklärt hat.
Ähnlich wie ein Brief, in dem ich eine Beziehung aufkündige und meine Gesprächsbereitschaft abziehe: »Für mich bist du gestorben!«

Oft stehen tatsächlich Verletzung, Wut oder Verzweiflung hinter solch einem Satz.
Und wer weiß: Vielleicht gibt es noch einen Funken Hoffnung, dass ich eine Antwort bekomme. Dass mein Gegenüber das Schweigen bricht und Wege findet, die eine Begegnung möglich machen.

Gott ist tot. Amen.
Was genau der Künstler genau mit diesen Worten gemeint hat, weiß nur er selbst.

Ich merke, wie seine Worte in Bewegung geraten, je länger ich mich mit ihnen beschäftige. Als ließe sich zwischen und unter den weißen Buchstaben noch etwas lesen, was ungesagt ist. Als gäben die Steine, Farbe, Turm und Glocken etwas hinzu, das über die Worte hinausgeht.

Ich lese diesen Spruch als ein fast säkulares Gebet an einen Gott, der gestorben ist. Und denke mir: Ja, er ist ja tatsächlich gestorben, der Gott, an den ich glaube.

Die Farbe Weiß aber, die der Künstler verwendet hat: Für mich ist sie die Farbe der Auferstehung.

11. Februar

Geduldig

Geduldiger Gott,
deine Treue übersteht meine Fragen
und überdauert meine Zweifel.

Über die Zeiten, in denen ich
dir gegenüber gleichgültig bin,
trägt mich deine Liebe hinweg.

Wenn ich mich von dir entferne,
so hütest du doch die Hoffnung,
dass ich zurückkehre zu dir.

Ja, selbst wenn ich
bestreite, dich je gekannt zu haben,
wartest du noch auf mich.

12. Februar

Sich selbst großer Bruder (oder große Schwester) sein

»Bist du dein großer Bruder?« An Demenz erkrankte Menschen stellen erstaunliche Fragen.
Rut Brandt, die zweite Ehefrau des ehemaligen Bundeskanzlers Willy Brandt, richtet diese Worte an ihren jüngsten Sohn Matthias. (Rut Brandt verstarb 2006, Matthias Brandt ist heute ein bekannter Schauspieler.)

Die alte Frau sieht einen Mann, der eben das Zimmer betreten hat. Er kommt ihr bekannt vor. Sie blättert in ihrer Erinnerung, Bilder tauchen auf, sie schieben sich ineinander, überlappen sich. Doch der Zusammenhang stellt sich nicht her. Irritiert schaut sie den Mann an: Ja, doch, ich kenne ihn. Er hat Ähnlichkeit mit einem Kind, das mir nah war. Meinem Kind. Aber er sieht doch auch so anders aus.

»Bist du dein großer Bruder?«, fragt sie.
Ich stelle mir vor, dass der erwachsene Sohn seine Mutter verblüfft ansieht. Was soll er darauf antworten? Er muss lachen über diese seltsam absurde und doch auch kluge Frage.

Wie aber ließe sich diese Frage beantworten? Zunächst ist man wohl geneigt, »Nein« zu sagen. Ich bin nur eine Person, nicht zwei. Wie kann ich ich selbst sein und zugleich mein großer Bruder? Das wäre absurd. Die Zeit hat mich verändert. Ich bin nicht mehr, der oder die ich damals war.

Aber auch diese Antwort ist nicht ganz richtig. Denn natürlich bin ich kein ganz anderer Mensch als der, der ich vor zehn, zwanzig oder fünfzig Jahren war. Ich bin noch, der oder die ich

als Kind war, und bin es zugleich nicht mehr. Ich bin im Grunde beides: dieselbe Person wie damals und doch eine andere als zuvor.
Das Kind, das ich war, steckt immer noch in mir. Ohne es wäre ich nicht der Mensch geworden, der ich heute bin.
Immer wieder einmal meldet sich dieses Kind zu Wort. Im Übermut, aber auch in seiner Ängstlichkeit oder Traurigkeit. Was ich in der Kindheit erlebt habe, ist prägend und geht zeitlebens mit mir mit.

Welche Verbindung besteht zwischen mir, dem oder der Erwachsenen, und dem Kind, das ich war? Und wer bin ich heute für dieses Kind? Lässt sich das als Beziehung denken?
Dann gäbe es vielleicht tatsächlich die Möglichkeit, mich als sein großer Bruder oder seine große Schwester zu begreifen.

»Bist du dein großer Bruder?« Wie wäre es, diese Frage mit Ja zu beantworten? Ja, ich bin für das Kind in mir wie ein großer Bruder oder eine große Schwester.
Ich nehme es wahr. Und ich behüte es. Ich versuche, mir seinen Übermut hin und wieder zu eigen zu machen. Ich würdige seine Neugier und bestärke es darin. Ich versuche, die Welt mit seinen Augen zu entdecken und zu bestaunen. Ich nehme es in den Arm, wenn es Angst hat und tröste es, wenn es traurig ist.

Was würde es wohl in der demenzkranken Frau auslösen, wenn der Sohn Ja sagte auf ihre Frage. Ich stelle mir vor, dass es ihre Irritation auflösen und sie beruhigen könnte. Sie hat den Zusammenhang zwischen den beiden aus der Vergangenheit und der Gegenwart richtig erspürt.
Und sie kann sicher sein, dass ihr Kind bei seinem großen Bruder gut aufgehoben ist.

13. Februar

Stillstand

Es gibt Zeiten, da geht nichts voran.
Vor dem Fenster ist Winter.
Alles, was neu ist, erscheint dir zu groß,
um es zu meistern.

Dann koch einen Tee.
Zünd eine Kerze an, und hüll dich ein
in die weiche Decke aus Kindertagen.
Die Zeit lass vorübergleiten. Sie läuft immer weiter.
Deins aber ist es nun, nichts zu tun.
Nichts zu wollen, nichts zu planen, nichts darzustellen.
Nur zu sein.

Sein.
Und die Bäume anschauen.
Wie sie ihre kahlen, kargen Äste in den Himmel halten
und sich wiegen im Wind.

14. Februar (Valentinstag)

Mehr als genug

Wir trauen uns,
die Liebe zu säen.

Mit weiter Geste
werfen wir sie
aufs Feld.

Manches fällt unter die Dornen,
manches fressen die Vögel,
anderes verdorrt.

Es lohnt nicht,
sagen die einen.

Die Ernte wird
hundertfach sein,
sagt er.

Und streut
seinen Segen darüber:
mehr als genug.

15. Februar

Schatzsuche

Ich wünsche dir,
dass du an manchen Tagen
in deinem Leben stöberst
wie auf einem alten Dachboden.

Dass du in den Ecken deiner Seele
Verschüttetes aufspürst,
Vergangenes erinnerst,
Talente neu entdeckst
und Freude findest.

Damit du den Schatz hebst,
der dir mit deinem Leben
geschenkt worden ist.

16. Februar

Hosianna! Gelobt sei, der da kommt in dem Namen des Herrn! MARKUS 11,9B

Ouvertüre

Jesus zieht in Jerusalem ein: Wie eine Ouvertüre, so kommt mir diese Geschichte vor. Ein Eingangsstück, in dem alles, was kommen wird, schon anklingt.

Da sind die Menschen, die ihn empfangen. Keinen roten Teppich breiten sie vor ihm aus, sondern einen Flickenteppich aus dem, was sie vorfinden. Palmzweige von den Bäumen am Wegrand. Dazu ihre Kleider, die sie am Leibe getragen haben. In ihnen stecken ihre Geschichten, ihr ganzes Leben legen sie aus vor ihm, der da kommen soll. Ihr Elend und ihre Hoffnungen, den Glanz ihres Lebens ebenso wie Schweiß und Schmutz.

Und der Soundtrack dazu? Das ist kein Triumphmarsch, der da erklingt. Nichts Herrschaftliches. Auch keine feine, reine, eindeutige Musik.

Die Menschen, sie jubeln und schreien. Ihre Sehnsucht schreien sie heraus und ihre Verzweiflung.
Nicht »Halleluja« rufen sie, kein »Lobt Gott!«.
Sie schreien: »Hosianna! Hosianna! Hilf doch! Hilf uns! So wie dein Name es sagt: Jeschua, Jesus, der Retter.«

Und dann endlich kommt er. Rufe branden auf, die Leute recken die Köpfe.
Da, da ist er! Er, auf den wir so lange gewartet haben.

Er reitet auf einem Füllen. Seine Beine berühren den Boden fast.

Und wer ihn sieht, kann es schon ahnen: Es wird nichts mit einer Machtergreifung der Art, in der einer sich selbst zum Gott erhebt.
Der von Gott ermächtigte wird nicht dreinschlagen, zerstören oder gar vernichten. Er wird nicht zu Felde ziehen, um sich die Erde untertan zu machen, und wird keine Kreuzzüge ausrufen, um über Leichen zu gehen.

Der Einzug dieses Königs, der die Rettung im Namen trägt, ist geprägt von der Nähe zu denen, die auf ihn warten, die unten sind.
Er sieht die Flickenteppiche an, den Glanz, die Tränen, den Dreck, und schaut denen ins Gesicht, die sie gewebt haben. Wer ihm begegnet, wird sich verändern.

Diese Ouvertüre, sie erzählt schon von der Allmacht einer Liebe, die himmlisch ist, weil sie menschlich wird. Diese Liebe, sie scheut weder Schmerz noch Schuld, weder Leid noch das Sterben. Aber sie überlässt sich dem allen nicht.
Vielmehr stattet sie das Leben aus mit einer subversiven Kraft. Die lässt Gewalt und Hass ins Leere laufen. Und überwindet am Ende sogar den Tod.

17. Februar

Frei werden

Sich unterbrechen
im täglichen Einerlei,
eingespielte Gewohnheiten ablegen
wie einen verschlissenen Mantel.

Aussteigen aus dem
»Das war schon immer so«,
alte Denkmuster überprüfen,
ob sie noch taugen.

Frei werden, Neues einlassen
in Herz und Hirn.
Das Unmögliche für möglich halten,
und dem Himmel die Türen öffnen.

18. Februar

Wir sahen seine Herrlichkeit, eine Herrlichkeit als des eingeborenen Sohnes vom Vater, voller Gnade und Wahrheit. JOHANNES 1,14B

Das Ganze sehen

Ja, das geht, Kunststoff oder Pappmaché so zu bemalen, dass es glitzert, glänzt, herrlich aussieht und Wunderbares verheißt. Im Theater kann man das erleben: Dort gibt es manche prunkvolle Kulisse, die täuschend echt wirkt. Doch dahinter befindet sich nichts anderes als Luft.

Auch Menschen putzen sich heraus. Mit großen Worten und wichtigen Gesten. Mit viel Schminke, herrlichen Kleidern, glitzerndem Schmuck. Kleider machen Leute, sagt ein Sprichwort. Der erste Eindruck entscheidet, behaupten Studien. Und: Wer hätte sich nicht schon in die Gesellschaft der Schönen und Reichen geträumt, in der das Leben eine einzige Herrlichkeit zu sein scheint?

Wie sähe hingegen eine Herrlichkeit aus, die nicht aus schönen Kleidern und glänzendem Schmuck besteht, sondern aus Gnade und Wahrheit? Ich sehe Jesus auf einem Esel durch die staubigen Straßen Jerusalems reiten. Und dort, vor den Toren der Stadt, geht er umher und heilt die Aussätzigen. Er sitzt am

Tisch mit den Sündern und Zöllnern, mit denen sonst keiner etwas zu tun haben will.
Da glänzt und glitzert nichts. Vom Purpurrot eines königlichen Mantels ist nichts zu sehen. Wenn Kleider Leute machen, dann ist Jesus ein Niemand. Und wenn der erste Eindruck entscheidet, dann braucht man gar nicht weiter hinzusehen, sondern kann sich getrost Schönerem zuwenden.
Doch wenn ich mich abwendete, entginge mir etwas. Hinter meinem Rücken entstünde dann der Glanz, der darin liegt, dass Jesus die am Rand anschaut. Ich sähe seinen liebevollen Blick nicht, mit dem er jedem Menschen begegnet, auch denen, die vom Leben gezeichnet oder gar entstellt sind. Mich träfe das Glück nicht, das entsteht, weil einer mein Inneres erkennt und versteht. Ich verpasste eine Wirklichkeit, in der die Wahrheit nicht geschönt werden muss.
Ja, manche Kulisse glänzt. Aber man kann darin nicht leben. Und wo nur der erste Eindruck zählt, wird keine Liebe entstehen, keine Freundschaft, keine Tröstung oder Barmherzigkeit. Von Designern entworfene Kleider mögen Leute machen. Die Kleider des Heils aber (Jesaja 61,10), das Gott mir überstreift, machen einen Menschen aus mir.

19. Februar

So viele Namen

So viele Namen möchte ich dir geben:
Du bist in dem, was Stern ist in der Nacht.
Ein Glanz, der funkelt und im Dunkel
schon weiter reicht als das, was mich so müde macht.

Du bist der Bach, der unterm Eis noch murmelt
von dem, was überwintert in der eingefror'nen Welt.
Du wohnst im Schneelicht, das ein Mädchen
mit roten Wangen in den selbstgebauten Iglu stellt.

Du bist die Knospe, die den Winter überdauert,
bist Same, der verharrt im Wüstensand,
bis Licht und Regen endlich wiederkehren
und Hoffnung wecken auf begrüntes Land.

Ich seh dich in den Augen dessen, der mich ansieht,
und spür dich durch die Hand, die bleibt.
Die Stille bist du, die versteckt veranlasst,
dass mir der neue Tag entgegenkommend scheint.

20. Februar

Aber der Tröster, der Heilige Geist, den mein Vater senden wird in meinem Namen, der wird euch alles lehren und euch an alles erinnern, was ich euch gesagt habe. JOHANNES 14,25

Was bleibt

Abschiedsmomente, unwiderruflich. Überschrieben mit einem großen »Nie wieder«.
Nie wieder einander in die Augen sehen. Nie wieder Worte wechseln. Fragen, die ohne Antwort bleiben. Schmerzhaft leer die Hände, weil ihnen ein Gegenüber fehlt.
Und unter allem die Frage: Was bleibt?

Wohin mit der Liebe, die noch gelebt werden will? Wohin mit den Worten, die gesagt werden und den Gesten, die gezeigt werden wollen.

Die Evangelien führen vor Augen, wie Jesus Abschied nimmt. Da ist es, als tröste er seine Weggefährt*innen, bevor er sie für immer verlässt.

Zärtlich wäscht er ihnen die Füße.

Einmal noch teilt er mit ihnen Brot und Wein.

Als wolle er sich einzeichnen in ihr Leben mit seinen Gesten und Worten. Die bleiben abrufbar, über sein Leben hinaus. Wenn die Jünger*innen sie wiederholen, holen sie darin auch die Erinnerung zurück, in der Jesus wohnt.

Das wird ihre Trauer nicht verschwinden lassen. Sie lässt sich nicht überspringen. Aber Jesus weist einen Weg, wie sie sich überleben lässt.

Ich bleibe, sagt er, auch wenn ich gehe. Auf eine andere Weise bin ich dann nah. Bin da, wenn ihr miteinander esst und euch erinnert an mich.

Und eure liebevollen Worte, eure zärtlichen Gesten: Sie müssen nicht ins Leere gehen. Sie werden in euch wachsen und dann warten andere Menschen auf sie.

Manches Mal habe ich schon gespürt, wie ein Mensch nah ist, auch wenn er gegangen ist.

Was er mir bedeutet hat, bleibt in mir. Immer noch kann ein Wort trösten, das er gesagt hat. Immer noch spüre ich seine Hand stärkend auf meiner Schulter. Oder liebevoll an meine Wange gelegt. Dann ist es, als sei er noch einmal da.

Der Himmel, den Jesus mit sich brachte, bleibt. Mitten unter uns. Tröstend und stärkend. Und zugleich angewiesen darauf, dass wir ihn mit Worten und Gesten weitertragen. Bis an das Ende der Welt.

21. Februar

Anders gesagt: Abendmahl

Brot und Wein: Und Gott zeichnet sich in mein Leben ein. Guten Boden malt er mir unter die Füße und über mir einen Himmel, der offen steht. Licht fällt dorthin, wo es dunkel war. Menschen sind an meiner Seite und ich an ihrer, und wo ich eine Sackgasse vermutete, skizziert er einen neuen Weg.
Mein Lebensbild bekommt eine Perspektive, die weiter reicht als der Horizont, Farben und Bilder, die unvorstellbar sind.
Unterwegs gehe ich neben anderen und sehe, wie er dort weiterzeichnet: Seine Freundlichkeit strahlt aus unseren Augen. Und er denkt seine Friedensgedanken in unseren Köpfen. Mit unseren Händen wischt er Tränen ab und teilt Brot, Geld und Rosen. Unsere Füße nimmt er mit auf seine Wege, zu Kranken und Einsamen. Und seine Liebe ist in unseren Herzen.
Wir sind durchdrungen von ihm, seinem Leben, seiner Zukunft.

22. Februar

Variationen über die Stille

I.
Wenn es still wird um mich,
wird es in mir so laut.
Gedanken lärmen. Gefühle rumoren.
Beiseite gedrängte Fragen
kehren beständig zurück.
Und meine Angst ruft in mir
wie ein hungriges Kind.

II.
Wenn es still wird um mich,
vernehme ich, was ich sonst nicht höre.
Das Knacken der Äste im Wind,
den Ruf des Käuzchens am Abend,
den Nachhall eines späten Geläuts,
das silbrige Summen der Sterne.

III.
Wenn es still wird um mich,
bemerke ich meine Müdigkeit.
Ich möchte wachsam sein,
möchte noch lauschen
und schlafe darüber ein.

IV.
Wenn es still wird um mich,
höre ich meinen Atem,
spüre ich Arme und Beine
und mein pochendes Herz.

V.
Wenn es still wird um mich,
höre ich manchmal
nicht nur mich.

VI.
Wenn es still wird,
höre ich dich.

23. Februar

Denn deine Gnade reicht, so weit der Himmel ist, und deine Treue, so weit die Wolken gehen. PSALM 108,5

Befreit

Ich zieh die Vorhänge auf
und erwarte nichts.
Ist ja Winter.

Da zieht,
dem Bilderbuch entsprungen,
eine Herde Schäfchenwolken
über den Himmel.

24. Februar

Kommt her und sehet an die Werke Gottes, der so wunderbar ist in seinem Tun an den Menschenkindern.
PSALM 66,5

Im Nachhinein

Noch ist der Sturm nicht still. Noch wirbelt der Wind das Wasser auf, dass es schäumt. Noch werfen die Wellen das Boot hin und her. Schon läuft es voll, immer wieder schwappt das Wasser über die Seiten. Die durchgeschüttelten Jünger geraten in Panik. Und Jesus? Er schläft.
Noch ist die Krise nicht ausgestanden. Noch stehen die letzten Untersuchungsergebnisse aus. Die Ungewissheit beutelt mich,

rüttelt mich durch. Es ist, als bestünde ich nur noch aus Angst und würde mich darin verlieren. Und Gott? Ist ganz weit weg.
Das Staunen über die wunderbaren Werke Gottes, es entsteht meist erst im Nachhinein. Wenn der Wind sich gelegt hat und das Meer glänzend und still in der Sonne liegt. Wenn die Krise durchschritten ist und hinter mir liegt. Dann wird das Leben noch einmal auf Anfang gestellt. Dann gehe ich in den Tag, als sei es das erste Mal. Die Welt öffnet sich neu. Nichts ist mehr selbstverständlich. Staunend laufe ich durch die geschenkte Zeit und drehe verwundert das Leben in meinen Händen.
Und manchmal, längst nicht immer, aber doch hin und wieder, wenn ein neuer Sturm kommt, dann erinnere ich mich. Er ist ja da, mit mir im Boot. Das garantiert mir nicht, dass es gut ausgeht. Aber es gibt mir die Sicherheit, nicht allein zu sein. Dann lehne ich mich an ihn, an seine Gegenwart. Stelle meine Fragen, schreie ihm meine Angst entgegen, weine meine Tränen in seine Hand. Und spüre: Er bleibt.

25. Februar

Wo Gott wohnt

Wo Gott wohnt,
schweigen die schweren Worte,
verhallen die harten Töne,
ist es vernehmbar still.

Wo er wohnt,
fallen die Mauern,
wuchert das Leben,
ist es sichtlich sanft.

Wo er wohnt,
sucht er mich auf,
finde ich mich wieder
in seinem Licht.

26. Februar

Bei einer Tasse Tee

»Wo kommst du denn her?«, fragt sie, als sie die Tür öffnet. Dass ich mich angekündigt hatte, hat sie vergessen. Ihr Leben findet fast nur noch im »Jetzt« statt, genau in diesem Moment.

Wir gehen in ihre Wohnung. Dort findet sie sich noch gut zurecht. Sie nimmt die silberne Teekanne aus dem Schrank, dazu die Dose mit dem goldgrünen Muster.

Dann bereiten wir miteinander Tee zu, auf die ostfriesische Weise, so, wie sie es immer gemacht hat.
Sie wärmt die Kanne vor und schüttet die losen Teeblätter in den Filter. »Zuerst nur halbvoll machen«, meint sie, als ich das kochende Wasser darüber gieße.
Ich muss lächeln. Wie oft schon hat sie mir das gesagt: »Erst musst du den Tee fünf Minuten ziehen lassen, dann kannst du die Kanne ganz voll machen!«

Später sitzen wir in ihrem Wintergarten, vor dem bodentiefen Fenstern blühen die ersten Rosen, weiß und rosé.
Ich gebe einen Kandis in die Tasse, Kluntje nennt man den hier. Es knistert, als ich den Tee darüber gieße. Vorsichtig lege ich

mit dem gebogenen Löffel etwas Sahne auf die Oberfläche. Sie sinkt hinab und kommt als Wölkchen wieder nach oben.
»Een Wulkje«, sagt meine Mutter.

»Wie lange bleibst du?« fragt sie.
»Bis übermorgen.« Ich antworte ihr, obwohl ich sicher bin, dass sie den Sinn dieser Worte nicht mehr versteht.

Zeitliche Zusammenhänge sind ihr schon lange abhandengekommen. Meine Antwort wird sie innerhalb weniger Minuten wieder vergessen haben. Selbst dass ich heute da gewesen bin, wird sie schon morgen nicht mehr wissen.

Und trotzdem stellt sie Fragen. Nun nach ihren Enkelkindern. Ich berichte ihr, jedes Mal wieder, sicher zum zwanzigsten Mal, wer gerade was studiert.
Dann mache ich einen Schwenk in frühere Zeiten und erzähle ihr, wie sie mit den Kindern gespielt hat, als die noch klein waren. Vom Schlachtfeld, in das sie die Küche verwandelt haben, als sie in der Adventszeit Plätzchen backten. Von gemeinsamen Urlauben auf der Insel mit Kutschfahrten und nackten Füßen am Strand.

Sie lacht. Doch sie erinnert sich nicht mehr daran.

Je kürzer das Vergangene zurückliegt, desto kürzer scheint auch die Halbwertszeit in ihrer Erinnerung zu sein.

Was aber in ihrer eigenen Kinderzeit, in der Zeit als junge Erwachsene dort eingeweckt wurde, das hält noch immer. Ja, es ist, als hole sie es erst jetzt wieder aus den Tiefen ihres brüchig gewordenen Gedächtnisses hervor.

Was lange her ist, scheint den Raum einzunehmen, den das, was erst gestern war, nicht mehr beanspruchen darf. Und so höre ich viele Geschichten von damals nun zum ersten Mal.

Die schrecklichen vom Krieg vor allem: Von ihrem Bruder, der gefallen ist. »Er war der lustigste von allen. Wir haben noch einen Brief aus dem Lazarett von ihm bekommen.« Aus dem kann sie bis heute wörtlich zitieren.
Dann erzählt sie von Matratzenlagern im Luftschutzkeller. »Damit wir ein bisschen schlafen konnten.« Da war sie vierzehn Jahre alt und lebte zusammen mit anderen Mädchen in einer Jugendherberge, um sich zur Lehrerin ausbilden zu lassen.

Aber auch Tröstliches kommt wieder zum Vorschein. Manches, das zurückreicht bis in ihr erstes Lebensjahrzehnt.
Da spielt sie selbstvergessen mit den Kartoffelschalen, die aus der Hand ihres Vaters in einen Eimer fallen. Sie sitzt zu seinen Füßen, an seine Beine gelehnt, spürt die Wärme in ihrem Rücken und fühlt sich geborgen.
Mir kommt es vor, als reiche diese Erinnerung hinein in den Augenblick, als fände er hier statt, in diesem Wintergarten. Und sie, die gebrechlich Gewordene mit dem so löcherigen Gedächtnis, lehne sich gerade jetzt an die tröstliche Wärme ihres längst verstorbenen Vaters.

27. Februar

Der Seher

Einmal war einer,
der sah schon,
was werden könnte.

In der Raupe
sah er den Schmetterling.

In der Wüste
den Garten.

Und in der Nacht
den leuchtenden Morgen.

Er schaute mich an.
Und ich ahnte,
was werden könnte:

Und machte mich auf,
auf den Weg
zu mir.

28. Februar

Lobe den HERRN, meine Seele, und vergiss nicht, was er dir Gutes getan hat. PSALM 103,2

Die Schatzkiste

Meine Freundin bekam zu ihrem Geburtstag eine Schatzkiste geschenkt. Als sie sie öffnete, war sie erstaunt: Sie war leer. »Sie ist für Erinnerungen an Schönes, das du erlebst, gedacht. Was dich glücklich macht oder dir guttut. Oder für schöne Dinge, die dein Leben bereichern«, sagte die Frau, die sie ihr geschenkt hatte.
Meine Freundin füllte sie mit einer Muschel aus dem Urlaub und einem Buch, das ihr gut gefallen hatte. Sie legte ein Foto von ihrer Familie hinein, eine Feder, die sie bei einem Waldspaziergang gefunden hatte, einen Brief, der ihr viel bedeutete. Inzwischen haben viele andere Dinge in der Schatzkiste einen Platz gefunden. »Wenn ich einen schweren Tag hatte, dann schaue ich abends oft hinein«, sagt sie. »Die Erinnerung an das Gute, an die Schätze in meinem Leben, gibt mir Kraft und macht mich ein bisschen fröhlicher.«
Ich finde, das ist eine tolle Idee. Wie leicht verfliegen schöne Erlebnisse. Wie schnell gerät das Erfreuliche, das ich erlebt habe, in einer schweren Zeit aus dem Blick. Wer sich dann vor Augen führt: Es gibt nicht nur die harten Zeiten, nein, ich habe auch viel Gutes erlebt, der trägt einen Schatz in sich, den er heben und von dem er zehren kann. Das rückt schwere Zeiten in ein anderes Licht und gibt Kraft, sie zu überstehen. Es macht zufrieden, ja, manchmal sogar glücklich. Und man nimmt die Welt anders wahr.
Die Erinnerung an das Gute ist zugleich das Schatzkästlein in meiner Seele. Die Dankbarkeit bringt die Schätze zum Glän-

zen. Bestimmt hat das auch der Beter des 103. Psalms gewusst, wenn er sagt: »Lobe den Herrn, meine Seele, und vergiss nicht, was er dir Gutes getan hat!«

29. Februar

Die heilsame Schönheit der Stille[7]

Der alte Pettersson hat schlechte Laune. Sein Kater Findus versucht alles, um ihn aufzuheitern.
Aber der mürrische, brummige Mann lässt sich nicht aufheitern. Im Gegenteil, er sackt immer weiter in sich zusammen. Zu nichts hat er Lust. Kein Antrieb ist in ihm. Auf seiner Seele liegt Grau.
Selbst wenn er eine Idee hätte, wie es besser werden könnte, würde er sie nicht umsetzen. Pettersson will einfach herumsitzen und sich selber Leid tun.

Findus und seine zappelige Munterkeit nerven ihn. Und so fängt der gutwillige kleine Kater sich einen Anschnauzer nach dem anderen ein.

Dabei weiß Findus genau, was dem Alten guttun würde: Angeln gehen. Draußen wartet schon alles, was der Traurigkeit und dem Trübsinn ein Ende machen könnte. Und darum veranstaltet Findus ein kleines, höchst erfolgreiches Angelspiel direkt vor Petterssons Nase. Aber der bleibt stur, gefangen in sich selber und seinen Kreiselgedanken. Nein, er wolle nicht angeln gehen.

---

7 nach: Sven Nordquist: Armer Pettersson, Oetinger Verlag, Hamburg, 19. Aufl. 1988.

Da greift Findus zu einer List. Er geht in den Schuppen und tut so, als sei er eingeklemmt. Sein Hilfeschrei bringt Pettersson endlich in Bewegung, er eilt herbei. Nachdem er Findus befreit hat, bittet der ihn um die Angel.
Als Pettersson sieht, wie Findus sich mit der langen Angel abmüht, lenkt er endlich ein und zieht widerwillig mit dem Kater im Rucksack und der Angel in der Hand los.

Und schon beim Gehen merkt der trübsinnige Mann, wie schön es ist, sich auf den Weg gemacht zu haben. Die Bewegung tut gut. Der Rücken richtet sich auf. Und die Stille auf dem Weg durch den Wald klingt ganz anders als das lähmende Schweigen zu Hause.
Jeder Schritt bringt ihn näher an den Punkt, an dem sich die düstere Farbe des Tages ins Helle wendet. Schon beginnt er zu vergessen, was ihn so traurig gemacht hat.

Schließlich sitzen die beiden im Boot und Pettersson fragt den Kater, ob er hören könne, wie still es hier sei. Denn manchmal, so der alte Mann, sei es schön, wenn es einfach nur still sei.
Und Findus versteht, dass er nun eine Weile ruhig sein muss, damit die Schönheit der Stille ihre heilsame Wirkung entfalten kann.

Später fangen die beiden zwei Barsche.
Die Laune des Alten hebt sich, er kann sogar wieder lachen. Wie gut, dass er seinen beharrlichen und klugen Kater hat. Diesen Freund, der weiß, was ihm guttut. Der lässt nicht locker und treibt den Lustlosen an. Er lockt ihn in eine Stille, in der der Tag eine Wende nimmt und selbst im grauesten Grau ein Funken zu leuchten beginnt.

1. März

Von selbst

Ich wünsche dir
Vertrauen in das,
was von selbst geschieht.

Die Erde zieht ihre Bahn,
das Licht kehrt wieder.

Der Same keimt,
der Stängel wächst,
die Blüte öffnet sich,
die Frucht reift.

Du darfst dich
gelassen zurücklehnen
und spüren:
Nicht alles hängt an dir.

2. März

Und als er in Betanien war im Hause Simons des Aussätzigen und saß zu Tisch, da kam eine Frau, die hatte ein Alabastergefäß mit unverfälschtem, kostbarem Nardenöl, und sie zerbrach das Gefäß und goss das Öl auf sein Haupt. MARKUS 14,3

Momente, die dem Himmel gehören

Einmal dem Herzen folgen und nicht dem Verstand. Aus dem Vollen schöpfen. Das Geld und die Liebe aus den Gesetzen des Marktes befreien.
Einmal sich selbst verschwenden. Den anderen verwandeln. Ihn salben mit zärtlichen Händen und duftendem Nardenöl. Ein Augenblick, der dem Himmel gehört.

Doch schon dreht die Erde sich weiter, schon hört sie Einwände, die sie zurückholen in die Gesetze der Welt.
Und: Sie haben ja recht. Sie hätte das Geld den Armen geben können. Dreihundert Silbergroschen! 20.000 Euro! Wie viele Menschen hätten davon satt werden können!

Ja. Sie haben ja recht.
Auch er hätte das Geld den Armen geben können. 15 Millionen Euro haben die schwimmenden Stege gekostet, die der bulgarische Künstler Christo 2016 auf dem norditalienischen Lago d'Iseo installiert und selbst finanziert hat.
Ein orangefarben leuchtender Weg über blaugrün schimmerndes Wasser. Alle, die mochten, durften ihn begehen.

Kann, soll man die himmlischen Augenblicke umrechnen in irdische Währungen? Fast scheint mir, als ertrügen jene, die das tun, die Liebe nicht, die in ihnen steckt. Weil sie eine Anfrage ist an alles Berechnende.

Wer auf den schwimmenden Stegen über den See gegangen ist, wird das nicht mehr vergessen. Wellenbewegungen, die sich übertragen auf den Körper. Die Luft, so leicht, als könne man auch sie betreten. Menschen wie Farbkleckse auf dem Orange. Ihr Lächeln, ihre Ausgelassenheit, ihre glücklichen Gesichter.

Himmlische Momente lassen sich nicht in Geld umrechnen. Sie sind ja vom Markt genommene Zeit. Wer sie erlebt hat, dem weiten sie Herz und Horizont. Er wird wohl auch die Armen nicht vergessen, wenn die Erde sich weiterdreht.
Eher muss die Frage nach den Armen denen gestellt werden, die alles, Zeit und Geld, Liebe und Leben den Gesetzen des Marktes unterwerfen.

Der durch Nardenöl Verwandelte wird genau das nicht tun. Er wird sich hingeben. Ein himmlischer Duft begleitet ihn, wird Stärkung sein.

Wer die Liebe erlebt hat, den hält sie. Als könne man über das Wasser gehen. Und der Himmelsmoment: Er wird tragen. Wer weiß, vielleicht sogar über den Tod hinaus.

3. März

Vermächtnis

Welche Worte
will ich sagen,
die weiterklingen?
Ich warte nicht länger.
Ich sage sie heute.

Welche Spur
will ich legen,
die erzählen wird von mir?
Ich warte nicht länger.
Ich lege sie heute.

Welche Pflanze,
die ich säe,
wird sich wiegen im Wind?
Ich warte nicht länger.
Ich säe sie heute.

Was wird bleiben,
wenn ich gehe?

Was vermache ich
Menschen und Erde?

4. März

Säet Gerechtigkeit und erntet nach dem Maße der Liebe! Pflüget ein Neues, solange es Zeit ist, den HERRN zu suchen, bis er kommt und Gerechtigkeit über euch regnen lässt! HOSEA 10,12

Gerechtigkeit säen

Aussäen und Anbauen: Das tun Menschen überall auf der Welt. Und doch haben wir das Wachsen und Reifen nicht allein in der Hand. Der Himmel muss sich mit leisem Wehen mild und heimlich auftun und die Saat mit Segen benetzen.
Doch Gott hat sich gebunden, ja, geradezu abhängig gemacht von dem, was wir Menschen anbauen: ob es gut ist oder giftig, köstlich oder bitter.

Es ist ein absurder Gedanke, dass dort, wo jemand giftiges Jakobskreuzkraut ausgesät hat, Weizen wachsen könnte.
Wer Weizen ernten will, streue Weizen aus auf dem Feld. Auch dann wächst manches, was der oder die Säende nicht in die Erde gelegt hat.
Und nicht jedes Weizenkorn wird aufgehen und Frucht bringen. Jene aber, die aufgehen, vervielfältigen sich. Durchschnittlich 35 Körner bringt eine Ähre hervor.

Eine Ernte nach dem Maß der Liebe, das gerüttelt voll ist. Mehr als genug entsteht. Und das meiste davon ohne unser Zutun, von selbst wächst der Keim, entfaltet sich die Ähre und blüht, reifen die Körner heran.

Ähnlich scheint es mit der Gerechtigkeit zu sein. Wer sie ernten möchte, muss Gerechtigkeit säen. Er muss bereit sein, sich einzufühlen in das Gegenüber und seine Sicht der Dinge zu verstehen. Er muss bereit werden, um des Friedens willen zurückzustecken und Kompromisse einzugehen. Er muss seine Kinder das Teilen lehren. Wo Egoismus und Unrecht gesät worden sind, wird keine Gerechtigkeit wachsen.

Wie kann es aussehen, Gerechtigkeit und Frieden zu säen?

Im Jahr 1999 gründet der Pianist und Dirigent Daniel Barenboim das West-Eastern Divan Orchestra, in dem Musiker und Musikerinnen zwischen 14 und 25 Jahren miteinander klassische Musik spielen. Die Hälfte von ihnen kommt aus Israel, die andere Hälfte aus arabischen Ländern. Immer wieder liegen ihre Heimatländer miteinander im Konflikt.
Hier lernen die Jugendlichen einander kennen, sie reden und essen miteinander und haben Spaß. Beim Musizieren üben sie, aufeinander zu hören. Was entsteht, ist wunderbare Musik. Das Orchester gastiert mittlerweile in allen Teilen der Erde.

Auch im Kleinen, mitten unter uns, werden Frieden und Gerechtigkeit ausgesät:

In vielen Kindergärten und Schulen gibt es Trainings gegen Gewalt. In Ferienaktionen spielen Kinder aus Deutschland mit Kindern, die aus Kriegsgebieten flüchten mussten. Menschen aus unterschiedlichen Nationen feiern miteinander Feste und stellen sich einander vor.

Möglicherweise wird auch solche Saat nicht ungehindert aufgehen. Aber darauf möchte ich vertrauen: Sie wird wachsen, blühen und reifen und ihre Frucht vervielfältigen.

Und dann beginne ich zu träumen: Vielleicht wird es eines Tages ein Friedensministerium geben statt eines für Verteidigung. Und einen Etat für Versöhnung statt für Panzer und Waffen.
Vielleicht werden irgendwann die Grenzzäune abgebaut. Vielfalt wird als Schatz empfunden. Und Menschen, die anders sind, als inspirierend.

Gott regnet seine Gerechtigkeit aus über das, was wir ausgesät haben, und segnet uns.

5. März

Wunder säen

Augenblicke streuen
aufs Feld der Zeit.
Klein und schüchtern
liegen sie in der Hand.

Da zieht der Duft
von Lavendel und Rosen
durch die Erinnerung,
und auf der Zunge
liegt Erdbeergeschmack
vom vergangenen Jahr.

Ist doch der Segen
schon ausgegossen.
Heute will ich
ein Wunder säen.

6. März

Mühe, die lohnt

»Noch einmal«, sagt mein Flötenlehrer »und wenn du rauskommst, versuch, schnell wieder einzusteigen.«
Ich übe »Für Elise« auf der Querflöte. Gut einatmen, die Finger auf die richtigen Klappen legen, die Töne genau richtig lang spielen und das alles möglichst gleichzeitig.
Ich merke, dass ich nicht mehr 16 Jahre alt bin. Damals lernte es sich leichter.

Ich habe das Stück schon so oft gespielt. Wieder und wieder habe ich einzelne Sequenzen geübt. Und trotzdem: Immer wieder klappt irgendetwas nicht. Wenn es an einer Stelle gut geht, hakt es an der nächsten. Mein Flötenlehrer beweist eine Engelsgeduld.

Ich dagegen möchte manchmal am liebsten alles hinschmeißen. »Hat ja doch keinen Zweck«, denke ich mir. »Vielleicht sollte ich etwas anderes probieren. Etwas Babyleichtes.«

Aber ich will mich auch nicht unterkriegen lassen. Und so übe ich eine weitere Woche.
Und dann klappt es plötzlich. Als habe jemand einen Hebel in mir umgelegt. Oder meine Fingergelenke geölt.

Ich bin erstaunt und frage mich, was denn nun die Wende gebracht hat. Gab es da einen bestimmten Moment? Oder waren es alle zusammen?

Und so lerne ich im Unterricht nicht nur Querflöte spielen. Ich lerne auch etwas über und für mein Leben: Da frage ich mich auch oft, ob eine Mühe sich denn wirklich lohnt. Da will ich auch manchmal aufgeben, weil sich der Erfolg gar nicht einstellen will.

Beim Flötespielen merke ich: Jeder kleine Ton, jeder Handgriff lohnt sich. Keiner ist umsonst.
Das will ich mir für meinen Alltag hinter die Ohren schreiben: Noch einmal! Versuche es wieder und wieder. Weitermachen, Geduld bewahren. Und irgendwann wendet sich das Blatt.

7. März

Ein anderer Ton

In Tiefen,
die mich sprachlos machten,
fiel ich hinab,
fand keinen Grund für meine Worte,
versank im trüben, zähen Schlamm.

Abgeschrieben da,
wo man auf Leistung setzte,
abgestempelt und
zu den Akten gelegt.

Doch: Da warst du
und schriebst dich ein
in meine sinnverlornen Tage.

Zur Schriftrolle
wurde ich,
leer,
die Raum bot
für deine Zeilen.

Du gabst mir einen anderen Ton,
der zarter war,
doch ganz mein eigener.

Nun klingen deine Worte
neu in mir,
du hast sie mir ja
auf den Leib geschrieben.

Mancher, der es hört,
merkt auf,
lauscht und vernimmt,
wie du
zwischen den Zeilen
zu summen beginnst.

Nah,
um das Blatt zu wenden.

8. März (Internationaler Frauentag)

Da antwortete Jesus und sprach zu ihr: Frau, dein Glaube ist groß. Dir geschehe, wie du willst!

MATTHÄUS 15,28A

Da ist noch mehr drin

Jesus ist mit seinen Jüngern außerhalb von Israel unterwegs. Da kommt eine Frau herbei und ruft um Hilfe für ihre kranke Tochter. Jesus aber ignoriert sie – als sei sie gar nicht da.

Wie verletzend ist das, dieses Schweigen, mit dem ein Gegenüber nicht nur meine Bitte, sondern zugleich mich selbst zurückweist.

Die Frau aber lässt nicht locker, lautstark macht sie sich weiter bemerkbar. Schließlich wird es den Jüngern zu viel: Sie schreit uns nach!, beklagen sie sich. Tu was, Jesus! Hilf ihr! Nicht, weil sie ihnen leidtut, treten sie für sie ein, sondern weil sie nervt.

Jesus aber weist die Bitte zum zweiten Mal ab. »Ich bin nur gesandt zu den verlorenen Schafen des Hauses Israel.« Nicht zuständig also.

Doch wieder bleibt die Frau beharrlich, vielleicht spürt sie, dass ihr Geschrei etwas in Gang gesetzt hat. Und das ermutigt sie.

Nun wirft sie sich sogar vor Jesus nieder und fleht ihn an: Du kannst es! So hilf mir doch!

Jesus sieht die Frau an. Wie sie da vor ihm liegt und bettelt und schreit. Ich stelle mir vor, wie er hin- und hergerissen ist: Soll ich mich erbarmen? Oder verschließe ich mich?

Was er dann sagt, ist schlimm: »Es ist nicht recht, dass man den Kindern ihr Brot nehme und werfe es vor die Hunde.«

Nicht nur dieser Vergleich mit einem Hund. Es klingt auch, als könnte Gottes heilende Kraft ebenso knapp werden wie das Brot bei Tisch.

Die Frau aber lässt sich nicht unterkriegen. Sie dreht Jesus das Wort im Munde herum und macht seinen unfeinen Vergleich zum Argument für sich selbst: Ich will doch gar nichts wegnehmen, ich will nur von dem, was abfällt unter den Tisch.

Ich stelle mir vor, dass es einen Moment ganz still ist. Perplex schaut Jesus sie an. Und in ihm vollzieht sich eine Wende. Von den Hunden ist nun keine Rede mehr.

Im Gegenteil: Fast scheint es bewundernd zu klingen, als er zu ihr sagt:
»Frau, dein Glaube ist groß! Dir geschehe, wie du willst!« Und tatsächlich: Ihre Tochter wird gesund.

Ja, denke ich, es stimmt, was Jesus zu ihr sagt.
Der Glaube dieser Frau ist größer als sein eigener. Sie hält für möglich, dass Gott sich nicht an Grenzen binden lässt. Seine heilsame Kraft verbraucht sich nicht, sondern ist unerschöpflich. Mit vollen Händen kann und will sie ausgeteilt werden.

Sogar Jesus scheint diesen Blick von außen zu brauchen, der ihm mehr zutraut als er sich selbst. Diesen Blick, der sehen kann, was ich nicht erkenne. Weil ich es nicht glauben kann.

Da ist noch mehr drin, sagt so ein Blick. In dir. Deine Möglichkeiten sind größer als du glaubst.

Ja, selbst Jesus hat zu klein von sich gedacht. Diese Frau, die er als Fremde deklariert und so harsch abgewiesen hat: Sie bricht nun das Bild auf, in dem er gefangen ist. Sie erweitert seine Spielräume.

Und er: Er erkennt es an. Sein Wirkungskreis hat keine Grenze mehr, denn Gottes Liebe ist universal.

9. März

Für die Mädchen und Frauen

Für die Mädchen und Frauen
bitte ich dich,
die Männer sich nahmen,
ohne zu fragen.
Mit Gewalt.

Für sie bitte ich dich,
denen nicht geglaubt wird,
denen unterstellt wird,
der Rock sei zu kurz
und sie doch allzu bereit gewesen.

Für sie bitte ich dich,
die sich verkriechen
in einem Leben,
das nie mehr wird,
wie es war.

Für sie bitte ich dich,
die, was geschah,
noch einmal erzählen müssen
vor dunklen Roben
und Publikum.

Lehr uns, zu prüfen,
ob, was wir legal nennen,
auch den Namen
»Recht« verdient.

10. März

Denn Gott war in Christus und versöhnte die Welt mit ihm selber. 2. KORINTHER 5,19A

Heute und hier

Mitten in der Fußgängerzone, auf der Zeil in Frankfurt stehen zwei Frauen und schreien die Leute an. »God is great«, brüllt die erste. »Gott ist groß«, kreischt übersetzend die zweite.

Ich bleibe stehen und schaue eine Weile zu. Innerlich schüttele ich den Kopf. Menschen gehen vorbei, sie beachten die beiden kaum. Niemand bleibt stehen, um zuzuhören.

Nach einer Weile macht das Gebrüll mich aggressiv. Es steht in krassem Kontrast zum Leben darum herum.
Denn da liegt endlich Frühling in der Luft, nach dem langen Winter scheint die Sonne und wärmt schon. Auf den Bänken sitzen junge und alte Leute und halten ihr Gesicht dem Himmel hin.

Die beiden Frauen aber scheinen all das gar nicht wahrzunehmen, unbeirrt schreien und schimpfen sie, und ihre Stimmen durchdringen penetrant den durch die Stadt flanierenden Frühling.

Ich spüre, wie die Wut in mir nach und nach einem gewissen Mitleid weicht. Denn das seltsame Geschrei der beiden strahlt auch eine Verzweiflung aus. »Too late«, brüllt die erste. »Zu spät«, fleht lauthals die andere.

Es geht ihnen wohl darum, die Vorbeigehenden schleunigst zu Gott zu bekehren, auf den möglicherweise letzten Drücker. Denn, so glauben sie, ein »zu spät« würde die ewige Verdammnis bedeuten.

Ich kenne das, denn ich bin selbst als Jugendliche in Kreise geraten, die so dachten.

Erschüttert erinnere ich mich an die Angst, die ich damals hatte. Höllenangst, im wahrsten Sinne des Wortes. Um mich selbst, weil ich irgendeine Sünde begangen haben könnte, die mich im ewigen Feuer landen lassen würde. Angst aber auch um die Menschen, die mir am Herzen lagen, die sich jedoch nicht mit Datum und Uhrzeit zu Jesus bekehrt hatten.

Was für eine merkwürdige Weise, von Gott zu reden, denke ich heute. Wie armselig ist so ein Glaube, der nur auf Angst basiert. Und wie egoistisch und weltfremd ist es, wenn es nur um das Seelenheil des Einzelnen geht, zuallererst um das eigene.
Über der Sorge um das ewige Leben der Seele vernachlässigt man die, die hier auf der Erde unter Hunger und Schmerzen leiden und hält es nicht mehr für nötig, sich den Kriegstreibenden und Machtmissbrauchenden zu widersetzen.
Und über dem missionarischen Eifer, andere schleunigst bekehren zu müssen, bleibt kaum ein Blick übrig für die Schönheit dieser Erde und für das wunderbare Geschenk, auf ihr zu leben.

Ich glaube nicht, dass das im Sinne Gottes ist. Die Bibel sagt doch von ihm, dass er die Liebe sei. Er will, dass alle Menschen gerettet werden, und zwar nicht erst irgendwann einmal, in einem Himmel, der einem Wolkenkuckucksheim gleicht.

Gott fängt schon heute und hier an. Und er braucht unsere Hilfe. Wo wir den anderen in den Blick nehmen, wo wir in der Liebe bleiben, leben und handeln, da ist er mitten unter uns.

Entspannt euch, würde ich den beiden Frauen gerne sagen. Setzt euch einen Moment in die Sonne und stellt euch vor, sie sei Gottes Liebe. Sanft, wärmend und wohltuend. Eine Liebe, die alle umfasst. Behutsam bringt sie das Leben zum Blühen. Heute und hier.

11. März

Anders gesagt: Passion

Jesus Christus: Gott wird Mensch, wird verwundbar und leidensfähig. Welch eine Provokation für alle, die sich Gott allmächtig wünschen, damit er auch sie ausstatte mit Macht über andere und ihre Lust an Gewalt legitimiere.
In Jesus zeigt sich ein anderer Gott: Der verschenkt seine heilsame Kraft an Kranke und Ausgestoßene. Verirrte leitet er auf den richtigen Weg. Er begibt sich in die Tiefen des Lebens und erleidet selbst Gewalt und Tod.
Gott kennt keine andere Macht als die der Menschlichkeit, die sich hingibt für andere. Genau dies ist seine All-Macht der Liebe.

12. März

Denn ich bin überzeugt, dass dieser Zeit Leiden nicht ins Gewicht fallen gegenüber der Herrlichkeit, die an uns offenbart werden soll. RÖMER 8,18

Wie ein eben geborenes Kind

Endlich hält die Mutter ihr Baby im Arm. Neun Monate hat sie auf diesen Augenblick gewartet.

Am Anfang war ihr oft übel gewesen. Dann der Moment, als sie es zum ersten Mal in sich spürte. Ein Hauch nur, der sie von innen streifte. Später streckte das Baby sich, immer öfter trat es. Und manchmal hatte es Schluckauf.

Und nun die Geburt. Fast zwölf Stunden hat sie gedauert. Die Wehen kamen in immer kleineren Abständen, wie Wellen, die sie überrollten. Dann ging eine Weile nichts mehr voran. Später Schmerzen, die über ihre Grenzen gingen. Kurz vor der Geburt hat sie sogar gedacht, sie kann nicht mehr. Und war dann selbst überrascht von der Kraft, die in ihr steckte, als sie das Kind endlich gebar.
Da liegt es nun, auf ihrem Bauch. Runzlig und verschmiert. Alles schon dran. Vom Haarschopf bis zu den Zehen. Seine winzige Hand umschließt ihren Finger.

Der Schmerz ist nicht weggewischt, er war ja da, sie erinnert sich deutlich an ihn. Aber er fühlt sich anders an. Als habe das Leben ihn überholt. Er bedeutet fast nichts mehr.

Die Schöpfung liegt in den Wehen: Paulus vergleicht das »ängstliche Harren der Kreatur«, das Seufzen der Erde tatsächlich mit einer Geburt. Einmal wird sie vollendet sein, dann wird Elend und Schmerz überwunden sein von der »herrlichen Freiheit der Kinder Gottes« (Römer 8,19-22).

Ich frage mich: Helfen solche Worte, wenn das Leiden überhandnimmt und unerträglich wird? In solchen Zeiten ist es manchmal unmöglich, daran zu glauben, dass es je wieder anders wird.
Und doch spüre ich, wie tröstlich der Gedanke ist: Einmal wird Gott das Leben in die Waagschale werfen, dann wird alles, was hier so schwer wog, an Bedeutung verlieren.
Manchmal kann ich es sehen. Als habe Gott dieses große Versprechen wie Saatkörner in die Schöpfung gelegt. Und nun gehen zarte Pflanzen vor meinen Augen auf.

Ich denke an die Geschichte von Sebastião Salgado, die Wim Wenders in seinem Film »Das Salz der Erde« erzählt.

Salgado reist in Krisen- und Kriegsgebiete der Erde, um dort zu fotografieren. Mit seinen Bildern macht er das unvorstellbare Leid, das dort geschieht, sichtbar:

Ein bis auf die Knochen abgemagerter Mann hält sein verhungertes Kind in den Armen. Geflüchtete irren durch einen Wald. Sie wurden dort abgewiesen, wo sie mit letzten Kräften Zuflucht suchten. Frauen blicken mit leeren Augen in die Kamera. Als Kriegswitwen wurden sie im ehemaligen Jugoslawien geschändet.

Salgado dokumentiert das menschengemachte Elend mit einfühlsamem Blick. Bis er selbst daran zerbricht und krank wird. Er zieht sich zurück an seinen Geburtsort in Brasilien.
Dort forstet er das gerodete Land wieder auf. Wo nur noch staubige, steinige Wüste war, pflanzt er Baumschösslinge und bewässert sie. Über zwei Millionen Bäume sind es schon, die nun heranwachsen, ein neuer Regenwald entsteht.
Während er das Leiden der Natur lindert, so scheint es, fasst Salgado wieder Vertrauen ins Leben. Die Waagschale scheint sich zu heben und er selbst trägt dazu bei.

Ja, es gibt diese Momente, in denen das, was schwer auf einem lastet, leichter wird. Als habe einer ein Gegengewicht auf die andere Seite der Waage gelegt.
Nun spüre ich, wie es aufwärts geht mit mir.
Eine zentnerschwere Last beginnt sich aufzulösen. Sie wird, manchmal vorsichtig, manchmal rasant, vom Leben überholt.
Und endlich, endlich öffnet die Welt sich neu, als läge sie vor mir wie ein eben geborenes Kind.

13. März

Freut euch aber, dass eure Namen im Himmel geschrieben sind LUKAS 10,20B

Bau mir ein Haus[8]

»Bau mir ein Haus«, so heißt ein Gedicht von Hilde Domin. Ein Haus in der Nähe des Meeres beschreibt sie darin, eines, das schützt vor dem scharfen Wind, der einen verwehen könnte. Eine weiße Wand soll es haben für die Abendsonne, so, wie es in Andalusien oft der Fall ist, dem Ort, an dem Hilde Domin ihren Text verfasst.

Im Jahr 1962 erhält sie, die inzwischen in Heidelberg wohnt, einen Brief aus Bochum. Ein Mann und eine Frau, Flüchtlinge aus dem Osten, schreiben ihr: »Wir bauen Ihr Haus.«
Hilde Domin ist skeptisch. Ein andalusisch anmutendes Haus in einer westdeutschen Großstadt, wie soll das gehen?
Doch ein Jahr später kommt wieder ein Brief: Das Haus sei nun fertig. Das Ehepaar lädt sie ein, es sich anzusehen.
Mit einem Blumenstrauß erwarten die beiden die Dichterin am Bahnhof.

Dann steht Hilde Domin vor dem Haus. Tatsächlich: Da steht es, so, wie sie es beschrieben hat.
Und die, die es bewohnen, heißen sie darin willkommen.

Es ist, als betrete die Dichterin einen in Worte gekleideten Traum, sie geht durch die Räume eines Hauses, das aus der

---

8 nach: Hilde Domin: Von der Natur nicht vorgesehen, S. Fischer, München, 3. Auflage 1981, S. 23f.

Fantasie ins Leben geholt wurde. Da steht es, vor ihren Augen, und bringt sie zum Staunen.

Bevor sie wieder aufbrechen muss, signiert Hilde Domin das Haus. Mit einem weißen Stift hinterlässt sie auf einer weißen Wand eine Spur von sich selbst. Es ist ein Zitat aus ihrem Gedicht, eine Art Schutzspruch. Eine Spur, die an sie erinnern wird.

Hilde Domins Erlebnis ist für mich wie ein Bild. Es zeigt mir, wie es aussehen könnte, dass unsere »Namen im Himmel geschrieben sind«:

Am Anfang steht ein Gedanke Gottes, benannt von ihm. Sorgsam schreibt er einen neuen Namen ins Buch seines Lebens und macht ihn zu meinem oder deinem.
Wenn wir zur Welt kommen, wird seine Idee von uns lebendig, sie wächst heran mit uns. Und während wir unser Leben gestalten, können wir in diese Welt einbauen, was er erträumt.

Und wer weiß? Vielleicht schaut er vorbei, um uns zu besuchen.

Er streift durch die Räume deines und meines Lebens, freut sich über die Hoffnungsbilder an den Wänden und den Freudenstrauß auf dem Tisch. Und sieht auch in den dunklen Raum, in dem der Zweifel sein Lager aufgeschlagen hat.

Du erkennst, wie Hoffnung und Freude sich widerspiegeln in seinem Gesicht, du siehst sein Mitgefühl und sein Erstaunen.
Es kommt ja nicht jeden Tag vor, dass ein Traum ins Leben tritt.

Ihr esst und trinkt miteinander, er bricht das Brot für dich und du teilst mit ihm deinen Wein. Und bevor er aufbricht, um weiterzuziehen, signiert er dein Haus und schreibt seinen Namen in dein Dasein ein.

Und wenn du genau hinschaust, erkennst du den Schriftzug, Tag für Tag, ein himmlischer Abdruck im Haus der Zeit.

Dann erinnerst du dich: Du schreibst seinen Traum ins Buch deines Lebens.
Und er, er hat lange zuvor schon deinen Namen verzeichnet, sorgsam und unwiderruflich im Buch seines Lebens.

14. März

Maria – von der Pietà zur Schutzmantelmadonna
(zu einer Figur in der Klosterkirche St. Vitus zu Drübeck)[9]

Pietà

Maria hält ihren toten Sohn.
Es ist, als sei es gestern gewesen, da sie ihn geboren hat. Da sie ihn wickelte in Windeln und legte ihn in eine Krippe.
Der Große, er wird wieder klein. Wird der Säugling, den sie umgeben möchte mit ihrer Gegenwart, ihrem Schutz. Als Baby liegt er in ihrem Schoß. Aber er ist still, schreit nicht mehr.
Immer noch, noch immer ist er ihr Kind.

---

9 Erstarrte Hülle – Mutter und Kind, Polyester, 102 cm, 1982 zu sehen auf: www.wieland-schmiedel.de/werke/, auf Seite 4 der Übersicht, Zugriff am 31.01.2021.

Maria bleibt an seiner Seite. Hält den Schrei in sich aus und die Fragen. Erträgt die unerträgliche Kälte, die in ihm wächst.
Sie erstarrt mit ihm. Stirbt seinen Tod mit ihm, obwohl sie doch weiterleben muss. Ganz nah sind sie beieinander.

Maria wickelt noch einmal ihr totes Kind. Und wickelt auch sich selbst ein in ihren schneeweißen Schmerz. Sie verbindet ihn und sich. Damit sie miteinander verbunden bleiben. Als könnten die Wunden noch einmal heilen und ein Wunder geschehen.

Schutzmantelmadonna

Einmal wird im Kokon Wärme wachsen. Einmal wird dort die Liebe zu glühen beginnen.
Dann regt sich das Leben neu in ihr.
Das Schneeweiß taut, sie spürt in sich ein Herz leise schlagen.

Einmal zieht Maria sich einen neuen Mantel über. Der ist weit.
Unter ihm blüht das Leben.
Dann finden Kinder, die nicht sie geboren hat, Schutz unter ihren Fittichen.

15. März

Beflügelt

Ich wünsche dir,
dass dir die Sehnsucht bleibt,
mit den Zugvögeln
ins Weite zu ziehen.

Ich wünsche dir,
dass dir gelegentlich Flügel wachsen,
die dich hinaustragen
über dich selbst.

Damit du die anderen Seiten
der Welt entdecken kannst,
in der Nähe und in der Ferne,
in anderen Menschen und in dir.

16. März

Gott wird abwischen alle Tränen von ihren Augen.

OFFENBARUNG 21,4A

Gehalten

Ein schlafendes Kind. Ganz still, ganz entspannt ist sein Gesicht. Der Arm hängt locker vom Körper hinab. Es schläft auf dem Arm der Mutter und hat den Kopf an ihre Schulter gelehnt. Die Mutter hält ein Taschentuch in der Hand. Immer wieder wischt sie sich die Tränen aus dem Gesicht. Und ab und zu streicht sie ihrem Kind sanft über den Rücken.
Ich sehe die beiden von meiner Kanzel aus. Sie sitzen vorn in der Friedhofskapelle unter den Angehörigen des Verstorbenen, den wir beerdigen müssen. Ich sehe sie, während ich von der Kanzel die alten biblischen Worte lese. Tausendmal wohl schon habe ich sie gelesen. Und heute noch einmal neu: »Und ich sah einen neuen Himmel und eine neue Erde«, steht da. Da ist »die ›Hütte Gottes‹ bei den Menschen ... und er selbst, Gott mit ihnen, wird ihr Gott sein; und Gott wird abwischen alle Tränen

von ihren Augen, und der Tod wird nicht mehr sein, noch Leid noch Geschrei noch Schmerz wird mehr sein …« (Offenbarung 21,1-4).
Ich lese und sehe die Mutter, die sich die Tränen abwischt. Und auf ihrem Arm das vollkommen ruhige Kind. Es versteht noch nicht, dass der Opa nun nicht mehr bei ihnen ist. Vielleicht spürt es, wie traurig die anderen sind. Und trotzdem ist es geborgen, kann sich fallen lassen in den Schlaf. Die beiden rühren mich an, sie wecken eine Sehnsucht in mir. Ja, das wäre schön: Gehalten zu werden, gerade, wenn man traurig ist. Sich bergen an einer Schulter, eine zärtliche Hand im Rücken spüren.
Und dann die biblischen Worte dazu. Sie lassen das möglich erscheinen. Sie lassen mich ahnen, dass da ein Größerer hinter uns ist. Er reicht weiter als unser Leben, unsere Gedanken, der Schmerz, die Zeit. Kein über alles erhabener Gott ist das, von dem da erzählt wird, sondern einer, der sich berühren lässt. Vielleicht ist er so zärtlich wie diese Mutter, die ihrem Kind über den Rücken streicht. Und sein neuer Himmel beginnt hier, in dieser Kapelle, mitten unter uns.

17. März

Anders gesagt: Tröster*in

Ein*e Tröster*in ist, wer die Härte des Todes nicht beschönigt. Sie/er öffnet dem Gegenüber einen Raum, in dem alles sein darf und hält seine Tränen, hält Wut und Verzweiflung aus. Nimmt darin die Liebe zum nun Verlorenen wahr und sieht die Angst vor dem, was die Zukunft bringt.
Ein*e Tröster*in weiß: Erst auf dem Grund der Trauer ereignet sich eine Wende und der weite Weg zurück ins Leben beginnt.

18. März

Wachet und betet, dass ihr nicht in Anfechtung fallt!

MATTHÄUS 26,41A

Bleiben und Standhalten

In Anfechtung fallen. Ich stelle mir einen Fechtkampf vor: Wer stärker ist, drängt das Gegenüber in die Ecke, bedroht und sticht mit der Waffe nach ihm. Es scheint nur noch eine Frage der Zeit, bis der Kampf mit einem letzten Schlag endet. Und der oder die Angefochtene? Ihm oder ihr werden die Knie weich, der Boden unter den Füßen wankt.

Jesus ist angefochten, er ahnt, was auf ihn zukommt: Seine Gegner sind auf dem Weg, um ihn gefangen zu nehmen. Dann warten Verurteilung, Verspottung und der Tod auf ihn. Die Lage ist ernst, Jesus braucht Hilfe. Er wendet sich an die Jünger. Doch er bittet sie nicht um Waffen, sondern ruft ihnen zu: Wachet! Und betet! Fast klingt es wie ein Befehl.

Wie kann man es schaffen, stark zu bleiben, wenn man angefochten ist? Wenn man durch einen schweren Kampf oder ein dunkles Tal muss und das Gefühl hat, Gott habe einen vergessen? Manchmal kann man selber es gar nicht.
Wie gut, wenn dann andere da sind. Menschen, die bei mir bleiben, die sich nicht in die Ecke drängen lassen, sondern standhalten. Die hellwach sind für das, was mir helfen kann. Menschen, die weiterglauben, weiterbeten. Die Rückhalt suchen bei Gott und so mich halten. Die sich von ihm stärken lassen und so mich stärken.
Angefochtene hindurchtragen durch ihre Kämpfe. Das ist eine Aufgabe der Glaubensgemeinschaft. Standhalten, wachen und

beten, den ganzen schweren Weg hindurch. Jesus vor Augen haben und gegen allen Augenschein weiterhoffen: Am Ende steht Gott und wartet mit neuem Leben auf uns.

19. März

Auf dem Weg

Wer weiß schon,
ob Sterne verlässlich sind.
Und wer könnte sagen,
ob die Kräfte reichen?

Um diesen
einen Schritt nur
weißt du,
für den der Fuß
die Luft schon betreten hat,
um gleich den Boden
erneut zu berühren.

Diesen Schritt gehen,
als sei er es,
auf den alles ankommt,
als sei er es,
der dich schon bringe
ans Ziel.

20. März

Meine Zeit steht in deinen Händen. PSALM 31,16A

Die Stille danach

Der letzte Atemzug eines Lebens. Die Stille danach.
Als ihr Vater starb, hat sie diese Stille fast als heilig empfunden. Vorbei der Schmerz, das Leiden. Vorbei aber auch das Leben. Einige Momente bei ihm bleiben, seine noch warme Hand in ihrer. Die Mutter streicht ihm die Augen zu. Eben noch die schweren, dann schnappenden Atemzüge. Und nun Schweigen.

Irgendwann steht die Mutter auf. Sie hört ihre Stimme am Telefon. Die Pfarrerin kommt, sie spricht ein Gebet und einen Segen. Einige Stunden liegt der Vater in seinem Bett. Als schliefe er. Nur stiller. Und so blass.
Gegen Abend kommt der Bestatter. Zu zweit waschen sie den Leichnam und kleiden ihn um. Nun liegt der Vater in seinem Anzug da. Der Bestatter nimmt ihn mit.

Und schon bald beginnt die Geschäftigkeit. Sie hilft, das Unbegreifliche auf Distanz zu halten. Gefühle, die unerträglich erscheinen, noch eine Weile fernzuhalten.
Sie tun das, was sie noch für ihn tun können. Gestalten diese Phase nach seinen Wünschen, so, wie es zu seinem Leben passt.

Die Trauerfeier vorbereiten, Karten schreiben und verschicken, Verwandte und Nachbarn bewirten, die zu Besuch kommen. Wohltuend sind die, die von dem erzählen, was er ihnen bedeutet hat. Auf gute Ratschläge hingegen, auf Prognosen zum Trauerprozess könnte sie gut verzichten.
Wie lange dauert die Trauer? Sie dauert, so lange sie dauert.

In den ersten Monaten ist sie einem Gewirr von Gefühlen ausgesetzt.
Ein Erinnerungsanlass von irgendwoher, und schon fließen die Tränen und lassen sich nicht aufhalten.

Es wird anders, ein langsamer, langer Weg. Manchmal träumt sie von ihm. Immer mehr spürt sie, dass der Vater weiterlebt in ihr. In Bildern, Erinnerungen, Gesten. Im Gedächtnis des Körpers, der seine Hände noch spüren kann.

Doch auch Jahre später gibt es Momente, in denen die Trauer sie überfällt. Feiern, auf denen er fehlt, die Fragen der Kinder, die seine Enkel*innen gewesen wären.

Ein Mensch, der einem lieb war, hört nicht auf, bei einem zu sein.
Und er hört nicht auf, einem zu fehlen.

21. März

Einkehr

Manchmal scheint die Zeit dir zu schnell.
Sie rast dahin und lässt dich zurück.
Dann atme aus und bleib stehen.
Öffne die Tür nach innen und kehr bei dir ein.

Erinnere dich, einmal warst du ein Kind.
Hüll dich ein in den Trost dieser Zeit.
Überlasse dich wieder den Händen, die halten,
und lehne dich an eine weiche Schulter.

Übe dich in Gelassenheit.
Die Welt kommt eine Weile ohne dich aus.
Bis die Kraft zurückkehrt zu dir
und du dich wieder aufmachen kannst
mit neuem Vertrauen ins Leben.

22. März

Halleluja

»Gehen Sie heute doch zu Schwester Auguste«, sagte die Stationsleiterin zu mir. »Sie ist sehr schwach. Es wird wohl das letzte Mal sein, dass Sie sie besuchen können.« Ich war wieder einmal zu Besuch in diesem Altenheim für Diakonissen, in dem ich vor meinem Studium gearbeitet hatte. Dort hatte ich Schwester Auguste kennengelernt. Sie war damals weit über achtzig und ich gerade neunzehn Jahre alt. Sie machte es mir nicht leicht. Vielleicht, weil sie oft Schmerzen hatte, ihre Finger waren vom Rheuma ganz krumm. Jedenfalls war sie häufig unzufrieden und ließ mich das manchmal spüren.
Nun stand ich also da, vor ihrer Tür, mit zitternden Knien, unsicher, was mich erwarten würde. Schließlich fasste ich mir ein Herz, klopfte und trat ein. Schwester Auguste lag in ihrem Bett, ihr Atem ging flach. Es war sehr still im Zimmer, und die Frühlingssonne flutete durchs Fenster. Ich setzte mich auf einen Stuhl neben das Bett. Ob sie mich wahrnahm, wusste ich nicht. Aber ich spürte, wie ich nach und nach selbst zur Ruhe kam. Fast war es, als habe sich ein Frieden im Zimmer ausgebreitet, der ansteckend war. Ich saß nur da und schwieg. Ab und zu fiel mein Blick durchs Fenster in den großen Garten. Dort blühten die ersten Narzissen und Tulpen. Ostern stand vor der Tür.

Ein altes Osterlied kam mir in den Sinn. Ich sang es ihr vor: »Christ ist erstanden von der Marter alle. Des soll'n wir alle froh sein, Christ will unser Trost sein.« Als ich an dieser Stelle angekommen war, da stimmte Schwester Auguste plötzlich ein: »Halleluja«, sagte sie laut und deutlich. »Halleluja.« Übersetzt ins Deutsche heißt das: »Lobt Gott!«
Beeindruckt habe ich damals das Zimmer verlassen. Wie viel mehr mag ein sterbender Mensch mitbekommen, als wir manchmal vermuten. Und wie sehr kann selbst in der letzten Zeit die Kraft noch tragen, die aus dem Glauben entsteht.
Selbst, wenn andere Menschen es nicht wahrnehmen, ja, vielleicht gar nicht mehr für möglich halten: Christus kann auch dann immer noch da und nah sein und einen Menschen erquicken, kann ihn trösten und stärken auf seinem letzten Weg.

23. März

Das Kleine würdigen

Ein Blick in den Garten zeigt mir, wie Gott das Kleine würdigt. Ich sehe den Apfelbaum, der seine Blüten in die Sonne hält. Kaum vorstellbar, dass er aus einem einzigen kleinen Kern entstanden ist. Jetzt kann ich seinen Stamm nicht mehr alleine umfassen. Ich freue mich schon auf die Äpfel im Herbst, sie schmecken köstlich. Jedes Jahr sorgen sie dafür, dass ich Gelée im Regal und Most im Keller habe.
Wenn Gott seinen Segen gibt, kann aus Kleinem etwas Erstaunliches werden. Das macht mir Mut für mein Leben.

24. März

Wer die Hand an den Pflug legt und sieht zurück, der ist nicht geschickt für das Reich Gottes. LUKAS 9,62

Gespannt zwischen Gestern und Morgen

An einem Frühlingsmorgen öffne ich das Tor zum alten Friedhof am Lindener Berg. Es ist, als beträte ich eine andere Welt. Ich gehe durch von Scilla bedeckte Flächen, hier und da blühen Osterglocken oder Schlüsselblumen im Blau. An verwitterten, moosbewachsenen Grabsteinen laufe ich entlang. Die Bäume sind noch kahl, in den Zweigen zwitschern die Vögel und ein Eichhörnchen huscht einen Stamm entlang. Irgendwo hämmert ein Specht, es klingt, als schlüge einer immer denselben Ton auf einem Xylophon an.

An manchen Gräbern sind Skulpturen zu sehen. Eine von ihnen zeigt eine versteinerte Frau, auf den Grabstein gestützt weint sie seit vielen Jahren um ihren Mann. Als ich weitergehe, frage ich mich, ob es ihr wirklich so gegangen ist, dass sie seinen Tod nicht verwinden konnte. Dass, obwohl die Zeit weiterlief und sich der Alltag langsam wieder einstellte, sie doch nie da war, wo ihr Körper sich aufhielt, sondern mit ihren Gedanken, mit ihrer Seele immer an seinem Grab verweilte. Ob der Schmerz sie erfasst und versteinerte hatte, ob er die Zeit einfror und die Zukunft lähmte.

Es ist so schwer weiterzugehen, wenn einer gestorben ist, den man liebt. Es ist, als verlasse man ihn und fügte sich dem Tod. Als lasse man so das Sterben ein zweites Mal zu.

Ich gehe weiter, schaue auf die blauen, blühenden Flächen, Baumschatten fallen darauf, zeichnen und mustern sie. In einem Wipfel singt eine Amsel ihr Morgenlied.

Mein Blick fällt auf ein anderes Grab: Dort ist ein lebensgroßer

Engel zu sehen. Alles an ihm wirkt behutsam und offen. Er steht über denen, die an das Grab kommen, so scheint es. Sein Blick ruht auf ihnen, als wolle er sagen: »Weint ruhig. Ich sehe eure Trauer und kann sie verstehen.« Doch gleichzeitig weist seine Hand auch mit zarter und doch beharrlicher Geste ins Weite. Als gäbe er eine Erlaubnis, diesen Ort der Erinnerung auch wieder zu verlassen und sich der Zukunft zuzuwenden, dem neuen Land.

Die Toten ihre Toten begraben lassen (Lukas 9,60), die Hand an den Pflug legen, ohne zurückzuschauen (Lukas 9,62), das kann ich nicht. Ich komme Jesus, dem Sprecher dieses harten Satzes oft nicht hinterher. Wie könnte ich Schritt halten mit ihm, der den Himmel vor Augen hat, als wäre der schon da und er selbst darin angekommen? Ich bin der Erde noch verbunden, bin in die Zeit gespannt zwischen Gestern und Morgen. Und manchmal öffnet sich mir gerade im Erinnern eine Tür in die Zukunft.

Und so brauche ich diese Momente zum Atemholen: auf einem Friedhof verweilen; gerade, wenn ich traurig bin. Dort sein, wo Tote ruhen und doch das Leben blüht. Weinen, damit Hartes in mir weich wird und zerfließen kann. Die Verstorbenen einem Größeren ans Herz legen, bis mir der Stein vom Herzen fällt.

Dann aber will ich dem Engel folgen, der ins Weite weist, und das Tor zur Trauer schließen. Will die Hand an den Pflug legen, den Blick wenden und nach vorne schauen. Und manchmal sehe ich am Horizont einen Schimmer aufblitzen, der nicht von dieser Welt zu sein scheint.

25. März

An der Grenze

Wenn wir an der Grenze des Todes einander loslassen müssen, dann tröstet mich der Gedanke, dass Gott bei uns bleibt.
Er ist auf beiden Seiten, im Land der Lebenden und im Land der Gestorbenen. Ich stelle mir vor, wie er an der Grenze steht. Eine Hand reicht er uns zur Erde. Die andere reicht er denen, die schon vorausgegangen sind. So verbindet er Zeit und Ewigkeit. Und so verbindet er auch uns miteinander. Über die Grenze des Todes hinaus.

26. März

Denn siehe, ich will ein Neues schaffen, jetzt wächst es auf, erkennt ihr's denn nicht? JESAJA 43,19A

Die Trümmerfenster von Erfurt

Durch einen Bombenangriff gegen Ende des Zweiten Weltkriegs sind die Fenster der Predigerkirche in Erfurt zerborsten. Da gab es ein Lutherfenster und eines, das Johannes, den Täufer, abbildete. Andere zeigten Motive des Weihnachts- und des Osterfestes sowie des Karfreitags. Auf weiteren Fenstern waren Muster zu sehen, ähnlich denen, wie sie auf einem Teppich zu finden sind. Zwischen 1891 und 1898 waren diese gläsernen Kunstwerke im südlichen Seitenschiff und im Hohen Chor eingebaut worden.

Und nun sind die Fenster völlig zerstört. In unzähligen Einzelteilen liegen sie am Boden. Nicht mehr zu retten, so scheint es. Es hätte nahegelegen, die Scherben zusammenzufegen und auf den Müll zu werfen.

Aber so war es nicht. Einer war da, der die Bruchstücke aufgesammelt hat. Vielleicht hat er sich geschnitten daran. Ich stelle mir vor, wie er sie trotzdem einbettet in etwas Weiches, Papier oder Wolle, damit sie nicht noch mehr zerbrechen.

Manches ist auf den Fragmenten noch gut zu erkennen:
eine Feder, eine Rose, ein Eichenblatt, eine Hand, Fragmente von Bögen und Linien.
Anderes bleibt rätselhaft und weckt die Fantasie:
Hier könnten die Falten eines roten Gewandes zu sehen sein, dort der Rest eines Haarschopfes, dies mag ein Stück vom Himmel gewesen sein und dort, der angedeutete Schwung – er könnte zu einem Gesicht gehört haben.
Heil machen lassen sich die Fenster nicht mehr. Man könnte sie allenfalls rekonstruieren.

Doch der Restaurator und Glasmaler Hans Hajna hat eine andere Idee. Wo andere wertlose Bruchstücke wahrnehmen, sieht er etwas Neues, das entstehen könnte.
Und so bettet er die Fragmente in einen anderen Zusammenhang ein. Fenster entstehen nun, die vollkommen anders sind als die ursprünglichen. Im Namen »Trümmerfenster« klingt an, was geschehen ist. Ja, man sieht den neuen Bildern an, dass ihre einzelnen Teile Gewalt und Zerstörung erfahren haben.
Und doch sind aus den Scherben wieder Kunstwerke geworden, die zum Staunen bringen.

Ich denke an mein eigenes Leben, in dem manche Bilder zu Bruch gehen. Meine Pläne lassen sich nicht umsetzen; das, was ich erträumt habe, zerplatzt.
Ein Mensch ist ganz anders, als ich gedacht hatte. Wird unsere Beziehung diese Krise überstehen?
Das, was ich von Gott geglaubt habe, zerbricht. Mein Bild vom Allmächtigen bekommt Risse, ja, es zerfällt.

Wie schnell bin ich versucht, das zu verwerfen, was in Scherben vor mir liegt.
So leicht halte ich es für wertlos, tauglich nur noch für den Müll.
Vielleicht benötigt das, was zerbrochen ist, einen anderen Zusammenhang, um die eigene Schönheit in einem anderen Bild neu zu entfalten.
Vielleicht braucht es jemanden, der das erkennt und behutsam hilft, die Fragmente zu ordnen, sie anders zusammenzustellen oder in einem neuen Licht zu sehen.

Zerbrochenes wird nie wieder so sein wie vorher. Dennoch machen die Bruchstücke des Lebens und des Glaubens das Ganze nicht wertlos. Es ist möglich, dass sie einen anderen Kontext erhalten und sich ein neuer Sinn ergibt. Dass so etwas wie Heilung geschieht.

Dann leuchtet neu auf, was fast schon verworfen war. So wie die Trümmerfenster der Predigerkirche in Erfurt.
Alles, was war, ist in diesem Bild enthalten. Tränen und Trümmer. Zweifel und Verzagen. Schönheit und Schmerz.

Und wer es sieht, sehen kann, fühlt sich auf eine seltsame Weise verstanden und staunt.

27. März

Einladung

Gestern noch
schienen doch
alle Wege verschlossen,
die Nacht zog
den Vorhang zu.
Ende der Vorstellung.

Heute aber stehen die Tore
sperrangelweit offen:
Hereinspaziert,
hier wartet das Leben!

Keiner weiß,
wie es geschah.

28. März

Spaziergang am Abend

Weiche, schon warme Luft und in den Gärten Blütenflecken. In der Hecke schwatzen die Spatzen. Ein Hauch Fliederduft zieht vorbei. Und über allem ein Himmel, der größer erscheint als an anderen Tagen.
Es mag vermessen sein und doch ist es auch schön, gelegentlich einige Momente lang zu denken, dass das heute für mich geschieht. Ein Geschenk des Himmels, von Gott persönlich arrangiert, um mich zu erfreuen und aufzurichten.

Ich weiß, dass vieles dagegen spricht, so von Gott zu reden. Ja, manches spricht sogar dagegen, überhaupt an ihn zu glauben. Oft genug zweifle ich selbst an ihm.

Doch an manchen Abenden, da finde ich es fast unmöglich, nicht an Gott zu glauben. Da traue ich ihm zu, mich im Blick zu haben. Und ich bin so vermessen, zu denken, er entwerfe einen wunderbaren Augenblick extra für mich.

Und: Ja, ich würde diese Weise, so denken zu dürfen, vermissen, wenn ich nicht glauben könnte.
Wem sollte ich dankbar sein für die Blütenflecken im Garten und für die schwatzenden Spatzen?
Wofür? Und warum?

Gäbe es eigentlich Wunder, wenn es keinen Gott gibt? Oder müssten wir die Worte »wunderbar« und »wundervoll« aus dem Wortschatz entfernen?

Könnte ich noch erzählen von der »Engelsgeduld« meines Klavierlehrers? Welchen Sinn machte der Begriff Engel, wenn es zwischen Himmel und Erde nichts gäbe über das hinaus, was offensichtlich ist? Und was sagte man stattdessen?

Ich atme durch und fange einen Hauch Fliederduft ein.
Die Sonne schaut durch die Wolken wie eine große orangefarbene Pupille. Ihr Licht fällt in meine Gedanken. Einen Moment lang bin ich versucht, ihr zuzuwinken.

29. März

Schattenbild

Ein Hauch,
ein Schattenbild in einer Handbreit Tage

und manchmal stumm
vor allem, was misslang.

Ein Hauch,
ein Schattenbild in einer Handbreit Tage

und doch so fröhlich,
weil ich bin.

30. März

Das geknickte Rohr wird er nicht zerbrechen, und den glimmenden Docht wird er nicht auslöschen.

JESAJA 42,3A

Müde vom Krieg[10]

Der Soldat Veit ist müde vom Krieg. Im Lazarett hat man ihn wieder zusammengeflickt, nachdem er 1944 im Osten schwer verwundet wurde. Nun reist er nach Mondsee, einem kleinen

10 nach: Arno Geiger: Unter der Drachenwand © Carl Hanser Verlag, München 2018, S. 137 ff.

Ort in den österreichischen Bergen, um sich dort unter der felsig aufragenden Drachenwand zu erholen.
Eines Tages macht Veit sich auf zu einem Spaziergang, um die Gegend zu erkunden.
Seiner Quartiersfrau, die anlässlich des Tags der Wehrmacht gerade die Fahne hisst und über die Volksgemeinschaft doziert, gibt er eine zynische Antwort.

Er hat mehr gesehen als sie und darum versucht er, seine Genesung hinauszuzögern. Bloß nicht wieder zurückmüssen in diese letzten Schlachten, man ahnt ja schon, dass sie verloren sind, dass dort Leben und Zukunft verheizt werden in einem sinnlosen Kampf.
Eben graviert der Steinmetz am Kriegerdenkmal neu die Namen derer ein, die nicht altern dürfen.

Nachdem Veit eine Weile gegangen ist, beginnt er, die winterliche Luft zu genießen, im Nachbardorf trinkt er einen Kaffee und macht sich dann auf den Rückweg.
Da kehrt mit jedem Schritt, den er macht, auch das Grübeln zurück über die sinnlos vertanen Jugendjahre. So schnell ist die Zeit zerlaufen. Und wo ist seine Fähigkeit geblieben, leidenschaftlich zu lieben?

Schlagartig kommen die Bilder und überholen ihn, und dann ist es, als geschähe es jetzt: Granaten gellen, er sieht seine Kameraden, wie sie, tödlich getroffen, in Gräben fallen, er erblickt eine Mauer, die genau auf ihn zu kippt, Todesangst schüttelt ihn durch.
Er geht zu Boden, schwer atmend kniet er im Schnee, ein bebendes Bündel voller Panik.

Als er wieder zu sich kommt, steht da ein Mädchen und reicht ihm ihre Hand.
Ihrer Mutter helfe das, wenn sie keine Luft bekomme, sagt sie.
Die beiden kommen ins Gespräch. Da erzählt auch sie, was sie zugleich beglückt und bedrückt. Eine erste Liebe, welche die eigenen Eltern zu zerstören versuchen.

Weitere Menschen begegnen dem Soldaten an diesem abgelegenen Ort, Menschen, die für einen Moment die Züge eines Engels tragen: eine Frau, ein Baby, ein Brasilianer.
Sie geleiten Veit durch seine Ängste und erwecken seine Liebe auf. Und nähren die Hoffnung, dass eine Zukunft möglich ist, die sich zu leben lohnt – trotz allem.

31. März

Wendung

Heute traf ich einen,
der meine Tränen sah.

Es waren die ungeweinten,
heruntergeschluckten,
die sich einbrennen,
die unter der Haut
zum Herzen dringen
und es bitter machen
bis auf den Grund.

Sie zwingen dich,
ständig zurückzuschauen,
und lassen dich verhärten
wie eine Säule aus Salz.

Heute traf ich einen:
er sah sie und fragte:
Mensch, warum weinst du?
Und seine Frage löste den Bann.

Meine Haut wurde weich,
durchlässig gar,
und der Schmerz war
wahrgenommen,
endlich bereit,
sich zu lösen.

1. April

Wartezeiten

Ich wünsche dir,
dass du die Wartezeiten
deines Lebens aushalten kannst.

In der Sehnsucht
leuchtet auf,
was werden soll.

Auf dem Boden
des Zweifels
ruht ein Geheimnis.

In der Ungeduld
schlummern Kräfte,
die Neues schaffen.

Gott kann auch
aus dem langweiligsten Augenblick
ein Wunder hervorlocken.

2. April

Und ihm träumte, und siehe, eine Leiter stand auf Erden, die rührte mit der Spitze an den Himmel, und siehe, die Engel Gottes stiegen daran auf und nieder.

GENESIS 28,12

Hinter und vor uns – ein Engel

Eigentlich ist es doch wie immer: Die Zeit hält ihren Takt ein, Sekunde um Sekunde, Minute um Minute, Stunde um Stunde, Tag um Tag. Und doch gibt es Momente, die wie ein Einschnitt sind. Mir wird bewusst, dass genau jetzt etwas zu Ende geht und etwas Neues beginnt.
Dann spüre ich: Die Zeit läuft nicht einfach immer weiter, nein, es gibt auch Augenblicke, die wie ein Übergang sind: In eine neue Zeit, ein neues Land, ein neues Leben.

An einem solchen Übergang hat Jakob einen Traum:
»Und ihm träumte, und siehe, eine Leiter stand auf Erden, die rührte mit der Spitze an den Himmel, und siehe, die Engel Gottes stiegen daran auf und nieder« (Genesis 28,12). Oben an der Leiter aber ist Gott selbst und verspricht Jakob, ihn zu segnen.
Wenn etwas endet und anderes beginnt, träume ich diesen uralten Traum mit Jakob. Und ich sehe diese Leiter vor mir, die bis an den Himmel reicht. Engel steigen daran auf und nieder. Die einen klettern hinauf zum Himmel und – so stelle ich es mir vor – nehmen mit, was gewesen ist. So hüten sie die Vergangenheit. Vielleicht verwandeln sie manches auf ihrem Weg in den Himmel oder vollenden es.
Und die anderen Engel kommen herab zur Erde. Als wollten sie zeigen: Ich gehe mit dir in das, was nun beginnt, und bleibe dir nah in dem, was werden wird.

Ja, der Takt der Zeit geht weiter, wie immer. Aber mir tut es gut, gelegentlich die Zäsur zu spüren, die mich heraushebt aus dem Einerlei, und ganz bewusst den Übergang wahrzunehmen, an dem Altes endet und Neues beginnt.
Mir wird deutlich: Dieser Moment kann immer sein.
An jedem Tag meines Lebens geht etwas zu Ende. Und doch geht es nicht verloren, denn wie in Jakobs Traum sind Engel da, die es hüten und zum Himmel tragen.
Und ebenso beginnt immer wieder, in jedem Augenblick meines Lebens, etwas Neues. Engel steigen aus dem Himmel herab, sie sind mir voraus, geleiten mich und tragen den Segen Gottes in meine Zeit.

3. April

Lebensbrot

Wieder teilst du
dich aus.

An uns:
Wegrandgefährten,
die sich sehnen nach
Seligpreisung.

An uns:
Engherzgewordene,
die hungert nach
Sabbatgedanken.

An uns:
Tränendürre,
die lechzen nach
lösendem Wort.

Du teilst dich aus;
lebendig duftendes Brot.

Wir schmecken
erdennah,
himmelweit
dein Heil.

4. April

Gott ist treu. 1. KORINTHER 1,9 (L)

Flötentöne

Einmal spazierte ich durch die Stadt, um Ausschau zu halten nach Gott. Die Menschen erschienen mir wie immer: Einige eilten vorbei, eine Tasche am Arm, andere schlenderten, blieben vor einer der Skulpturen stehen oder blickten in die Auslage eines Schaufensters. Beim Bäcker saßen zwei ältere Männer, einer kaute an einem Käsebrötchen, der andere trank einen Kaffee.

Die Häuser standen unverrückt. Auch der Brunnen schien von Alltäglichem zu plappern.

Ich ging in die große Kirche am Markt. Unschlüssig schlenderte ich durch die Bankreihen, als wäre ich auf der Suche nach etwas. Und das war ich ja auch.
Ich fand einen Flyer, er lud ein zu einem schon vergangenen Konzert. In der eisernen Erdkugel brannten drei Kerzen. Vor dem Altar blieb ich stehen. Dort mühte sich eine Hortensie, ihr Verblühen hinauszuzögern. Doch unter ihr lag auf dem hellen Leinentuch schon ein bräunliches Blatt. Darüber hing an einem Kreuz hölzern die Christusfigur und schwieg.

Selbst auf den Glockenturm stieg ich. Vielleicht kommst du dem Himmel näher, je höher du kletterst, sagte eine Hoffnungsstimme in mir. Ich ging über den Deckengewölben der Kirche, sah Staub und Taubendreck, erklomm noch drei Stiegen und öffnete die hölzerne Klapptür. Forschend blickte ich mich um. Unten lag winzig der Marktplatz, über dem Fluss hing eine schwere Wolke, es würde wohl bald Regen geben.

Ich stieg hinab, verließ die Kirche und beschloss, wieder nach Hause zu fahren. Da drangen Töne an mein Ohr, zerfasert und zerweht. Ich beschloss, ihnen nachzugehen, meinte ich doch, sie zu kennen. Die Richtung stimmte, die Musik wurde deutlicher. Auch wurde vernehmbar, dass sie von einer Blockflöte stammte.

Ich ging um eine Hausecke, da sah ich ihn. Ein Mann in abgerissenen Kleidern, er saß auf dem Straßenpflaster, neben sich einen Hund, vor sich einen Becher aus Blech. Einer warf eine Münze hinein. Es schepperte.
Dann erkannte ich die Melodie. Ein altes Kirchenlied, als Konfirmandin hatte ich es auswendig gelernt. Mitten in der Fußgängerzone spielte ein offensichtlich obdachloser Mann: »Gott ist gegenwärtig!«

5. April

Zwiegespräche

Die Tage sind schwarz,
sagt die Trauer.

Ich sehe ein Licht,
sagt die Hoffnung.

Nie wieder,
sagt der Schmerz.

Versuch es noch einmal,
sagt die Liebe.

Für immer vorbei,
sagt der Tod.

Ich bin wieder da,
sagt das Leben.

6. April

Er (Gott) hat alles schön gemacht zu seiner Zeit, auch hat er die Ewigkeit in ihr Herz gelegt; nur dass der Mensch nicht ergründen kann das Werk, das Gott tut, weder Anfang noch Ende. PREDIGER 3,11

Metaphern

Ich mag Dinge, die vor mir da waren und nach mir da sein werden.

Die Linde, die schon das Dach unseres Hauses überragte, als ich ein Kind war. Wie oft bin ich in ihre Äste gestiegen und habe mich, dem Himmel etwas näher, dort versteckt. Auch heute noch streiche ich verstohlen über ihre Rinde und lehne meine Stirn oder den Rücken eine Weile an ihren Stamm. Ich höre dem Wind zu, der durch die Blätter streicht. Als habe er mir etwas zu sagen, ja, als flüstere er mir ein Geheimnis ins Ohr.

Der Fluss, an dem vor über tausend Jahren Menschen den Grundstein für eine Kirche legten, die ich noch heute betreten kann. Er mäandert sich immer noch in Richtung Meer. Mit ihm scheint die Zeit zu fließen, fort und fort. Und doch wiederzukehren, während die Menschen am Ufer andere sind. Manchmal stehe ich dort und träume mich fort.

Und auch in der Kirche sitze ich gerne. Andere haben ihre Steine übereinandergeschichtet und die Bögen über den Fenstern konzipiert. Haben Glas bemalt und in Blei gefasst zu Bildern, die lang überlieferte Geschichten erzählen.

Wie viele Gebete haben ihre Mauern vernommen, wie viele Paare haben sie gesehen, die zuversichtlich und unbefangen einander ihr »Ja« zusagten? Und haben auch jene in sich geborgen, die Abschied nehmen mussten.

Ja, ich mag die Linde, den Fluss und die uralte Kirche.
Sie erzählen mir von Verlässlichkeit. Sie stehen für ein Versprechen, das ich weder einlösen kann noch muss.

Es gibt vieles, das mich überdauern wird. Ich führe manches fort, was ein anderer vor mir begonnen hat. Und anderes, was ich beginne, wird eine andere nach mir vollenden.

Ich weiß: Auch die Dinge, die vor mir waren und nach mir sein werden, werden wohl irgendwann vergehen. Und doch scheinen sie mir da zu sein für eine kleine Ewigkeit.

Als seien es Metaphern, die über sich hinausweisen und mehr sagen, als sich mit Worten einfangen lässt. Hinweise, eingebaut in die vergängliche Welt, die schon erzählen von ihm, der ewig ist und sich nicht fassen lässt, weder in Raum noch Zeit.

7. April

Ostern, alltäglich

Am Morgen
ist das Leben
wieder aufgestanden,
hat den Nachtvorhang
beiseitegeschoben
und das Licht begrüßt.

Komm, wach auf!,
sagt es munter
und reicht mir
seine Hand.

8. April

Auch bis in euer Alter bin ich derselbe, und ich will euch tragen, bis ihr grau werdet. Ich habe es getan; ich will heben und tragen und erretten. JESAJA 46,4

Ungeteilt zugewandt

Es gibt Momente, die wärmen einen Menschen ein Leben lang.

Arno Geiger erzählt davon in seinem Buch »Der alte König in seinem Exil«[11]. Er sagt über seinen Vater, der zunehmend al-

11 Arno Geiger: Der alte König in seinem Exil © dtv, München 2012.

tersverwirrt wird: »Oft ist es, als wisse er nichts und verstehe alles« (S. 187).
Zum Beispiel an diesem Tag als sein Sohn ihn im Senior*innenheim besucht. Da bedauert der Vater ihn, weil seine Hand so kalt ist.
Ich sagte ihm, erzählt Arno Geiger, »ich käme von draußen aus dem Regen. Er behielt meine Hand zwischen seinen Händen und sagte: ›Ihr könnt tun, was ihr zu tun habt, ich werde derweil diese Hand wärmen‹« (S. 187).

Ich stelle mir vor, dass im Senior*innenheim um die beiden herum ein munteres Treiben herrscht. Die anderen Menschen regeln geschäftig den Alltag. Die Zeit läuft im gewohnten Takt. Der alte Mann sieht das wohl. »Ihr könnt tun, was ihr zu tun habt …«, sagt er.
Aber, so signalisiert er zugleich, ich mache nicht mit. Ich halte für einen Moment die Zeit an.
Und so sehen wir ihn nun dort sitzen: diesen verwirrten und doch so klugen Mann, der die Hand seines Sohnes in den eigenen Händen hält, um sie zu wärmen. Er tut es ungeteilt, mit seiner ganzen Aufmerksamkeit. So, als ob es auf der Welt nichts Wichtigeres gäbe als dieses.

Was mag in diesem Augenblick in dem Alten, der immer mehr vergisst, vor sich gehen? Ob der Körper sich durch diese Geste auf eine andere Weise erinnert als der Kopf?
Vielleicht denkt er an die Hände, die ihn gestreichelt, gehalten und gewärmt haben, als er selbst ein kleiner Junge war.

Vielleicht ist in ihm auch ein Gedanke an das, was er versäumt hat, als sein Sohn klein war und er, der Vater, geschäftig den Alltag regelte. So wie das damals von Männern erwartet wurde, als sie stark sein sollten und ihre weiche Seite kaum zeigen durften.

Jetzt also liegt die kalte Hand des Sohnes in seinen Händen. Er, der verwirrte Vater, zeichnet etwas hinein, das vorher nicht darinnen war. Etwas von sich selbst, das den Sohn wärmen wird: noch lange über diesen Moment hinaus.

9. April

Wunder erwarten

Wir dürfen Wunder erwarten.
Oft kommen sie behutsam und leise daher.
Als entdecke man einen ersten Krokus im Schnee.
Als stärke einem plötzlich jemand den Rücken.
Als habe man in der Zeitung von Hoffnung gelesen.
Als halte der Tag ein Lächeln bereit.
Ostern: Wunder erwarten. Ja, das dürfen wir.
Gott gibt dem Leben recht.

10. April

Sie werden weinend kommen, aber ich will sie trösten und leiten. JEREMIA 31,9A

Ins Buch des Lebens

Er fährt nun allein mit dem Fahrrad vorbei.

Ich frage mich, was geschehen ist. Noch vor Kurzem fuhren sie immer zu zweit. Auf größeren Straßen hintereinander, sie vorne, er hinterher. Auf wenig befahrenen Straßen nebeneinander, oft in ein Gespräch vertieft.

Sie fuhren nicht nur gemeinsam Fahrrad, sie musizierten auch miteinander. Einmal habe ich sie in einem Konzert erlebt, er spielte Gitarre, sie sang dazu. Da wurden auch ihre Namen genannt.

Eine Weile dachte ich, wenn sie vorbeiradelten: Ach, schau, da sind sie wieder, Herr und Frau F. Später vergaß ich ihre Namen, wohl, weil ich sie eine Weile nicht gesehen hatte.

Und nun fährt er allein, vor ihm ist eine Lücke, seit einigen Monaten schon, und ich frage mich, was geschehen ist.
Ja, das sei eine traurige Geschichte, erzählt einer, der die beiden näher kannte. Gestorben sei sie. Es sei sehr schnell gegangen. Ein paar Wochen nur zwischen Diagnose und Tod.
Ich spüre die Stille, die diesen Worten folgt.

Später denke ich an ihn, der uns ins Buch seines Lebens schreibt. Er hat ihren Namen nicht vergessen, sondern bewahrt ihn bei sich.
Der Mann aber fährt nun allein mit dem Fahrrad vorbei. Ob etwas ihn trösten kann?
Ihn nach seinem Namen zu fragen, wage ich nicht.

11. April

Brief

Die Haut
wird dünner;
zerknittert,
beschrieben von
Sekunden, Tagen, Jahren.

Wer schreibt mich,
frag ich mich zuweilen,
aufs Pergament der Zeit?

Ist einer,
der die Blätter
sammelt, redigiert und bindet
zum Buch eines Lebens,
das bleibt.

Ist einer,
der uns Menschen liest,
der unsere Namen und Geschichten
kennt und weiterschreibt
in Ewigkeit?

12. April

Absichtslos

Es gibt Momente, da drehen die Rollen sich um.
Ich stelle mir folgende Szene vor:

Marianne und Peter stehen in der Küche. Für den Abend haben sie ihre Nachbarin Sabine eingeladen. »Das wird ihr guttun«, sagt Marianne und gibt noch ein wenig Salz in die Suppe. »Sie ist zu viel allein, seit Artur gestorben ist.« »Ja«, meint Peter, während er eine Zwiebel klein schneidet, »heute verwöhnen wir sie.«

Zwei Stunden später sitzen sie zu dritt am Tisch. »Die Kürbissuppe war wunderbar«, sagt Sabine und lehnt sich entspannt zurück. Der Wein löst die Zungen, es entspinnt sich ein lebhaftes Gespräch.
Während Marianne das Geschirr abräumt und das Kartoffelgratin aufträgt, erzählt Peter von seiner Tochter, die bei seiner Exfrau lebt. Von ihren Zornausbrüchen und seinem schlechten Gewissen. Von seiner Angst, den Kontakt zu ihr zu verlieren.
Und Sabine hört zu. »Vielleicht geht es nicht darum, den Zorn wegzukriegen«, sagt sie. »Sondern ihm zuzuhören. Ihn zu verstehen.«
Der Abend wird lang, manchmal nachdenklich, manchmal ausgelassen. Erst um Mitternacht verabschiedet Sabine sich.
Als Marianne und Peter die Küche aufräumen, erzählt er ihr von dem Gespräch über den Zorn.
»Es ist, als habe Sabine eine neue Tür in mir aufgemacht«, sagt er.

Hier ist es so: Die Rollen haben sich umgedreht. An diesem Abend am Esszimmertisch.
Peter und Marianne wollten Sabine etwas Gutes tun. Am Ende aber ist es Sabine, die für Peter einen Moment lang zum Engel wird.

Berechnen lassen sich solche Momente nicht. Es gibt keine Statistiken darüber, wie oft mit dem Gast, den ich bewirte, ein Engel vorbeikommt. Auch wird die Wahrscheinlichkeit solcher Momente von niemandem ermittelt.
Peter und Marianne laden Sabine ja auch nicht ein, weil sie sich als Engel erweisen könnte.
Der Charme solcher Begegnungen, in denen sich Rollen verkehren, liegt gerade darin, dass die einen den anderen absichtslos etwas Gutes tun. Und dann, ohne dass sie es hätten erwarten können, selbst beschenkt werden.

Und doch ist es auch eine Kunst, die eigene Rolle zu wechseln. Peter beharrt nicht darauf, dass er der Gebende ist. Wer als Stärkere*r sich beschenken lässt, gestattet dem oder der vermeintlich Schwächeren eine besondere Würde: die Würde, zum Engel zu werden.

13. April

Schöpfung

Mit zarten Farben
zeichnest du
dein Leben in
meins hinein.

Malst festen Boden
mir unter die Füße
und einen Regenbogen
hinter den Horizont.

Skizzierst eine Hand,
die meine nimmt,
und Halt von weit her
in meinen Rücken.

Zeichnest ein Leuchten
mir in die Augen
und auf meine Lippen
einen Gesang.

Ich tanze und lebe
und tanze
mein Leben in dir.

14. April

Ich will dem Durstigen geben von der Quelle des lebendigen Wassers umsonst. OFFENBARUNG 21,6B

Mitmachen erwünscht

Umsonst: Gott verschenkt sich. Aus der Quelle seiner selbst schöpft er Leben und reicht es weiter: Nehmt und trinkt.
Eine Gegenleistung ist nicht erforderlich. Kein Geld, das über

den Ladentisch wandert. Keine Rechnung, die zu begleichen wäre. Das Leben, das Gott uns gibt, ist geschenkt.

Wie wäre es, das kleine Wort »umsonst« weiterzureichen?
Den Ladentisch beiseite zu räumen. Die Rechnung zu zerreißen. Zeit und Geld, Begabungen und Wissen, Liebe und Leben aus den Gesetzen des Marktes zu befreien.

Stunden in den Wind streuen, den Tag durchschlendern, das Leben feiern. Im Wolkenkuckucksheim wohnen, sich einen Herzenswunsch erfüllen, neugierig sein.
Sich beschenken lassen mit Leben.

Kindern vorlesen, Rollstühle schieben, anderen Herzenswünsche erfüllen. Spendenkonten anreichern, Fremde willkommen heißen.
Sich selbst verschwenden an andere.

Das kleine Wort »umsonst« hat viele Spielarten. Vielleicht ist es kraftvoll genug, um eine Kultur des Schenkens zu begründen.

Mitmachen erwünscht.

15. April

Das Ganze wagen

Ich wünsche dir den Mut,
das Ganze des Lebens
zu wagen.

Sonne und Regen,
Wärme und Sturm.
Glück und Sehnsucht,
Freude und Schmerz.

Ich wünsche dir die Kunst,
das Gute genießen zu können
und durch das Schwere
hindurch zu gehen.

Und dabei immer
einen Freund
an deiner Seite.

16. April

Und (Hiobs Freunde) saßen mit ihm auf der Erde sieben Tage und sieben Nächte und redeten nichts mit ihm; denn sie sahen, dass der Schmerz sehr groß war.

IJOB 2,13

Einander nahe bleiben

Allein zu sein, das kennen viele, die durch ein finsteres Tal müssen. Tatsächlich kann niemand für mich meinen Lebensweg gehen, keiner kann meinen Schmerz auf sich nehmen oder meine Trauer durchleben.

Zu dieser Weise, allein zu sein, gesellt sich bei vielen zudem das Gefühl, alleingelassen zu werden. Ein Nachbar wechselt die Straßenseite, um nicht mit mir sprechen zu müssen. Die

Freund*innen kommen seltener zu Besuch, ja, manche lassen sich gar nicht mehr blicken.

Und umgekehrt?
Ich kenne die Frage: Was soll ich ihm denn sagen, dem Mann, dessen Frau unheilbar krank ist? Ich komme mir so hilflos vor. Wie soll ich ihr begegnen, der Frau, die im sechsten Monat schwanger war und ihr Kind verloren hat? Mir verschlägt es doch selbst die Sprache.

Wenn ich mich einfühle in sie, spüre ich meine eigene Angst. Ich ahne, wie unerträglich das ist, was sie zu tragen haben.

Aber: Meine Fantasien über das, was die anderen durchmachen müssen, sie treffen nur zu einem kleinen Teil zu. In düsteren Farben malen sie Momente vor Augen, die ich nicht aushalten könnte, und blenden darüber aus, wie gut es tut, einander nahe zu sein.
Denen, die trauern, weil sie sich nicht verlassen fühlen.
Denen, die bleiben, weil sie spüren, wie wohl sie dem anderen tun. Wie tröstlich kann es sein, miteinander zu schweigen, jemandem einen Tee zu machen oder ihn liebevoll zu berühren. Und zu spüren, wie auch die eigene Angst sich darüber verliert.

Die düsteren Bilder, sie erzählen auch nicht, wie empfänglich man ist, wenn die Haut aufgeraut und dünn ist. Auch für das Gute.
Bis heute erinnere ich mich an die Karte einer Freundin, die ich bekam, als ich trauerte.
Sie hoffte für mich, als ich es nicht konnte.
Nie leuchteten die Krokusse so schmerzlich schön wie in dieser Zeit. Als wollten sie einen Kontrast setzen gegen die Dunkelheit in mir.

Solche Geschichten erzählt die Fantasie über das Schwere nicht, sie lerne ich erst durch die Erfahrung.

Ich muss das Leid eines anderen nicht jederzeit, an jedem Tag und in vollem Ausmaß aushalten können. Es ist gut, eigene Grenzen zu spüren.

Aber ich möchte meine Motive prüfen. Denn manchmal drücke ich mich mit fadenscheinigen Argumenten um einen Besuch herum. Oder verliere mich in meiner eigenen Angst.
Ich will die Momente erkennen, in denen ich andere begleiten kann, und will dann den Schritt wagen.
Will fragen: Wie geht es dir? Was kann ich für dich tun? Will Tränen ertragen und Ausweglosigkeit aushalten.

Und später spüren: Es hat gutgetan, einander nah zu bleiben. Beiden, dem anderen und auch mir. Es hat unsere Freundschaft gestärkt und das Leben reicher und tiefer gemacht.

17. April

Er

Er,
der über die Erde ging
mit zärtlichen Händen
und offenem Herzen für alles,
was lebt.

Er,
der keinen anderen Machtanspruch
gelten ließ
und schon gar nicht selbst erhob
als allein den der Liebe.

Er
bindet sich auch heute
an Menschengestalt;
geht durch die Gassen,
teilt Brot aus und Wein,
richtet Gebeugte auf,
reicht Sterbenden die Hand.

Er
zeichnet sich auch heute
ins Menschenantlitz,
zornig gegen Machtgewalten,
sanftmütig für die Liebe.

Er
steht auch heute auf
für das Leben
in dir und mir.

18. April

Und es geschah, als er mit ihnen zu Tisch saß, nahm er das Brot, dankte, brach's und gab's ihnen. Da wurden ihre Augen geöffnet und sie erkannten ihn. Und er verschwand von ihnen. LUKAS 24,30F.

Das Fenster[12]

Eben angekommen in Jerusalem macht der Journalist Wolfgang Büscher sich gleich wieder auf den Weg. Denn es ist die Stunde der Abenddämmerung, jene Zeit, in der sich ihm einmal dort in Jerusalem ein Anblick geboten hat, den er seitdem nie mehr vergessen hat.

Er sah ein Fenster, sah einen erleuchteten Raum. Dort war der Tisch festlich gedeckt. Bald würden Menschen das Zimmer betreten und sich setzen zu einem Schabbatmahl.

Jemand wollte es so, ihm war diese Stunde heilig. Er hatte sich verlassen auf die alten Überlieferungen, die längst in Auflösung begriffen schienen.
Und hatte sich herausgenommen aus dem rasanten Takt, den die Uhren vorgeben, hatte alle Hektik und ebenso alle Bedenken beiseite gelassen. Nun waren die Speisen vorbereitet und der Tisch gedeckt. Und dem, der das Fenster heimlich betrachtete, zeigte sich ein aus der Zeit gefallenes Bild, das sich doch jeglicher Auflösung zu widersetzen schien.

12 nach: Wolfgang Büscher: Ein Frühling in Jerusalem © Rowohlt, Berlin, 3. Auflage 2014, S. 17 f.

Gleich würden die Eingeladenen den Raum betreten, die Welt stünde still, wäre heil für diesen Moment.
Erschrocken zog der Autor sich in die Dunkelheit zurück, damit man ihn nicht entdeckte. Aber, so beschreibt er es, er habe den Anblick als Bild aus dem Rahmen geschnitten und es mitgenommen.
Nun trägt er es in sich, als unvergesslichen Abdruck in der Erinnerung, der Sehnsucht auslöst.

Und so macht der nach Jerusalem Zurückgekehrte sich auf, Abend für Abend streift er durch die Gassen und sucht dieses eine Fenster.
Doch er findet es nicht. Immer wieder kehrt er enttäuscht in seine Herberge zurück. Und schließlich gibt er die Suche auf.

Die Überlieferung, so scheint mir, ist auch so ein aus dem Rahmen geschnittenes Bild. Wenn Menschen es zum Leben erwecken, knüpfen sie daran an, sie holen in die Gegenwart, was es ihnen zeigt, und bringen die Erinnerung zum Funkeln.
Sie werden dadurch den Urzustand nicht wiederherstellen, er bleibt ja lang vergangen. Aber in der Wiederholung kommt er ihnen nah.

Nein, das Fenster gibt es nicht mehr. Aber es gibt die Erinnerung daran. Das aus dem Rahmen geschnittene Bild.
Und es gibt die Wiederholung. Immer wieder ist einer da, der es so will. Er deckt den Tisch, lädt andere ein.
In Jerusalem zu einem Schabbatmahl.
In vielen Städten der Welt zum Fastenbrechen.
In den Kirchen zum Abendmahl.

Gemeinsam zu essen, stiftet Freundschaft und Frieden. Vielleicht können wir Menschen auf diese Weise Gott treu sein, bei ihm bleiben, wachen und ihn retten vor dem Vergessen. Wir essen und trinken zu seinem Gedächtnis, bringen die Erinnerung an ihn zum Funkeln und wecken die Sehnsucht nach Himmelsbrot.

19. April

Gottes Traum

Gott trägt seinen Traum ein in unsere Welt.
Menschen sind vom Markt genommen,
sind geliebt, weil sie sind.
Zeit ist Zeit. Und nicht Geld.
Börsenkurse geraten in Vergessenheit.
Schenken kommt in Mode.
Aus der Leistungsgesellschaft wird eine Liebesgesellschaft.
Segen strömt aus der Quelle des Lebens.
Unerschöpflich, umsonst.
Manchmal scheint die Welt innezuhalten.
Als sei der Himmel zum Greifen nah.

20. April

Zerreißt eure Herzen und nicht eure Kleider und kehrt um zu dem HERRN, eurem Gott! Denn er ist gnädig, barmherzig, geduldig und von großer Güte, und es reut ihn bald die Strafe. JOEL 2,13

Umdenken

»Als es hieß, Hitler sei auf den Stufen des Führerhauptquartiers gefallen, da brach für mich eine Welt zusammen. Ich hatte fest an ihn geglaubt. Erst als ich wieder nach Hause kam, habe ich mir geschworen: Nie wieder eine Uniform. Nicht einmal die der Heilsarmee.«
Das erzählte mir ein Nachbar vor einigen Jahren an seinem Geburtstag.

Ich rechne zurück. Als der Krieg zu Ende war, war dieser Mann gerade einmal 22 Jahre alt.
Das liegt nun Jahrzehnte zurück. Und doch spüre ich, wie nah dieser Krieg noch ist. Und wie tief die Trauer um das, was er dafür hergegeben und verloren hat.
Er erzählt vom Splitter in seinem Bein, der immer wieder schmerzt.
»Doch das ist nicht das Schlimmste«, sagt er. Schlimmer seien die Nächte, in denen er aufwache, schwitzend, ja, manchmal schreiend. Da kehrten die alten Bilder zurück.
Von den Einschlägen in unmittelbarer Nähe, vom Freund, der neben ihm gefallen ist.
»Aber nicht nur das«, sagt er mit Tränen in den Augen. »Auch die Frage nach denen, auf die ich geschossen habe.«

Eine Weile ist es ganz still im Raum. Ich weiß nicht, was ich dazu sagen soll.
Ein Urteil anmaßen mag ich mir nicht. Was für eine Wahl hatte mein Nachbar, als er mit 17 Jahren eingezogen wurde?

Er und seine Altersgenossen wurden schon als Kinder indoktriniert von der nationalsozialistischen Ideologie. Viele der Jungen wurden später zwangsrekrutiert. Durch das, was sie im Krieg erlebten, waren sie um die Unbefangenheit gebracht, die Jugendlichen eigen ist. Sie kehrten zurück mit einer Hypothek für das Leben. Als Versehrte, wenn nicht am Leib, so doch an der Seele.

Wie groß mag der Wunsch gewesen sein, sich selbst als Opfer anzusehen? Wie groß die Versuchung, gar im alten Denken stecken zu bleiben, um dem, was man erlebt hatte, so etwas wie einen »Sinn« zu verleihen?
Allzu oft blitzte das in Gesprächen mit anderen dieser Generation ja noch durch.

Mein Nachbar aber hat dazugelernt. Und er hat es geschafft umzudenken.

Er hat die Trauer um das, was er verloren hat getrennt von dem, was der Grund dafür war. Er hat bald und glasklar erkannt: Hitlers Regime war menschenverachtend und grausam über alle Grenzen hinaus. Der Nationalsozialismus hat nichts als Unheil gebracht. Unendliches Leid ist dadurch entstanden.
Und dann die bittere Erkenntnis: Dafür, für dieses Unheil habe ich so viel von mir hergegeben. Ja, ich habe dazu beigetragen, habe anderen unermessliches Leid zugefügt. Für einen vollkommen sinnlosen Krieg.

Und doch: umdenken. Diesen Sinn konnte er seinem eigenen Leben trotz allem doch geben. Als er aus dem Krieg zurückkam, hat er das »Nie wieder« weitergetragen. Er hat es an die weitergegeben, die nach ihm kamen.
Das lerne ich von ihm: Wachsam zu sein. Wo werden Menschen verachtet, wo setzen Ideologen sich absolut? Zu widersprechen, wenn andere abgewertet werden. Und mich einzusetzen für Versöhnung und Demokratie.

21. April

Ein Zuhause für die Liebe

Gott,
wo die Liebe gefährdet ist,
bist auch du in Gefahr.
Auch ich,
mit meiner kleinen Kraft,
bin gefordert,
um dich zu hüten.
Lass mich an dem Platz,
der meiner ist,
dir ein Zuhause geben,
damit die Liebe,
in der du selbst wohnst,
sich geborgen fühlen
und gedeihen kann
unter meiner Obhut.

22. April

Ein unverfügbares Irgendwo

Ein Morgen wie der erste Tag. Von gläserner Klarheit ist die Luft, der Blick in den Himmel unverstellt.
Tau liegt auf dem Gras, frisch und kühl, Knospen schimmern in der Farbe der baldigen Blüte. Ein einzelner Vogel singt.

So stelle ich mir den ersten Morgen vor, als aus der Idee der Entwurf, aus dem Entwurf die Skizze und aus der Skizze das Leben herausstieg – und die Schöpfung begann.

Fasziniert schaute Gott selbst zu, denn er war überrascht von dem, was entstand. Das Kunstwerk ist ja niemals identisch mit der Idee.
Wenn der Entwurf Gestalt annimmt, verwandelt er sich, es kommt etwas hinzu aus einem unverfügbaren Irgendwo.

Sicher, manchmal setzt einem dieses »Mehr« einen Widerstand entgegen und verursacht Probleme. Oft aber ist es beglückend und begeisternd, manchmal geradezu genial.

Gott hat etwas von sich selbst in uns Menschen hineingelegt. Zu seinen Ebenbildern hat er uns ernannt. So hat er dafür gesorgt, dass seine eigene Kreativität sich in uns fortsetzt. Wir haben teil an seiner Möglichkeit, zu planen und zu entwerfen, Visionen zu entwickeln und Träume ins Leben zu überführen.

Und darum geschieht es bis heute: Ein Maler steht erstaunt vor dem Bild. Er hat etwas hineingemalt, von dem er selbst nichts wusste.

Eine Gärtnerin entdeckt eine Schönheit in ihren Beeten, von der sie nicht behaupten könnte, sie hätte sie genau so im Sinn gehabt.

Ein Schreibender ist verwundert über den eigenen Text. Worte sind hineingekommen, von denen er nicht wusste, dass sie in ihm verborgen sind.

Gott teilt seine Schöpferkraft mit uns. Wie er stehen wir manchmal fasziniert vor dem, was entsteht. Das unverfügbare Irgendwo, aus dem herüberweht, was ein Werk gelingen lässt: Bis heute verwundert und beglückt es. Vielleicht nicht nur uns Menschen. Sondern auch den, der uns seine Ebenbilder nennt.

23. April

Überraschung

Am Morgen
im Garten,
hat einer
Blüten gestreut:

Schlüsselblumen,
Veilchen,
Gänseblümchen.

Dann hat er sich
auf leisen Sohlen
davongeschlichen.

Gegockel hat er
nicht nötig.

24. April

Ostermorgen

Einer ist da, der wälzt dir
den Stein vom Herzen,
einer fragt:
Warum weinst du denn?

Einer ist da,
der spricht von Hoffnung
und verjagt die Todessschatten
mit seinem Licht.

Einer ist da,
der wendet den Weg
aus der Trauer ins Leben
und führt dich zurück
nach Haus.

25. April

Gelobt sei Gott, der Vater unseres Herrn Jesus Christus, der uns nach seiner großen Barmherzigkeit wiedergeboren hat zu einer lebendigen Hoffnung durch die Auferstehung Jesu Christi von den Toten.

1. PETRUS 1,3

Von der Hoffnung

Jurek Becker erzählt in seinem Buch »Jakob, der Lügner«[13] folgende Geschichte: Jakob lebt in einem jüdischen Getto. Eines Tages wird er auf die Wache zu den Deutschen zitiert und dort hört er zufällig im Radio, dass die Russen auf dem Vormarsch in Richtung Getto sind. Das könnte eine baldige Befreiung bedeuten.

Jakob kann diese Nachricht nicht für sich behalten, natürlich nicht. Und so erzählt er einem Kumpel davon. Dieser will wissen, woher Jakob das wisse, und so behauptet er, er habe ein Radio. Das ist strengstens verboten und er bittet seinen Freund, es niemandem weiterzusagen. Doch natürlich kann auch der Kumpel die gute Nachricht nicht für sich behalten. Und so meinen bald viele Leute im Getto zu wissen, Jakob habe ein Radio. Und sie verlangen nach neuen Nachrichten.

Alle Versuche, das erlogene Radio aus dem Verkehr zu ziehen, scheitern. Als er es kaputtgehen lässt, steht einer vor der Tür, der es reparieren will. Als er seinem Freund sagt, er habe gar kein Radio, nimmt dieser sich das Leben.

Jakob hat keine Wahl. Und so erfindet er neue Meldungen. Tag für Tag lässt er die Russen ein Stück vorrücken in Richtung

---

13 nach: Jurek Becker. Jakob, der Lügner, Suhrkamp TB, Frankfurt am Main 1982.

Getto. Und unter den Menschen verändert sich die Stimmung: Hoffnung blüht auf. Plötzlich gibt es wieder eine Zukunft.
Ist Jakob ein Lügner? Ich finde, man kann darüber streiten. Seine Nachrichten könnten wahr sein. Ob sie es sind, weiß er nicht. Manchmal denke ich, mit dem Reich Gottes ist es ähnlich. Ich habe keine Beweise dafür, dass Gott die Erde verwandeln wird. Ich weiß nicht, ob es eine begründete Hoffnung ist oder aber, wie viele Menschen meinen, ein Hirngespinst. Ja, es könnte sein, dass ich mit meiner Hoffnung auf den Himmel einer gut ausgedachten Geschichte oder gar einem Trugschluss aufsitze. Und doch meine ich, dass es sich lohnt, ihr zu trauen. Denn allein die Hoffnung, dass es den Himmel gibt, bewirkt schon so viel. Sie lässt eine Zukunft möglich erscheinen, eine gute sogar. Sie verändert mich und gibt mir Kraft, mein Leben zu gestalten und etwas in der Welt zu bewirken, das schon in diese Zukunft weist. Deshalb lohnt es sich, das Reich Gottes zu erhoffen – auch wenn es nicht an uns Menschen liegt, diese Hoffnung einzulösen. Das liegt allein an Gott. Ich halte mich fest daran, dass er es auch tun wird.

26. April

Leben, weben …

Leben, weben,
ohne zu wissen,
wie das Ganze sein wird.

Doch manchmal
streichen meine Hände
über das, was schon ist:

Ein buntes Tuch,
helle Streifen,
Tage voller Licht.
Leuchtendes Rot
für die Liebe,
Grün für die Hoffnung
im Hintergrund.
Auch manch dunkler Faden
zieht sich durchs Bild.

Dazwischen, immer wieder
ein glitzerndes, helles Blau.
Als webe einer den Himmel
in mein Leben hinein.

27. April

Auferstehung – irdisch[14]

Brinkebüll ist tief verschneit. Eines Morgens holt Heini Wischer ein Pferd aus dem Stall und spannt es vor die Kutsche mit den Kufen. Dann geht er ins Haus. Als er wieder herauskommt, trägt er seine alt gewordene Mutter auf den Armen. Behutsam setzt er sie in die Kutsche, legt ihr eine Decke über und fährt mit ihr einmal durch das Dorf.

Und Käthe Wischer wird mehr und mehr wieder zu dem jungen Mädchen, das sie am Tag ihrer Konfirmation war. Zum hundertsten Mal erzählt sie die alte Geschichte.

Schnee lag damals, mit der Schlittenkutsche sollte es in die

14 nach: Dörte Hansen, Mittagsstunde, Penguin 2018, S. 111ff.

Kirche gehen. Doch in einer Kurve rutschte der Schlitten in den Graben. Alle lagen im Schnee und Käthes dünnes Kleid war pitschenass. Aber es half ja nichts, sie sollte doch eingesegnet werden, und so fuhr man trotzdem zur Kirche, Käthe wurde im nassen Kleid konfirmiert.
Einen Tag später war sie todkrank.
Der Pastor wurde gerufen, diesmal kam er ins Haus. Alle standen um das Bett herum und weinten. Als stünde der Tod schon im Zimmer, um sie mit sich zu nehmen. Am Bett betete der Pastor das Vaterunser, die Familie sagte Käthes Konfirmationsspruch auf. Gleich würden sie das Mädchen wohl gehen lassen müssen.
Da öffnete Käthe die Augen. Zwei Tage später stand sie auf. Vollkommen munter und gesund.

Eine Auferstehung, nennt Dörte Hansen das, was sie in ihrem Buch »Mittagsstunde« von Käthe Wischer erzählt. Ein Wunder, von dem die alte Dame wieder und wieder erzählt. Sie, schon totgeglaubt, kehrt noch einmal ins Leben zurück. In ein langes Leben, das doch nicht ewig währen wird.
Deutlich spürt sie es ja schon, wie sie schwächer wird und die eigenen Beine sie nicht mehr tragen wollen. Nein, einmal, wird sie dem Tod nicht mehr von der Schippe springen, dann heißt es, ihm in die Augen zu sehen. Und dann?

Vielleicht sind es solche Überlebensmomente, wie Käte Wischer sie als junges Mädchen erlebt hat: Wieder und wieder erzählt, nähren sie die Hoffnung, dass es ein Aufstehen nicht nur ins irdische Leben gibt. Sondern auch über den Tod hinaus.

28. April

Wer weiß?

Wer weiß –
vielleicht beginnt es schon
heute und hier,
das ewige Leben,

wenn ich in Jesu Fußstapfen trete
und im Menschen neben mir
das Gesicht Gottes erkenne.

29. April

Anders gesagt: Ostern

Ostern ist der Einspruch Gottes gegen den Tod. Gott selbst stellt sich dem entgegen, was das Leben klein hält und es bedroht oder gar vernichtet. Das tut er auf ungewöhnliche Weise. Nicht als Kriegsherr, sondern als Friedefürst. Nicht lärmend, sondern leise. Ohne Waffen und ohne Gewalt.
Seine Kraft ist zart, aber nicht aufzuhalten. Seine Stimme ist sanft, aber sie dringt durch. Seine Worte sind behutsam, aber unbeirrbar. Was wir nicht zu hoffen wagten, wird wahr: Am Ende blüht uns nicht der Tod, sondern das Leben.

30. April

Meinen Bogen habe ich gesetzt in die Wolken; der soll das Zeichen sein des Bundes zwischen mir und der Erde.

GENESIS 9,13

Regenbogen – Friedenszeichen

Diese Farben. Leuchtend und kraftvoll, zerbrechlich und zart. An den einen oder anderen Regenbogen erinnere ich mich noch Jahre später.

Einer entfaltete sich am Geburtstag unseres Sohnes über unserer Stadt. Wie sehr wünsche ich ihm, dass er unter dem Schutz und Segen Gottes seinen Lebensweg geht.

Einer spannte sich an einem Urlaubsabend aus. An beiden Enden schien er die Erde zu berühren. Als könnte man darauf hinübergehen, eine Brücke zu einer anderen Welt, die hinter dem Horizont liegt.

So soll der Regenbogen entstanden sein:

Nach der Sintflut sieht Gott, was er angerichtet hat. Und er bereut seinen vernichtenden Zorn.
Darum gibt er ein Versprechen:
Solange die Erde steht, soll nicht aufhören Saat und Ernte, Frost und Hitze, Sommer und Winter, Tag und Nacht.
Das Zeichen, das sein Versprechen besiegeln soll: Gott hängt seinen Kriegsbogen weg, hängt ihn in die Wolken, als – Regenbogen.

Einmal aus der Hand gelegt, verwandelt sich das Kriegsgerät zum Friedenszeichen. Leuchtend und kraftvoll, zerbrechlich und zart. Gott zeigt sich nun so verletzlich wie bisher noch nie. Und sein Bogen wird zur Scheidelinie, er trennt Zorn und Tränen von Wärme und Licht.

Bis heute kann man sich das vorstellen: Eben noch trommelten schwere Tropfen auf die Straße, es blitzte und der Donner grollte. Doch nun wird die abziehende Regenwand von der Sonne beschienen. Vor ihr wachsen schillernde Farben in Richtung Himmel.

Wenn ich einen Regenbogen sehe, dann ist es, als überspanne er auch die Zeiten, als verbinde er das Versprechen von damals mit dem Heute. So darf ich es auch auf mich beziehen. Wie fragil ist mein Leben! Ich sehne mich danach, dass es gesegnet ist.

Jeder Regenbogen sichert mir zu, dass es nicht Gott ist, der Unheil über die Erde bringt. Wer sich auf ihn beruft, um andere Menschen zu vernichten, der lügt. Mit Gott ist kein Krieg zu machen.

Was würde geschehen, wenn auch wir wagten, die Waffen aus der Hand zu legen und uns verletzlich zu zeigen?

Bis heute spannt sich der Regenbogen über den Himmel, immer wieder. Eine Brücke, die Erde und Himmel verbindet. Dann scheint wahr zu sein, was doch so unmöglich erscheint: Das Grau des Krieges weicht den Farben des Friedens. Zerbrechlich und zart sind die. So wie wir Menschen. Und doch sind sie auch leuchtend und kraftvoll. So wie das Leben.

1. Mai

Vorfreude

Schon liegt
in der Luft,
was werden wird,

gespannt wie ein Bogen
aus blauem Licht.

Ich wünsche dir,
dass du die Vorfreude genießen
und ihren Zauber spüren kannst
in dir.

2. Mai

Der zweifelnde Zwilling

(zu Johannes 20,24ff.)

Wem würden Sie gestatten, den Finger in Ihre Wunden zu legen?
Jesus gestattet es Thomas, dem Zweifler, ja, er fordert ihn sogar dazu auf.

Da sind schon acht Tage vergangen, nachdem die anderen Jünger aufgeregt und begeistert vor Thomas standen: Jesus lebt! Wir haben ihn gesehen.
Das glaube ich nicht, sagt Thomas.

Nein, ich glaube es nicht! Erst wenn ich es sehe, wenn ich den Finger in die Nägelmale und meine Hand in seine verwundete Seite lege, dann, dann glaube ich es. Vielleicht.

Thomas, der Zwilling wird er auch genannt. Ob er tatsächlich einen Zwillingsbruder oder eine Zwillingsschwester hatte, ist nicht überliefert.
Aber in ihm, da wohnen zwei Seelen. Da gesellt sich zu dem, der glauben möchte, sofort der andere, der Zweifler. Wenn andere begeistert sind, wägt er ab. Wo andere die Antworten zu kennen meinen, beginnt er, seine Fragen zu stellen.

Acht Tage lang steht Thomas allein da. Er würde es gerne glauben, würde gern wieder zu ihnen gehören, die so gewiss und begeistert erzählen von dem, was ihm völlig unmöglich erscheint. Aber er kann es nicht.

Und dann steht Jesus vor ihm. »Reiche deinen Finger her und sieh meine Hände, und reiche deine Hand her und lege sie in meine Seite« (Vers 27). Jesus: Er ist bereit, sich von Thomas berühren zu lassen, selbst da, wo es schmerzen, ja, die Wunde sogar aufgerissen werden könnte.
Ob Thomas den Finger tatsächlich in die Wunde legt, bleibt offen. Vielleicht genügt es, Jesus zu sehen. Oder, mehr noch, von ihm gesehen zu werden. Die Zweifel bekommen einen Raum, sein Anliegen wird gehört. Jesus erlaubt ihm, den Finger in die Wunde zu legen.

Und wenn Thomas es tatsächlich getan hätte? Ich stelle mir vor, wie er die Hand ausstreckt und vorsichtig, zuerst mit nur einem Finger ganz behutsam die verwundete Haut berührt. So, dass es wohltut. Nur dem, den er liebt, keinen neuen Schmerz zufügen.

Denn er, der Zweifler, kann sich besonders gut in sein Gegenüber einfühlen. Er ist ja gewohnt, alle Seiten zu beleuchten, anzuzweifeln, was so sicher erscheint und Überzeugungen infrage zu stellen. Er ist imstande, die Argumente anderer nicht nur zu hören, sondern auch zu erkennen, was dahintersteckt. Er scheut den Schmerz des Zweifelns nicht, nicht die damit verbundene Einsamkeit, nicht die Anfeindungen der manchmal allzu Gewissen. Und er weiß um den Schmerz, den er dem anderen zufügen könnte. Das lässt ihn vorsichtig werden.

Und Jesus? Er ist angerührt von Thomas, diesem zweifelnden, hartnäckigen und doch behutsamen Menschen. Die beiden begegnen einander auf eine Weise, die sie miteinander verbinden wird, noch lange über diesen Augenblick hinaus.

3. Mai

Mai

Wieder
streicht Gott
der Erde behutsam
über die Haut.

Und sie beginnt
zu leuchten.

4. Mai

Denn ich weiß wohl, was ich für Gedanken über euch habe, spricht der HERR: Gedanken des Friedens und nicht des Leides, dass ich euch gebe Zukunft und Hoffnung. JEREMIA 29,11

Die Stimme des Friedens

In den Niederlanden kauft der israelische Friedensaktivist Abie Nathan ein Schiff, das sich dazu eignet, eine Radiostation darauf einzurichten. Unter Mühen überführt er es ins Mittelmeer. Dort baut er einen Sender auf mit dem Ziel, zur Versöhnung von Israelit*innen und Palästinenser*innen beizutragen. 1973 ist es so weit: »The Voice of Peace«, »Die Stimme des Friedens« geht auf Sendung, von »irgendwo im Mittelmeer«. Ein Piratensender, der über die Grenzen der Länder hinweg zu hören ist. Und: Er wird gehört, von Millionen Menschen in Ägypten und Jordanien, in Syrien und Israel.
Menschen gehen am Strand entlang, auf der Schulter ein Radio. Sie hören »The Voice of Peace«. Prominente unterstützen Abie Nathan, John Lennon erwähnt ihn sogar in seinem Lied »Give Peace a Chance« (Gib dem Frieden eine Chance).
An jedem Abend aber, genau dann, wenn die Sonne als Feuerball über dem Meer steht und gleich sinken wird, macht Abie Nathans Sender eine Pause. Ein Sprecher kündigt sie an als Schweigen zum Gedenken an die Opfer von Krieg und Gewalt. Und dann ist es 30 Sekunden lang still.

30 Sekunden.
Während die Sonne weiterwandert, um anderswo für die Menschen zu scheinen, liegt die Sehnsucht nach Frieden spürbar in der Luft.

Bilder gehen den Menschen durch die Köpfe. Manche fragen sich, warum der Frieden noch immer nicht eingekehrt ist. Andere überlegen, ob sie nicht selbst etwas tun können. Manche denken an die auf der anderen Seite, die sogenannten Feind*innen. Vielleicht könnten sie zu Freund*innen werden.
30 Sekunden.
Wortlose Sehnsucht, hilflose Trauer, zärtliches Lächeln, friedliche Gedanken.
Mir kommt diese halbe Minute vor wie ein Gebet all jener Menschen, die sich nach einem Frieden sehnen, der so groß ist, dass er die Welt umspannen könnte. So groß wie der, den die Engel über den Feldern von Bethlehem verheißen haben.

Nach dem Schweigen erklingt wie ein Segenswunsch ein Lied: »Ich wünsche dir Frieden, wenn die Zeiten hart sind. Ein Licht, das dich durch die Dunkelheit leitet.« (Ein Lied der Eagles, in freier Nacherzählung)

Abie Nathans Geschichte nimmt kein gutes Ende. Als der Friedensprozess auf politischer Ebene in Gang zu kommen scheint, gehen ihm die Gelder aus, er findet keine Unterstützer*innen mehr. So erklärt er seine Mission als gescheitert und versenkt sein Schiff im Mittelmeer.
Doch noch Jahrzehnte später sprechen die Menschen über ihn, wie jener Mann etwa, der mit leuchtenden Augen über die »Voice of Peace« erzählt, die den »Soundtrack, die Begleitmusik, seiner Jugend« gespielt habe. Der Traum ist nicht totzukriegen, immer noch lebt er, immer noch setzt er die Sehnsucht frei, die Menschen in Bewegung bringt: auf den langen Weg, der zum Frieden führt.

5. Mai

Navigationsgerät

Manchmal ist es ganz leicht,
meinen Weg zu finden.

Links, rechts,
geradeaus.
Ich folge der Stimme
in meinem Herzen
und ahne:

Ihr Ziel
ist immer
die Liebe.

6. Mai

Was werden könnte

Im Jahr 2013 installiert der Künstler Christo im Gasometer Oberhausen ein Kunstwerk aus lichtdurchlässigem, weißem Gewebe, das einen Durchmesser von 50 Metern hat und 90 Meter hoch ist.[15]
Es wird mit Luft gefüllt und durch Seile gehalten und geformt. Man kann dieses sogenannte »Big Air Package« von außen be-

---

15 siehe: https://www.gasometer.de/de/ausstellungen/christo-big-air-package, Zugriff am 31.01.2021.

trachten. Vor allem aber kann man sich hineinbegeben und es von innen erleben.
Ein lichtdurchfluteter, runder, weißer Raum: Als »Kathedrale« beschreibt Christo ihn.
Farbtupfer kommen durch die Menschen hinein, die klein unter der hohen Wölbung in ihren roten, blauen und violetten, gelben, braunen und grünen Kleidern hin und her gehen. Manche bleiben stehen oder legen sich auf eines der großen weißen Kissen, um eine Weile in den hellen Himmel über sich zu schauen. Eine leichte Atmosphäre ist hier, selbst, wenn einige Besucher*innen sich unterhalten, scheint es doch still zu sein, und eine fast andächtige Stimmung füllt den luftigen Raum. Ein Ort auf Zeit, vergänglich und filigran, ein Ort zum Staunen, Ausruhen und Innehalten. Ein Ort, um zum Himmel zu schauen. Die Menschen, die ihn schließlich wieder verlassen, um zurückzukehren in das Alltägliche, sehen ein wenig verzaubert aus.

Ein Gasometer ist ein Gasometer. Ein rundes Gebäude, in dem einmal Gas gespeichert wurde.
Aber es ist auch viel mehr als das, wenn einer es mit Augen ansieht, die dieses »Mehr« sehen können, obwohl es noch nicht da ist. Ein solcher Blick ist der Anfang einer verzaubernden Veränderung.

Die Wirklichkeit ist nicht gegeben und unverrückbar. Sie ist gestaltbar, so wie der Raum des Gasometers in Oberhausen. Auch Menschen sind und bleiben nicht für immer dieselben. In ihnen schlummern unentdeckte Möglichkeiten, durch die sie sich entwickeln und verändern können.

Wenn einer kommt und sieht, was sein könnte, und zeigt, welches Potenzial im ganz Normalen ruht, wenn er es hervorlockt

und sichtbar macht, dann verändert sich auch der Blick der anderen.
Wenn einer kommt und sieht, wer wir sein könnten, du und ich, wenn er weckt, was ungelebt in uns verweilt, dann beflügelt er unser Wesen und manchmal wachsen wir über uns selbst hinaus.

Solche Augen wünsche ich mir. Sie sehen die Welt und die Menschen mit einem befreienden Blick, der nichts und niemanden festlegt auf das, was gestern war und was heute ist.
Sie haben eine Vision vor sich von dem, was werden könnte: eine neue Welt inmitten der gewohnten. Ein anderer Mensch als der, den ich zu kennen meine. Eine helle Kathedrale in einem ausgedienten Raum.

7. Mai

Warum ...

Weil ich nicht leben will
ohne die Träume,
die er geträumt hat,
von einer Welt,
in der Kinder den Frieden lernen
und nicht den Krieg,
und Löwe und Lamm
beieinander liegen.

Weil ich nicht sein kann
ohne die Bilder,
die er gesehen hat
von uns Menschen:
mehr als gesund, nämlich: heil
und mit lebendigen statt
steinernen Herzen.

Weil ich nicht gehen mag
ohne die Sehnsucht,
die er gespürt hat
nach Gegenüber und Ebenbild,
um sein himmlisches Leben
zu teilen.

Weil seine Träume
wie silberne Fäden
die Tage durchwirken
und seine Bilder
die dunklen Herzen
wenden ins Licht.
Weil seine Sehnsucht
in tote Winkel dringt
und sie belebt.

Weil Träume, Bilder
und Sehnsucht endlich
zu unseren werden
und er durch uns
die Erde verwandelt.

8. Mai

Gott ist Liebe, und wer in der Liebe bleibt, der bleibt in Gott und Gott in ihm. 1. JOHANNES 4,16B

Love is the answer

»Love is the answer« – Liebe ist die Antwort. Ein unscheinbares Schild in einem Blumen- und Kerzenmeer; dort, wo zwölf Menschen starben und mehr als fünfzig verletzt wurden, als am 19. Dezember 2016 ein islamistischer Attentäter mit einem LKW in einen Berliner Weihnachtsmarkt raste.

Religiöse Extremist*innen berufen sich auf einen »Gott«, in dessen Namen man Freiheit und kritisches Denken mit roher Gewalt bekämpfen darf. So machen sie sich Gott dienstbar für die eigenen Machtgelüste und beschmutzen seinen Namen. Die biblischen Namen für Gott hingegen klingen zärtlich: Wunderrat, Ewigvater, Friedefürst, Tröster, Mutter, Heiland.

Gott ist Liebe, so sagt es der Bibelvers.

»Love is the answer«. Ob der Mensch, der das Schild aufgestellt hat, an Gott glaubt, weiß man nicht. Doch glaubt er daran, dass Liebe eine Macht ist, die Hass und Gewalt überwinden kann. Vielleicht wäre »Liebe« ein kraftvoller, angemessener Begriff, wenn man das Wort »Gott« übersetzen will in eine säkulare Sprache, um eine Ökumene derer zu begründen, denen die Menschen und die Welt am Herzen liegen.

Liebe: Sie wäre nicht nur ein guter Prüfstein für das eigene Gewissen, sondern auch für alles, was andere Menschen von

einem fordern. Widerspricht es der Liebe, so hat es keine Berechtigung.
Im Namen der Liebe haben Menschen sich Mächtigen widersetzt, der Fratze des Hasses einen Spiegel vorgehalten, ihr Leben riskiert und die Welt verändert. Wie sehr entspricht das dem Gott, der zärtliche Namen trägt und der selbst die Menschlichkeit gewählt hat als irdisches Antlitz.

9. Mai

Anders gesagt: Beten

Beten, das heißt, von mir selbst abzusehen und mich an eine Adresse zu wenden, von der ich nicht weiß, ob es sie gibt. Vielleicht ist das Gebet einer Flaschenpost ähnlich, die ich ins Meer werfe. Dort, wo es weit ist, kein Land in Sicht, nur der Horizont, an dem manchmal Himmel und Erde verschwimmen.
Ob meine Post ankommt, ob jemand sie lesen wird, weiß ich nicht. Ich hoffe es aber. Und so verändert das Beten etwas in mir selbst.
Beten könnte auch sein: Klavierspielen für jemanden, der es schwer hat; Wünsche, die ich ins Blaue schicke; ein stilles Staunen unter dem Sternenhimmel; Seufzen in Not oder vor Glück.

10. Mai

Ich bin der gute Hirte. Meine Schafe hören meine Stimme, und ich kenne sie und sie folgen mir; und ich gebe ihnen das ewige Leben.

JOHANNES 10, 11A,27 UND 28A

Durch die Freiheit begleitet

So ganz überzeugt mich das Bild vom Hirten und seinen Schafen nicht. Zum einen sind wir Menschen ja keine Schafe. Die Schafe: Ja, sie gehen mit dem Hirten auf dem Weg, den er aussucht. Wir Menschen aber gehen jede und jeder unseren eigenen Weg. Zum anderen glaube ich nicht, dass es für meinen Lebensweg einen einzigen festen vorgezeichneten Plan gibt, denn dann wäre ich ja nichts anderes als eine Marionette. Ich glaube, dass Gott uns mit unserem Leben Freiheit schenkt.

Diese Freiheit ist eine Zumutung. Frei zu sein, das bedeutet, dass es neben dem Leben, wie ich es führe, unzählige Möglichkeiten gibt, wie ich es hätte führen können. Solche ungelebten Möglichkeiten drängen sich als Frage in das eigene Leben, wenn ich unzufrieden oder unglücklich bin. Sie lassen mich zweifeln an meinen Entscheidungen, sie locken mich gelegentlich, die Flucht anzutreten aus dem Bisherigen, sie fragen nach einem anderen Leben, dem der Zauber des Anfangs noch innewohnt. Aber ob es besser wäre, dieses andere Leben? Ob sich nicht genauso das Schwere und Komplizierte darin fände, das erst mit der Zeit auftaucht? Ob nicht ebenso auch die Langeweile sich hineinschleichen würde, das immer Gleiche, das einen anödet, die alten Muster, die ich doch eigentlich hinter mir lassen wollte? Und später würde sich mir vielleicht sogar die Frage stellen, ob nicht das alte, das frühere Leben das bessere gewesen sei.

Das alles mutet die Freiheit mir zu. Und doch möchte ich nicht

auf sie verzichten, denn sie ist zugleich auch ein Glück. Durch die Freiheit wird mein Leben zu meinem eigenen, einzigartigen Leben. Ich eigne es mir erst an, indem ich Entscheidungen treffe. Ich habe zwar nicht alles, aber doch vieles selbst in der Hand. Ich kann die Zeit, dir mir geschenkt worden ist, nutzen und gestalten.
Nein, Menschen sind keine Schafe. Und Jesus ist nicht in dem Sinn ein Hirte, dass er einen vorgezeichneten Plan für mich hätte. Er mutet mir zu, meinen Weg selbst zu finden. Und manchmal entsteht der erst beim Gehen unter meinen Füßen. Und doch bin ich nicht allein. Ich kann mich an Jesus orientieren, kann mein Leben an seinem ausrichten und ihm folgen in der Liebe, die er gelebt hat. Dann sehe ich die Welt um mich herum mit seinen Augen und halte für möglich, dass ich sie in seinem Sinn verändern kann. Und er, Jesus Christus, ist bei mir, ein verlässlicher Freund an meiner Seite.

11. Mai

Auftakt

Siehst du:
Das helle Grün,
das den Auftakt bereitet
für das Konzert der Farben.

Was wären
Heckenrose und Wegwarte,
Margerite und Mohn,
Geißblatt und Holunder
ohne das Grün?

12. MAI

Du allein kennst das Herz aller Menschenkinder.

1. KÖNIGE 8,39B

Herzen, Herzen

Eine Wattwanderung vor der Nordseeinsel Baltrum.
Die Wattführerin fordert uns auf, einen Finger in den matschigen Boden zu stecken und ihn ein wenig hin und her zu bewegen.
Sofort stößt der Finger an etwas Hartes. Neugierig ziehen wir heraus, was wir entdeckt haben. Jede und jeder von uns hält eine Herzmuschel in der Hand.

Ich kann es kaum glauben. Der ganze Wattboden ist voller Herzmuscheln. Dicht an dicht liegen sie aneinander, für die Augen nicht sichtbar und doch da.

In den folgenden Tagen merke ich, dass dieses Erlebnis meine Wahrnehmung verändert hat. Plötzlich sehe ich Herzen, überall, wo ich gehe und stehe.

Die Blätter der Linde sind herzförmig und an der alten Eiche prangt ein vor vielen Jahren eingeritztes Herz. Im Supermarkt sind die Herzen lila, auf dem Smartphone finde ich gelbe und grüne.

Herzen, Herzen, überall Herzen, diese Symbole der Liebe. Sichtbar. Und unsichtbar, in jedem Menschen, der mir entgegenkommt, in Hund und Katze, Eichhörnchen und Maus.

Das Herz, es ist der erste pochende Punkt, mit dem ein Leben beginnt. Plötzlich beginnt es zu schlagen, ohne dass jemand sagen könnte, wie genau das passiert.

Ob einer da ist, der es so gewollt hat? Der jede und jeden von uns als Erstes ausstattet mit einem Zeichen für eine Liebe, die bedingungslos ist?

Er sieht es, sieht, wo das Herz weit wird und groß, wo das Leben Raum hat und sich ausdehnt über die Grenzen hinaus.
Er nimmt wahr, wo es eng wird und hart, wo die Liebe abhandenkommt.

Herzen, überall Herzen. Auf dem Wattboden und in der Lindenkrone, im Supermarkt und in jedem Menschen.

Wie wäre es, all diese Herzen als Grüße aus dem Himmel aufzufassen?
Ansichtskarten, geschrieben mit einem Alphabet der Liebe, das entworfen wurde jenseits des Horizonts. Eine Erinnerung an das Pochen in uns. Und eine Bitte, die Liebe lesbar zu halten und die Herzen zu hüten. Sie zu weiten, wenn sie eng geworden sind. Und wenn sie verhärtet sind, sie zu sensibilisieren.

Nicht immer ist das Alphabet der Liebe offensichtlich und leicht lesbar für jeden. Manchmal ist es wie überdeckt von einer dunklen Schrift, die ich nur mühselig entziffern kann.
Und doch erfüllt es das Leben mit Himmelssinn, wenn ich auch nur einen kleinen Zipfel davon erahne und verstehe.

13. Mai

Von allen Seiten umgibst du mich und hältst deine Hand über mir. PSALM 139,5

Vor dem Spiegel

Heute war es
wieder so weit.

Ich sah in den Spiegel,
da hielt er mir
mich selbst vor.

Ich musterte meine Angst,
erblickte Missgunst und Zorn.
Und entdeckte,
wie gleichgültig ich bin,
achtlos und abgestumpft.
Ich fand mich so hässlich,
dass ich erschrak.

Da wollte ich fliehen
vor deinem Angesicht.
Geh weg, sagte ich,
lass mich in Ruhe.
Und du zogst dich taktvoll zurück.

Doch:
In den Bäumen flüsterte der Wind.
Wolken wanderten lautlos die Erde entlang.
In Sonnenblumen leuchtete dein Antlitz.
Und von ferne gingst du
mir durch die Gedanken.
Da gaben sie endlich Ruhe.
Stille entstand in mir.

Selbst der Spiegel schwieg.

Am Ende
bin ich noch.
Immer bei dir.

14. Mai

Zwei Zentimeter

Liebe lässt wachsen. Wer hat das nicht schon selbst erlebt? Wenn mein Gegenüber mich mit leuchtenden Augen und liebevollem Blick ansieht, dann ist es, als würde ich ein wenig größer werden.
Aber ob das mit einem Zollstock messbar ist?
Ja, das ist es, sagt der schwedische Regisseur Kay Pollack. Zwei Zentimeter habe es bei ihm ausgemacht.
Und das geschah so: Als Kind und Jugendlicher wurde er von einer strengen Frömmigkeit geprägt, Gott wachte ständig mit strafendem Blick über seinem Leben.
Als Student löste er sich aus diesem Denken, er verstand nun, dass Gott die Liebe ist.

Diese Wende hat sein Leben verändert.
Er duckt sich nun nicht mehr ängstlich nach unten, sondern geht als aufrechter Mensch durchs Leben. Seit er Gott erlebe als einen, der ihn liebevoll anschaue und ihm den Rücken stärke, sei er von 1,89 Meter auf 1,91 Meter gewachsen, so Pollack.[16]

15. Mai

Alles neu

Wie anmutig ist doch
die Erde im Mai,
wenn sie sich hüllt
in ein neues Gewand.

Ich wünsche dir,
dass du vergnügt
dem Leben hinterher streifst,
das in Feld und Wald
sich auf den Weg macht
zum Licht.

16 https://chrismon.evangelisch.de/artikel/2015/31779/wie-auf-erden-kay-pollak, Zugriff am 31.01.2021.

16. Mai

Und ich bete darum, dass eure Liebe immer noch reicher werde an Erkenntnis und aller Erfahrung.

PHILIPPER 1,9

Wie die Liebe wächst

Erkenntnis und empfindsame Erfahrung machen die Liebe stark und groß:
Durch die Erkenntnis verbündet die Liebe sich mit dem Denken. Sie nimmt wahr, verarbeitet, denkt nach und findet heraus, was notwendig ist.
Durch die Erfahrung verbündet die Liebe sich einfühlsam mit dem Handeln. Sie setzt das Notwendige um in die Tat.
Paulus stellt diese Zusammenhänge her, als er im Gefängnis sitzt. Dort hat ein Bote aus Philippi ihm Geld gebracht, das man für ihn gesammelt hat. So erfährt er selber Liebe. Er antwortet mit einer Form der Verbundenheit, die Mauern und Grenzen überwinden kann: Er betet für die Menschen in Philippi.
Um Reichtum bittet er, doch nicht um solchen, der sich in klingender Münze zeigt. Die Liebe vielmehr möge wachsen, sie möge reicher werden an Erkenntnis und an empfindsamer Erfahrung.
Denn die Liebe ist es, die über den eigenen Tellerrand hinaus blickt und die Welt im Kleinen und Großen verändert. Und: Sie findet nicht im luftleeren Raum statt, sondern in einer Wirklichkeit, die sich immerzu verändert. Liebe erfordert darum Fantasie und Realitätssinn. So gewinnt sie immer wieder eine erstaunliche Aktualität. Im bayerischen Wunsiedel etwa, als 2014 kreative Menschen einen Nazi-Aufmarsch zum – unfreiwilligen – Spendenlauf umwidmeten. Für jeden Schritt, den

der düstere Zug vorankam, sammelten sie Geld für ein Aussteigerprogramm für Neonazis.
Auch heute wird möglich, was Paulus erbittet. Wenn Menschen zu lieben wagen, denkend, fühlend und handelnd, werden Wunder wahr.

17. Mai

Dornröschen

Da sind doch noch
ungeahnte Seiten in mir,
die schlummern
wie ein Dornröschen
hinter der Dornenhecke.

Es muss nicht immer
ein Kuss sein.
Manchmal reicht schon ein Wort,
das mich trifft.

Und Wesentliches wacht auf,
streckt sich
und tritt ins Leben.

18. Mai

Antworten

»Antworten aus der Bibel«, so war eine Karte überschrieben, die mir vor langer Zeit einmal ins Haus flatterte.
Ob gestresst oder ängstlich, depressiv oder trauernd, zu ehrgeizig oder angespannt, für jede Lebenslage gab es eine Bibelstelle mit einem vermeintlich ultimativen Rat.
Ich muss sagen, ich mag es nicht, wenn jemand auf alles eine Antwort hat. Mit schnellen Erwiderungen oder klugen Ratschlägen kann man sich die Sorgen des oder der anderen ganz gut vom Leib halten. Man nimmt ihn so jedoch in seiner Situation nicht ernst.
Hilfreicher ist es, einem Menschen genau zuzuhören. Warum ist er so angespannt, was drückt ihn nieder, was steckt hinter seiner Angst?
Leicht ist das nicht, mich wirklich einzulassen auf die Person mir gegenüber. Ihre Fragen zu hören, ihre Ängste auszuhalten, ihre Zweifel zu ertragen. Und so gemeinsam mit ihr auf dem Weg zu sein, auf dem sie vielleicht nach und nach ihre eigene Antwort entwickeln wird.

Und die Bibel? Für mich hält sie vielmehr eine individuelle Wegbegleitung bereit als schnelle Rezepte, die mir das Leben leicht machen. Ich lese darin von Menschen, die Ähnliches erlebt haben wie ich.
Ich erfahre, wie sie Gott wahrgenommen haben: als einen, der sie begleitet oder hinterfragt, bewahrt oder herausgefordert hat. Manchmal stoßen die alten Texte in mir etwas an. Sie verändern mich. Oder geben meinem Tag eine andere Richtung. Das kann ganz unerwartet geschehen.

Vielleicht erleben es so auch die Menschen, die es gelegentlich in eine Kirche zieht. Sie setzten sich in eine der Bänke und lassen die Stille auf sich wirken. Oder sie besuchen im Urlaub nach vielen Jahren zum ersten Mal wieder einen Gottesdienst. Sie kommen so, wie sie sind: mit ihrem Glück und ihren Sorgen, mit ihrer Angst, mit Sehnsucht und Fragen. Sie schweigen, beten, zweifeln, danken, weinen.

Fertige Auskünfte auf ihre Fragen erhalten sie nicht. Und doch vermute ich, dass manche von ihnen anders aus einer Kirche herauskommen, als sie hineingegangen sind. Der Raum weitet von innen, ein Wort klingt nach, eine Erinnerung kehrt zurück, ein Gebet bleibt dort.

Nein, der Kontakt mit der Welt des Glaubens, sei es durch ein Bibelwort oder auch den Besuch einer Kirche, gibt oft keine klaren Antworten auf existentielle Fragen. Meistens verändert er nicht auf einen Schlag das ganze Leben. Manchmal aber setzt er einen kleinen Anfangspunkt – hinterfragend, tröstend oder rückenstärkend – aus dem sich etwas Neues und Gutes für das Leben entwickelt.

19. Mai

In der Kirche

Wieder einmal beten,
gegen den Widerspruch
in sich selbst
wortlose Briefe
an den Altar legen.

Ungewiss, allein
auf Gutglauben,
dass einer sie sammelt,
hütet, liest.

20. Mai

Und siehe, ich bin bei euch alle Tage bis an der Welt Ende. MATTHÄUS 28,20

Im Kraftfeld des Himmels

Wie kann einer bleiben, wenn er doch geht?
Jesus nimmt Abschied von denen, die ihn begleitet haben. Die letzten Verse des Matthäusevangeliums erzählen davon.
Noch einmal zieht vor ihren Augen vorbei, was sie mit ihm erlebt haben. Im Kraftfeld des Himmels war er und holte auch sie hinein. Wie kann es weitergehen, wenn er nicht mehr unter ihnen ist?
Jesus ist angewiesen darauf, dass andere fortführen, was er begonnen hat. In seinen Jünger*innen wird er lebendig bleiben. Wird da sein, wenn sie von ihm sprechen und handeln wie er. Wird durch sie den Himmel einpflanzen auf der Erde und in die Herzen der Menschen. Wer sich danach sehnt, zu ihnen zu gehören, den sollen sie taufen.
In der revidierten Lutherbibel 2017 ist diese Abschiedsszene immer noch überschrieben mit »Der Missionsbefehl« (siehe Vers 16 bis 20).
Im griechischen Text finden sich solche Überschriften nicht. Auch ist dort nur ein Imperativ zu lesen, und nicht wie in der Lutherfassung vier.

Durch diese Übersetzung wird ein Wortfeld verwendet, das militärische Assoziationen aufruft. Dabei könnte man statt »Gewalt« auch »Vollmacht, Handlungsfreiheit, Reichtum oder Kraftfeld« sagen. Und statt »halten, was ich euch befohlen habe« übersetzt die Elberfelder Studienbibel: »bewahren, was ich euch geboten habe«.[17]

Ob sich diese Abschiedsszene genau so abgespielt hat, lässt sich nicht mehr rekonstruieren. Jesus selbst hat wohl aramäisch gesprochen, nicht griechisch. Und die Evangelien sind mit einem zeitlichen Abstand zu dem entstanden, was sie überliefern. Was erzählt wurde, halten sie in schriftlicher Form fest und interpretieren es zugleich.

Alles, was von Jesus tradiert ist, deutet darauf hin, dass er keine Waffen getragen, geschweige denn welche verwendet hat. Seine Macht hat sich aus der Liebe gespeist, die in Gott wurzelt. So hat er im Kraftfeld des Himmels gelebt.

»Und siehe, ich bin bei euch alle Tage bis an der Welt Ende« (Matthäus 28,20). Ich möchte diese Szene anders lesen als Martin Luther es getan hat. Ohne militärische Konnotationen könnte sie anders klingen. So etwa:

Bewahrt mein Vermächtnis. Bleibt im Kraftfeld des Himmels und ladet andere ein. Erzählt von mir und übt euch ein in die Liebe. Denn was ich angefangen habe, soll weltumspannend sein. Die Taufe wird euer Zeichen sein. So bleibe ich, selbst wenn ich gehe, mitten unter euch.

---

17 Elberfelder Studienbibel © SCM R.Brockhaus, Witten, 6. Auflage 2017.

21. Mai

Frage

Wie denn wachsen
ohne den Traum,
dass alles anders sein könnte
vor den inneren Augen.

Wie denn weitergehen
ohne die Vision,
dass ein Weg sein werde
hinter der Tür des Morgen.

22. Mai

Und es geschah plötzlich ein Brausen vom Himmel wie von einem gewaltigen Sturm und erfüllte das ganze Haus, in dem sie saßen. Und es erschienen ihnen Zungen, zerteilt und wie von Feuer, und setzten sich auf einen jeden von ihnen. APOSTELGESCHICHTE 2,2F.

Offen nach oben

Das Pantheon in Rom ist ein ganz besonderes Gebäude. Im zweiten Jahrhundert fertiggestellt, war es vermutlich zunächst ein Tempel, der allen Göttern geweiht war. Auf der kreisrunden Grundfläche erheben sich Mauern aus Marmor und Granit, darüber wölbt sich hoch eine Kuppel, in deren Mitte eine Öffnung von neun Metern Durchmesser ist.
Im Jahre 609 wurde dieser Tempel in eine christliche Kirche

umgewandelt, die den Namen Santa Maria ad Martyres erhielt. Aufgrund seiner Form wurde der Bau im Volksmund zu »La Rotunda«.
Licht fällt von oben in diese Rotunde, die hellen Wände fangen es auf und reflektieren es.

Ein Himmelsauge, im doppelten Sinne, durch das die Menschen von unten in den Himmel schauen. Und wer weiß, vielleicht schaut auch einer in die umgekehrte Richtung auf die, die sich versammeln.

Hier scheint vieles möglich zu sein.

Und tatsächlich ereignet sich in dieser Kirche Jahr für Jahr ein kleines Wunder, seit tausend Jahren schon.
Jedes Jahr am Pfingstfest, just in dem Moment, in dem der Hymnus »Veni creator spiritus« (Komm, Schöpfer Geist) erklingt, geschieht es: Durch das kreisrundes Loch in der Kuppel der Kirche segeln abertausende rote Blütenblätter auf die Menschen herab.

Es ist ein inszeniertes Wunder. Feuerwehrleute machen es möglich. Aus 43 Metern Höhe werfen sie die Blätter durch das Himmelsauge. Auch, wenn man weiß, wie es geschieht, dieses Wunder: Weniger beeindruckend ist es darum nicht.

Abertausende, vielleicht Millionen von Blütenblättern, samtig und duftend regnen sie herab, leicht lesbare Metaphern für den Geist Gottes. Kraftvoll und zärtlich ist der, warm und lebendig, und manchmal lodernd und heiß.
In vielen Gestalten kommt er, immer aber ergreifend, und macht Menschen wie dich und mich zu Gesegneten und Gesandten.

Und noch etwas zeigt diese besondere Kirche, die nach oben hin offen ist.
Denn es sind ja nicht immer Blütenblätter, die von oben herabkommen. Oft genug sind es Regentropfen oder auch Schnee. Ja, sogar Hagel hämmert auf den steinernen Boden der Rotunde.

Wer sich öffnet, riskiert, dass auch andere eintreten als die gern gesehenen Gäste.
Er wird erfahren, dass Unliebsames und Unerwünschtes hereinkommen kann. Sicherer wäre es also, sich abzuschotten und jede Öffnung einbruchssicher zu verriegeln.

Im Pantheon aber öffnet sich trotz allem die Kuppel weit nach oben, durchlässig für Gesänge und Gebete. Eines könnte so klingen:

Ja, komm, Heiliger Geist. Lass uns zuweilen nicht ganz dicht sein. Lass uns nach oben offen bleiben. Für die Zeichen von Liebe, die aus dem Himmel zur Erde zu segeln scheinen. Blütenblätter, duftend und zart, Sonnenstrahlen, warm und hell, Worte, angeflogen im richtigen Augenblick.
Lass uns empfänglich bleiben für die große Kuppel über unseren Köpfen: für den Himmel, der sich über uns wölbt, der ein Auge auf uns hat und uns segnet und sendet.

23. Mai

Frischer Wind

Der Heilige Geist:
frischer Wind in unserem Leben –
überraschend, kraftvoll,
verändernd.

Er denkt Gedanken des Friedens
in unseren Köpfen.
Er gießt uns Begeisterung
ins Herz.

Er füllt uns die Hände
mit Gottes Liebe
und macht einen Weg
für das Wunder frei.

24. Mai

Es ist aber der Glaube eine feste Zuversicht dessen, was man hofft, und ein Nichtzweifeln an dem, was man nicht sieht. HEBRÄER 11,1

Unter der Oberfläche

Der See, ruhig liegt er da und spiegelt den Himmel wider. Manchmal geht ein Wind darüber und bewegt das Wasser. Dann ist es, als verschöbe sich die Welt.
Was mag unter dem Wasserspiegel sein? Ich ahne, dass sich

unter der Oberfläche etwas verbirgt. In geheimnisvollen Tiefen wohnt ein Leben, von dem ich nichts weiß. Manchmal erzählt eine kleine Welle davon. Kreise breiten sich aus.

Als Glaubende halte ich für möglich, dass – ähnlich wie bei diesem See – hinter der offensichtlichen Welt noch eine andere ist. Erfassen oder gar ausloten kann ich sie nicht. Aber im Staunen und Ahnen, im Hoffen und Beten ist es, als berühre sie mich und schlage Kreise in mir.

Manchmal verschiebt sich das Bild von dieser anderen Welt, dann gerät alles ins Wanken. Oft genug spüre ich auch gar nichts von ihr, sondern erhoffe sie gegen den Augenschein.

Was die feste Zuversicht betrifft, erscheint mir mein Blick oft eher verschwommen als klar. Und zum seltenen Nichtzweifeln komme ich – wie paradox – über das Zweifeln.

Warum das Ganze? Ich glaube an Gott wegen der Schönheit, die von ihm überliefert wird: »Ich bin da« ist sein Name. Er, der Höchste, tritt für die Niedrigsten ein. Er fühlt sich ein in Weinende und wischt ihnen die Tränen ab. Den Armen verschafft er Recht.

Ich möchte diese Möglichkeit offenhalten, dass unter den Oberflächen Tiefen schlummern und hinter der Zeit die Ewigkeit wartet. Dort empfängt Gott uns in einer neuen, anderen Welt. Er teilt seine Schönheit mit uns und erfüllt uns mit neuem Leben.

25. Mai

Wo er will

Manchmal wachse ich über mich selber hinaus. Als statte ein anderer mich aus mit seiner Kraft. Meine Bedenken nimmt er mir vom Herzen und meine Einwände aus dem Mund. Und wischt auch die Angst beiseite, die mir den Blick verdunkelt.
Manchmal sprengt jemand die Grenzen, die ich mir setze. Was ich nicht für möglich gehalten habe, steht an der Tür und erbittet Einlass. Und während ich mir verwundert die Augen reibe, sagt von weither eine Stimme: Der Geist weht, wo er will.

26. Mai

Ins Leben getanzt

Nach der Lesung spricht eine Frau mich an. Ich bin noch nicht ganz konzentriert, mein Adrenalinspiegel fährt eben herunter, da steht sie vor mir, mit dunklem Haar und einem offenen Blick.
Sie arbeite ehrenamtlich in der Kirche, erzählt sie. Einen Tanzkreis biete sie an. Sie lächelt. »Das tut mir selber so gut.«
Dann spricht sie von ihrer Erkrankung. Da war sie ganz unten, für lange Zeit. Nun aber tanzt sie. Und bringt es auch anderen bei.

»Ich weiß auch, woher ich das habe«, sagt sie. »Von meiner Mutter.« Jetzt strahlt sie. »Ich bin 1939 geboren, im Krieg. Wenn ich weinte, hat meine Mutter mich auf den Arm genommen. Und dann ist sie mit mir durch die Wohnung getanzt.«

Ich spüre, wie ich eine Gänsehaut bekomme und sage es ihr. Noch einmal lächelt sie. »Ich wünsche Ihnen alles Gute!«, antwortet sie und reicht mir die Hand. Nicht viel länger als eine Minute haben wir miteinander gesprochen.

Als ich im Auto sitze, um nach Hause zu fahren, kehrt das Gespräch zurück. Bilder stellen sich dazu ein.
Draußen der Krieg. Welche Ängste hat eine Mutter um ihr Kind und sein Leben? Wird sie es versorgen, wird sie es behüten können?
Vielleicht ist ihr manchmal selbst zum Weinen, wenn das Kind schreit.
Aber sie weint nicht. Sie nimmt ihr kleines Mädchen auf den Arm und tanzt mit ihm, tanzt es ins Dasein.
Ihre Bewegungen legt sie ihm in die Wiege. Ein Leben lang werden sie ihre Tochter begleiten. Droht sie sich in der Angst zu verlieren, wird das Tanzen für sie eine Brücke zurück ins Leben sein.

Mittlerweile ist das Mädchen längst erwachsen geworden und hat selbst Kinder und Enkelkinder. In einer Seniorengruppe lehrt sie andere, was sie getragen hat wie eine Mutter. Das Tanzen.

27. Mai

Osterengel

Er weist
mit einem Wort
oder einer Geste
ins Weite.

Dann wendet sich
mein Blick
dem Horizont zu
und ich spüre:

Nichts muss
für immer
so bleiben,
wie es ist.

28. Mai

Geht aber und predigt und sprecht: Das Himmelreich ist nahe herbeigekommen. MATTHÄUS 10,7

Das Himmelreich in unserer Stadt

»Himmelreich«: In unserer Stadt gibt es eine Straße, die so heißt. Ich bin in einer Viertelstunde da, wenn ich will.

Ich stelle mir vor, ich könnte dort – wie es manchmal in Filmen gezeigt wird – durch eine milchige Nebelwand treten. Und dann wäre ich da:

»Himmelreich«. So steht es tatsächlich auf einem Straßenschild. Hier also ist er, dieser Ort, von dem Jesus sagt, dass er ganz nah sein soll.

Ich gehe ein wenig durch die Straßen und schaue mich um. Es sieht aus wie auch sonst in unserer Stadt. Holperiges Kopfsteinpflaster und Fachwerkhäuser am Straßenrand. Hier und da steht eine Platane oder eine Buche. Darunter eine Bank, auf der man sich ausruhen kann.

Ich setze mich und blicke verstohlen nach rechts und links. Hatte Jesus seinen Jünger*innen nicht gesagt, sie sollten den Himmel verkünden? Hier aber steht niemand auf einem Podest und predigt.

Die Menschen sehen normal aus, wie du und ich. Doch sind sie ohne Gepäck unterwegs. Weder Koffer noch Handtasche tragen sie bei sich, kein Geld, kein Smartphone, keine Versicherungskarte. Nur sich selbst bringen sie mit. Und wenden sich so, wie sie sind, den anderen zu.

Ihre Augen blicken freundlich, als wollten sie sagen: Du bist erwünscht in der Welt.
Ihre Hände berühren, halten und richten auf: Ich bin und bleibe und stärke dich.
Ihre Ohren sind offen: Was hat dich so hart und bitter gemacht?

Ich sehe ein Gesicht, das sich aufhellt und zu lächeln beginnt.
Als habe einer darin ein Licht entzündet.
Ein Mann, der am Boden saß, steht auf und geht mit dem, der ihm die Hand gereicht hat.

Mitten auf einem großen Platz am Ende der Straße bereiten einige Männer und Frauen ein Fest vor. Sie rühren in Töpfen, polieren Gläser und schmücken die Tische mit Blumen: Kommt, ihr seid eingeladen.

Himmelreich: Jeder Ort, jeder Augenblick, wo wir stärken, was Menschen lebendig macht.
Bald schon wird hier gesungen, gegessen und getanzt.

29. Mai

Anders gesagt: Himmel

Der Himmel: Ist er nicht ein Raum, der zum Träumen einlädt? Komm, nimm eine Auszeit, ermuntert er mich.
Hier darf ich denken, was über die Welt und mich selbst hinausgeht. Hier wird mir ein Film vorgeführt, der utopisch ist, ohne Ort in der Wirklichkeit.
Was zeigt dieser Film? Wolf und Lamm liegen beieinander, Kinder lernen den Krieg nicht mehr. Schmerzen und Schreie verstummen, einer wischt dem anderen die Tränen ab. Und der Tod bettet sich selbst zur ewigen Ruhe.
Nicht alle Szenen, aber doch manche ließen sich überführen in die Realität. Dann ragt der Traumraum hinein in den Alltag, die Utopie erhält einen Platz mitten unter uns Menschen.
Als hätte der Himmel die Erde gestreift.

30. Mai

Die Engelbank

Nah bei der Drübecker Klosterkirche am Harzrand lädt ein Engel ein, sich zu setzen. Eine Bank aus hellem Holz steht dort, die statt einer Rückenlehne einen stilisierten Körper und geschwungene Flügel hat.
»Komm, mach mal Pause«, scheint der Engel zu sagen. »Ruh dich ein Weilchen aus!«
Und dem, der über die Holzfläche streicht und dann Platz nimmt, sagt er ins Ohr:
»Lehn dich ruhig an mich. Ich halte dich.«
Und dann, nach einer Weile, raunt er leise: »Sieh dich um, leg den Kopf in den Nacken und blick in den Himmel über dir. Schau, die Wolken, wie sie vorüberziehen. Manchmal erzählen sie von Gottes Güte.«
Und wer dort sitzt, lässt auch die Zeit für eine Weile vorbeiziehen und lässt sich gefallen, was eben vom Himmel fällt.
Derweilen nimmt der Engel wahr, was im Nacken sitzt. Und stärkt fast unmerklich den Rücken.
Wenn du dann aufstehst, spürst du, dass deine Haltung anders ist. Die Schultern sind locker, der Rücken richtet sich auf. Und der Tag liegt unter dem größer gewordenen Himmel vor dir wie eine Einladung.

31. Mai

Bezaubernd

Der Tag
steht vor mir
im schwarzen Frack
und zieht den Zylinder.

Ich bin gespannt,
was er heute
für mich
aus dem Hut zaubert.

1. Juni

Sommerfest

Ich wünsche dir
offene Sinne
für das Sommerfest Gottes:

Den Morgen schmückt er
mit glitzerndem Tau,
an die Ränder der Wege
streut er Margariten und Mohn.

Im Garten verwirbelt er
den Duft von Rosen
und lässt Erdbeeren leuchten
in den Beeten.

Leicht streift
durch die Wipfel der Linden
ein Sommerwind
als flüstere einer:

»Komm her zu mir,
ich lade dich ein!«

2. Juni

Viele sagen: »Wer wird uns Gutes sehen lassen?«
HERR, lass leuchten über uns das Licht deines Antlitzes!
PSALM 4,7

Ein Segensschimmer im U-Bahnhof

Auf dem Kirchentag in Dortmund 2019 wird es oft eng. Überall drängen sich in der Stadt und auf dem Messegelände die Besucher*innen, zu erkennen an grünen Schals mit dem Motto des großen Treffens: »Was für ein Vertrauen«.
Besonders kritisch ist es an den U-Bahn-Stationen, vor allem, wenn große Veranstaltungen enden. Viele wollen dann möglichst schnell zum nächsten Ort oder auch nach Hause. Lange Menschenschlangen strömen aus den Messehallen zum U-Bahnhof, auf den Treppen zur Unterführung geht es nur langsam voran. Und auf dem Bahnsteig heißt es warten, warten, warten.

Als ich an einem Abend nach langem Warten endlich in der Bahn stehe, so nah bei anderen, dass ich selbst bei einer Notbremsung nicht umfallen könnte, höre ich eine Frauenstimme. Sie erzählt, eben habe sie ganz vorne am Bahnsteig gestanden, bei einem der Sicherheitsleute.

»So etwas habe ich noch nie erlebt«, habe der gesagt. »Normalerweise werden die Menschen bei so einem Gedränge aggressiv. Sie stoßen oder schubsen. Oft schon bin ich beschimpft worden, wenn die Bahn voll war und ich keinen mehr hineinlassen konnte.«
Die Frau macht eine kleine Pause. Dann spricht sie weiter: »Hier bleiben die Menschen gelassen«, habe der Mann gesagt.

»Viele sind freundlich, lächeln, ja, manche bedanken sich sogar, dass ich hier für Sicherheit sorge!«
Ich hätte gern noch etwas zugehört, doch ich muss aussteigen. Als ich die Treppen hochsteige, denke ich: »Ja, das stimmt!« Auch ich habe auf diesem Kirchentag oft erlebt, wie geduldig die Menschen warteten. Oft war die Stimmung geradezu heiter. Mit manchen bin ich in ein kurzes, interessantes Gespräch gekommen, einem Mann verdanke ich einen Veranstaltungstipp, der mich in einen spannenden Vortrag führte.

Aber dass Menschen das auch »von außen« wahrnehmen, hätte ich nicht gedacht.

Wer wird uns Gutes sehen lassen? Hier konnte man tatsächlich sagen, dass die Kirchentagsbesucher*innen mit ihren grünen Schals etwas Gutes haben aufscheinen lassen. Absichtslos, sie waren nicht darauf aus, dass andere sie dafür loben. Und doch hat dieser Sicherheitsmann es bemerkt.

Viele dieser Menschen kamen gerade aus Veranstaltungen, in denen am Ende ein Segen gesprochen wurde: »Gott lasse sein Angesicht leuchten über dir!« Mir scheint, dieser Segen ist mit ihnen gegangen, sodass auch andere etwas von seinem Schimmer wahrnehmen konnten.

3. Juni

Das tanzende Licht

An meiner Schreibtischlampe hängt ein gläserner Tropfen, der auf besondere Weise geschliffen worden ist. Kleine Kanten fin-

den sich darauf und machen ihn zu einem Prisma. Wenn nun die Sonne durchs Fenster fällt, bricht dieses Prisma ihre Strahlenbündel auf, zerlegt sie in ihre Spektralfarben und leitet sie dann weiter.
Und plötzlich sehe ich im Zimmer überall kleine, bunte Punkte: gelb und rot, grün und lila, blau und orange. Wenn ich den Glastropfen mit dem Finger anstupse und ins Schwingen versetze, beginnen sie zu tanzen.

Jedes Mal, wenn Sonnenstrahlen auf mein Prisma treffen, merke ich jetzt auf. Es bringt ja an den Tag, was sonst nicht zu sehen ist: das so selbstverständliche Licht. Plötzlich leuchtet und tanzt es in allen Farben des Regenbogens.
Als wollten die kleinen, bunten Flecken mich an die alte Geschichte erinnern, in der Gott unserer Erde den Frieden erklärt. Als wollten sie mir zeigen, wie farbig und vielfältig das Leben ist.

4. Juni

Meine Seele ist stille zu Gott, der mir hilft. PSALM 62,2

Geschehen lassen

Manchmal übe ich mich darin, geschehen zu lassen.
Ich setze mich, wenn möglich, draußen an einen ruhigen Platz, an dem ich mich wohlfühle und schließe die Augen. Ich nehme zwar wahr, was um mich herum geschieht. Aber ich nehme es nicht wichtig. Ich achte auf meinen Atem und versuche mich zu entspannen.

Es tut gut, sich eine Weile von der vermeintlichen eigenen Unentbehrlichkeit zu lösen.
Es tut gut, den Dingen einen anderen Stellenwert zuzumessen.
Es tut gut, wenn es hektisch wird, eine Pause einzulegen.

So sitze ich da und lasse geschehen. Manchmal nur fünf Minuten lang. Dann öffne ich die Augen.

Ich merke, wie meine Wahrnehmung sich verändert hat.
Ich sehe kleine Dinge, die ich vorher nicht bemerkt habe. Eine Blaumeise, die ihr Nest baut, einen Marienkäfer auf einem Rosenblatt.

Ich höre jetzt ganz andere Geräusche. Die leisen, die übertönt waren von all dem Lärm, der um mich herum und in mir selber war. Ein Rascheln im Laub unter den Bäumen. Ein Kind, das lacht.

Ich spüre mich selber mehr. Meinen Herzschlag. Den Wind auf den Armen oder im Haar.

Ich kann nach solch einer Pause oft anders einordnen, was wirklich wichtig ist. Ich gehe meine Aufgaben konzentrierter an und bin ganz da, wo ich bin. Ich spüre: Ich kann etwas bewegen. Aber es hängt nicht alles an mir. Und manchmal komme ich sogar besser voran, wenn ich eine Weile etwas langsamer gehe.

5. Juni

Landkarte

Eines Morgens
fällt das Licht anders
ins Zimmer
und du weißt:

Nun ist es so weit.

Höchste Zeit,
um dich aufzumachen
und endlich
die weißen Flecken
zu erkunden
auf der Landkarte,
die nichts anderes abbildet
als dich selbst.

6. Juni

Lehre uns bedenken, dass wir sterben müssen, auf dass wir klug werden. PSALM 90,12

Gehen können

Immer hatte er einen schwarzen Anzug an, und wenn er über die Gänge unserer Schule schritt, dann hatte es manchmal den Anschein, als schwebe er. Mit Verlaub gesagt: Er stank. Nach den dicken Zigarren, von denen meistens eine in seinem Mundwinkel klebte. Seine Zähne waren ganz braun davon.

Wir mochten ihn trotzdem, sehr sogar. Er hatte es geschafft, sich in unsere Herzen zu unterrichten. Er war unser Religionslehrer, ein dicker katholischer Dechant. Und wir, wir waren eine Mädchenklasse, darunter auch evangelische Mädchen: albern, kichernd, anstrengend. Jede seiner Stunden begann mit den Worten: »Irgendwelche Fragen oder Probleme?« Wenn eine von uns den Finger hob, dann waren unsere Anliegen wichtiger als der Lehrplan. Er nahm uns und unsere Fragen ernst.

Als er eines Tages direkt mit dem Unterricht begann, meldete sich meine Freundin. »Sie haben etwas vergessen«, sagte sie. Er schaute sie erstaunt an. »Irgendwelche Fragen oder Probleme?«, sagte sie. Er lachte. Dann stellte er seine vergessene Frage. Und meine Freundin konnte vorbringen, was sie beschäftigte. »Das war gut«, sagte er in der nächsten Woche. »Da habe ich abends im Bett noch drüber gelacht.«

Nie hat er versucht, die Evangelischen unter uns zu Katholikinnen zu machen. Er ebnete aber auch die Unterschiede nicht ein. Er bestärkte uns vielmehr, in unserem eigenen Glauben zu Hause zu sein. Und das Schweben täuschte: Er stand mit beiden Beinen fest auf dem Boden. Wo er war, war er ganz. Und er liebte das Leben.

Sehr plötzlich ist er damals gestorben, keine 60 Jahre alt. Doch selbst da hat er uns noch etwas Tröstendes hinterlassen. Ohne Worte hat er vermittelt, dass er bereit war zu gehen. Er lebte so, dass er an jedem Tag sterben konnte. Das machte es leichter, ihn loszulassen.

Manchmal denke ich an ihn. Das geht wohl nicht immer, jederzeit bereit zum Abschied zu sein. Mir jedenfalls fällt das schwer. Aber: das Leben nicht auf morgen verschieben; gute Momente auskosten und durch die schweren hindurchgehen; und vor allem: die Fragen der anderen hören und ihre Probleme ernst nehmen – das hat er mir mitgegeben auf meinen Weg.

7. Juni

Gehen müssen

Gott,
einmal werde ich
gehen müssen.

Einmal werde ich
nicht mehr da sein.

Unvorstellbar,
ich bin mir so selbstverständlich,
dass ich mich nicht
denken kann
ohne den Tag
nach dem Morgen.

Ich will
auf den Engel hoffen,
der mich bewahrt,
auch, wenn ich mir verloren gehe.

Und will mich bergen
in deinen Namen,
der hinausreicht über die Zeit
und uns aufnimmt
wie offene Arme:
»Ich bin da.«

8. Juni

Und doch hat er (Gott) sich selbst nicht unbezeugt gelassen, hat viel Gutes getan und euch vom Himmel Regen und fruchtbare Zeiten gegeben, hat euch ernährt und eure Herzen mit Freude erfüllt.

APOSTELGESCHICHTE 14,17

Kraft, die Leben erschafft

Paulus heilt in Lystra, einem Ort in Kleinasien, einen lahmen Mann. So erzählt die Geschichte, aus der dieser Bibelvers stammt.

Daraufhin denken die Menschen, Paulus und sein Gefährte Barnabas seien die griechischen Götter Merkurius und Jupiter, die zur Erde gekommen seien. Schon kommen die Priester dieser Götter angelaufen, um Opfer zu bringen. Mit Mühe und Not kann Paulus die begeisterten Menschen davon abhalten, ihn und Barnabas anzubeten. Stopp, sagt er, das, was ich getan habe, geschah nicht durch meine eigene Kraft. Und dann verweist er auf den lebendigen Gott, den man nicht sehen kann und der doch seine Spuren hinterlässt in der Welt:

Im Guten sei er zu finden, das einem unverdient geschieht, im Regen, der ohne menschliches Zutun vom Himmel fällt, in allem, was gewachsen ist, ohne dass ich es in der Hand gehabt hätte, in der Freude, die mir als Geschenk das Herz erfüllt.

Segen könnte man sie auch nennen, diese Kraft, die das Leben selber erschafft. Die kann kein Mensch machen, nicht Paulus nicht Barnabas, nicht ich.

Gut, wenn ich mir einen Blick dafür bewahre. Längst nicht alles habe ich mir in meinem Leben selber verdient. Mancher mag es Zufall nennen, andere sagen Schicksal oder Evolution dazu. Die Wirklichkeit lässt sich auf vielfältige Weise deuten. Beweise für meinen Glauben habe ich nicht. Und doch halte ich mich daran fest: Hinter diesen Geschenken, ohne die ich nicht leben könnte, hinter dem Segen, der hervorbringt, was ich so nötig habe, steckt der lebendige Gott.

9. Juni

Begegnung

Gott mit seinem
Sinn für Details
hüllte heute den Mond
in Wolkengewänder
und hängte ihn in die Zweige
einer Trauerweide.

Im Wasserspiegel
lächelte er
mich an.

10. Juni

Gutes zu tun und mit anderen zu teilen vergesst nicht;
denn solche Opfer gefallen Gott. HEBRÄER 13,16

Genug

»Jetzt reicht's!« Oder: »Ich kriege gleich zu viel!«
Das habe ich schon oft gesagt. Meistens, wenn ich mich ärgere.

Genug haben. Zu viel kriegen. Fast immer bedeutet das etwas Schlechtes: Ich habe den Hals voll Ärger, den Buckel voll Arbeit und viel zu viel Stress.
In einem Lied des Duos »Ich und Ich« habe ich die Worte »zu viel« in einem anderen Zusammenhang gehört. Jemand sagt dort sinngemäß von sich, er sei mit allem ausgestattet, was nötig ist, wenn er noch mehr hätte, wäre es zu viel.

Das ist ein Gedanke, der mich die Blickrichtung wechseln lässt. Ich frage mich: Wo gibt es in meinem Leben Bereiche, in denen ich alles habe, was notwendig ist? Ja, wo habe ich vielleicht sogar mehr als genug?
Und plötzlich merke ich, wie ungerecht das Leben ist. Aber nicht nur gegen mich. Im Gegenteil:
Ich spüre, in wie vielen Bereichen meines Lebens ich es gut habe, da ist alles vorhanden, was ich benötige und ich bin glücklich dran.

Was tun mit dem, wovon ich mehr als genug oder gar zu viel habe?
Bei schlechten Dingen fällt es mir leicht: Ich will sie loswerden. Ach, das wäre schön, sich nicht mehr ärgern zu müssen. Etwas Arbeit abzugeben und den Stress hinter sich zu lassen.

Mit dem Guten kann ich genauso verfahren! Ich kann es loswerden, etwas abgeben davon. Damit es anderen zugute kommt.

Ich erinnere mich an eine Frau in unserer Kirchengemeinde, sie war im Ruhestand. Ich habe genug Zeit, sagte sie und übernahm Aufgaben, bei deren Verteilung andere verlegen nach unten schauten.
Ich habe genug Begabungen und Energie, sagen unzählige Ehrenamtliche in unserer Gesellschaft.

Sie unterrichten Geflüchtete oder engagieren sich in der Feuerwehr, sie besuchen kranke Menschen oder planen Veranstaltungen, sie treffen Entscheidungen oder machen Musik.
Ich habe genug Geld, sagen viele Menschen, und sie geben anderen davon ab. Damit diese bekommen, was sie zum Leben brauchen: Brot und Wasser, Kleidung und Bildung.

»Jetzt reicht's!« Ich will einüben, diese Worte nicht nur im Blick auf das Schlechte zu sagen, sondern auch im Blick auf das Gute. Zu entdecken, wovon ich genug oder sogar zu viel habe, lässt mich dankbar werden und die Blickrichtung ändern. Ich fühle mich beschenkt und werde bereit, mit anderen zu teilen.
Eine solche Haltung scheint mir ein Schlüssel zum Glück zu sein.

11. Juni

Subversion

Umarmt die Verhärteten,
berührt die Zynischen zärtlich.
Spielt mit den Verkniffenen,
tanzt mit den Gleichgültigen.

Den Tatsachen lacht
eure Tränen ins Gesicht.

Beschenkt die Geizigen,
singt Lieder den Knurrigen.
Den Realisten trotzt
ein paar Träume ab.

Unterlauft täglich
die Wirklichkeit.

Verdreht den Hassenden
Augen und Herzen.
Öffnet die Fäuste der Zürnenden
und zeichnet hinein: Schalom.

12. Juni

Jesus aber sah sie an und sprach zu ihnen: Bei den Menschen ist's unmöglich; aber bei Gott sind alle Dinge möglich. MATTHÄUS 19,26

Den Möglichkeitssinn trainieren

Ich mag den Konjunktiv.

Er bildet sich in den Lücken der Zeit, zwischen wirklich und möglich, zwischen »nicht mehr« und »noch nicht«. Er hat das Potenzial, einen anderen Ausgang der Vergangenheit zu fantasieren. Dabei unternimmt er den – zum Scheitern verurteilten – Versuch, die Kehrseite einer Medaille zu erkennen, wenn sie bereits auf dem Boden der Tatsachen aufgetroffen ist.

Ja, es stimmt, nichts ist zu ändern an dem, was schon war. Aber die Fantasie begnügt sich ja nicht mit dem, was abgeschlossen ist. Sie ragt hinein in die Zukunft und entwirft ebenso, was noch vor uns liegt. Sie zeichnet ein Bild, wie es werden könnte, und trotzt träumend dem Wissen, dass Entwurf und Wirklichkeit nie deckungsgleich sein werden.

Der Konjunktiv ist das Sprachrohr eines Möglichkeitssinnes, der darauf vertraut, dass die Welt ohne Gegenentwürfe – man könnte sie auch Visionen nennen – ärmer und trauriger sein würde als mit ihnen.

Glaube trainiert jenen Möglichkeitssinn, der den Träumen etwas zutraut und dessen ungestüme Antriebskraft die Sehnsucht ist.

13. Juni

Im Schatten der Mauer

Im Schatten der Mauer
sitz ich. Einer wirft
eine Art Flecken
in mich.

Sie breiten sich aus,
füllen mich, als sei ich ihr Haus.

Sie sind aus Stille gemacht.

Schon übertönen sie die Straßenbahn,
den Glockenschlag
und das Kichern der Mädchen,
die auf der Treppe hüpfen.

Ich drehe mich um.
Ich glaube, hinter der Mauer
wohnt Gott.

14. Juni

Wo Gott heute sein könnte

Gott geht spazieren. Ich sehe ihn vor mir an einem Frühlingstag. In der Hand hat er einen Topf mit Aminosäuren. Wo er geht, hinterlässt er Leben. Kein fertiges Leben, er gibt nur einen kleinen Impuls. Der Rest passiert von allein. Zellen verdoppeln, potenzieren, spezifizieren sich, es wurzelt, es wuchert, es wächst.

Gott geht weiter, geht dahin, wo eher Winter ist, geht durch das Zimmer des Sterbenden an der Ecke der Straße. Behutsam nimmt er ihn an der Hand: »Komm mit. Es ist Zeit, weiterzuziehen in neues Land.« Über die Trauernden haucht er eine Stille. Die ist wie ein ruhiger, tiefer See, der am Abend auf einen wartet. Kühl, doch wenn man eine Weile dort sitzt, fühlt man sich auf eine seltsame Weise geborgen.

Gott aber geht weiter. Auf der Bank im Park küssen sich zwei, er lächelt und schmiegt sich einen Moment wie eine Katze an ihre Beine. Einem Kind, das sich die Knie aufgeschlagen hat, wischt er die Tränen ab.

Dann verlässt er den Park, um den Menschen eine Weile durch die Köpfe und Herzen zu gehen. Er wandert durch Gedanken und streut freundliche Ideen aus. Schlachtpläne schmiedet er um. Er klopft und zieht durch die Herzen und pflanzt dort eine Sehnsucht ein. Und manchmal wundert sich einer, warum er plötzlich so friedlich ist, woher die gute Idee gekommen ist und was sich da so anfühlt, als streiche einer in ihm etwas glatt.

Gott geht spazieren, geht über die Erde, still und unerkannt, denn er ist ziemlich bescheiden. Aber seine Fußstapfen sind ja da und aus ihnen trieft Segen. Dann und wann und immer wieder benetzt der die Erde, quillt in den Alltag, fließt über, tropft und klopft in uns. Dann wird Leben. Wird. Und bleibt.

15. Juni

Wie ein Segen

Die Sonne so groß
und die Schatten so klein.
Alles scheint leichter
an solchen Tagen.

Ich wünsche dir
dass auch in deinem Leben
die Schatten schrumpfen
und du das Licht spürst,
das dich umgibt,
leuchtend und warm
wie ein Segen.

16. Juni

Wo aber der Geist des Herrn ist, da ist Freiheit.

2. KORINTHER 3,17B

Freier als du denkst

Ach, Paulus. Ihm geht es wie vielen Menschen: Wer meint, die Wahrheit erkannt zu haben, legt einen missionarischen Eifer an den Tag, um auch andere davon zu überzeugen. Paulus – wie auch Jesus –, gebürtiger Jude, hatte ein Bekehrungserlebnis. Nun ist er einer von denen geworden, die er vorher verfolgt hat: ein Christ.

Warum aber liegt das, was für ihn so offensichtlich ist, nicht für alle auf der Hand? Im dritten Kapitel des zweiten Korintherbriefs erklärt Paulus und argumentiert, er wendet seine Gedanken hin und her und was dabei herauskommt, erscheint heute fragwürdig und überheblich gegenüber der jüdischen Religion. Doch dann hebt sich aus all seinen Argumenten dieser Satz heraus: »Wo aber der Geist des Herrn ist, da ist Freiheit«.
Als sei er hineingeweht, so wie der Geist Gottes selber es tut. Ob Paulus geahnt hat, dass dieser Geist so frei ist, sich auch über seine Denkfiguren hinwegzusetzen? Er lässt sich nicht einsperren in Argumenten. Wo Menschen an Grenzen kommen oder Grenzen setzen, findet er einen Weg, Türen zu öffnen und Mauern zu überwinden.
Der Geist Gottes ist frei, und doch gibt er sich zu erkennen durch das, was er bewirkt: Ein Tröster ist er, einer, der Verzagte begeistert und Menschen miteinander verbindet, er schafft Verständigung und Verstehen. Herzen weitet er, Gedanken leitet er an zum Frieden. Überall lassen sich seine Spuren entdecken, auch da, wo die einen anders denken oder glauben als die anderen und einander doch respektieren und manchmal sogar zu Freunden werden.

17. Juni

Von dir

Ein Wort von dir
streift mich zuweilen
wie ein Blick,
der freundlich lächelt
und dann weiterschweift.

Ein Windhauch,
der sich auf
die nackten Arme reibt,
ein Sonnenstrahl,
der Wärme hinterlässt
und gleich dem flüchtigen Besuch
bald weitereilt

und doch in mich
ein Lächeln legt
und eine Heiterkeit,
die bleibt.

18. Juni

»Geh aus, mein Herz, und suche Freud …

… in dieser lieben Sommerzeit, an deines Gottes Gaben.«[18] Das erste Lied aus dem evangelischen Gesangbuch, das ich auswendig gelernt habe. Damals war ich zehn Jahre alt und ging in die vierte Klasse.
Bis heute ist das Lied von Paul Gerhardt wohl eines der bekanntesten Lieder aus dem Evangelischen Gesangbuch, wo es unter der Nummer 503 zu finden ist.

Eingeprägt haben sich mir vor allem die Bilder, die Paul Gerhardt vor Augen malt:

---

18 Evangelisches Gesangbuch, Nr. 503.

Tulpen und Narzissen im Festkleid; die hochbegabte Nachtigall, deren Gesang die Luft erfüllt; die Glucke, die ihre Küken ausführt; das Reh, das über die Felder springt. Bäche rauschen, Schafe blöken, und der Weizen wiegt sich im Wind. Welch ein Fest ist der Sommer, er »erweckt mir alle Sinnen«, dichtet Paul Gerhardt.

Aber wenn ich das Lied noch einmal lese, entdecke ich, dass ganz am Anfang kein Bild steht, sondern eine Aufforderung: »Geh aus, mein Herz!«

Das klingt fast, als treibe einer sich selbst an, doch hinauszugehen, als schubse er sich geradezu nach draußen.

Vielleicht war dem Dichter nicht immer danach hinauszugehen. Wer die späten Strophen des Liedes liest, findet Hinweise darauf, dass vor der Begeisterung eine andere, eher düstere Stimmungslage stand: Von der armen Erde spricht Paul Gerhardt da, vom Joch, das zu tragen ist.
Ihm, der den Dreißigjährigen Krieg in voller Länge erlebt hat, dem liebe und vertraute Menschen gestorben sind, war wohl oft genug nicht zum Singen zumute.
Manchmal hätte er sich möglicherweise lieber in seiner Kammer verkrochen.
Vielleicht darum diese Aufforderung an sich selbst: »Geh aus, mein Herz!« Such, suche nach Freude!

Los, raus mit euch, sagen Eltern und schicken die Kinder zum Spielen in den Garten. Fast immer kommen die Kleinen fröhlich und müde zurück.
Manche Menschen verabreden sich zum Laufen oder Fahrradfahren. Sie haben die Erfahrung gemacht, dass es guttut, draußen zu sein.

Dort, in der Natur, fällt der Blick auf das große Ganze. Und manchmal ordnet sich dann das Leben neu. Die Sorgen verlieren ihren Absolutheitsanspruch. Was mich belastet, wird leichter.
Unverdrossen blühen die Blumen, kraftvoll wächst der Weizen. Der Bach rauscht lebhaft am Wegrand.

Die bezaubernden Blüten, das frische Wasser: Paul Gerhardt versteht sie als ein Versprechen, das er auf ein künftiges Paradies bezieht. Dort werden Leid und Schmerz nicht mehr sein. Das Leben wird blühen und leben.
Ein Vorschein ist da. Schon jetzt wird der verdunkelte Mut heller, der trübselige Sinn munterer, wenn ich wie Paul Gerhardt den Blick nach draußen richte. Die Schöpfung bezaubert mich. Sie stärkt mein Vertrauen ins Leben. Wie der Dichter möchte auch ich selbst blühen und reifen zu Gottes Lob.

19. Juni

Ich will den HERRN loben allezeit; sein Lob soll immerdar in meinem Munde sein. PSALM 34,2

Gott vernehmen

Manchmal, nicht oft,
ich gebe es zu,
und meistens im Juni,
ist mir,
als könnte ich
Gott vernehmen.

Wer sonst weckte zuerst
den Gartenrotschwanz,
und dann nach und nach
Singdrossel, Amsel, Rotkehlchen,
Zaunkönig, Buchfink
und schließlich die Meisen?

Wer färbte in nachtschwarzen Räumen
die Erdbeeren rot?
Eine Einladung: sonnenwarm.

Und wer ist es,
der nun durch die Krone der Linde huscht,
in ihren Blättern ein »Guten Morgen« raunt
und den Duft aus ihren Blüten schüttelt?

»Guten Morgen«
sage auch ich.
Und atme tief ein.

»Wie schön,
dass du da bist!«

20. Juni

Überfließende Liebe

Im Sommer fließt Gottes Liebe über.
Er verschwendet sich an uns.
Den Blumen gibt er Farben und Duft.
Dem Sonnenlicht schenkt er Wärme und Kraft.

Im Rauschen des Bachs klingt ein leises Lied
und die Wipfel der Bäume wiegen sich sanft im Wind.
Der Sommer erzählt uns von Gottes Liebe:
Großzügig, verschwenderisch, leise und sanft:
So verschenkt er sich an uns.

21. Juni

Vézelay

Sommer, das Licht tanzt mit dem Leben. Schattenmuster entstehen, Lichtflecken wiegen sich im Wind und springen nach hier und dort. Alles wirkt lebendig und leicht.

In der Kirche Sainte-Marie-Madeleine im burgundischen Vézelay kann man am längsten Tag des Jahres auf solchen Lichtflecken gehen. Durch die Oberlichter des romanischen Kirchenschiffs fällt die Sonne so auf den Steinfußboden, dass mittags am 21. Juni genau in der Mitte ein Weg aus Licht entsteht. Wer ihn betritt, geht in Richtung Osten auf einen im gotischen Stil erbauten, strahlend hellen Altarraum zu.
Jahrhundertelang sind Pilger*innen hierhergekommen, denn Vézelay liegt am Jakobsweg. Hinter ihnen lag ein langer, beschwerlicher Weg. Dann endlich tauchte am Horizont der »Berg der Freude« auf und die Silhouette der Kirche Sainte-Marie-Madeleine zeichnete sich ganz oben darauf ab. Müde und mit wehen Füßen stiegen die Pilger den Hügel hinauf, dann durchschritten sie den Narthex, die Vorhalle, und betraten endlich das romanische Kirchenschiff.
Heute reisen die Touristen oft mit dem Auto an. Den Weg hinauf zur Kirche jedoch geht man zu Fuß. Mit dem, was man mit-

bringt an Gedanken, Träumen, Sorgen und Hoffnungen, steigt man den Hügel hinauf.

Wie ist es, wenn man am 21. Juni dort sein kann, wenn dann vor einem dieser Weg aus Lichtflecken liegt, der zuläuft auf diesen hohen hellen Chor?
Ich stelle mir vor, dass man still wird, wenn man diesen Weg beschreitet. Dass das Licht sich von den Füßen aus auch einen Weg in das Innere des Menschen bahnt und ihn erfüllt. Nein, alles gut wird auch in diesen Momenten nicht. Was schwer war, bleibt schwer, so, wie zwischen den hellen Flecken auch weiterhin ein Schatten liegt. Aber nun ist auch Helles da und findet seinen Weg bis unter die Haut. Fällt in die Gedanken, ins Gemüt, ins Gedächtnis und schließlich ins Herz.
Und so wird ein anderer Mensch zurückkehren aus dieser Kirche als der, der hineingegangen ist. In seinem Inneren hat das Hoffnungsbild einen Abdruck hinterlassen, der bleiben wird. Szenen, die sich aus der Erinnerung hervorholen lassen. Dann spürt der, der sie anschaut, wieder das Licht, wie es tröstet, Hoffnung schenkt und eine Vision entstehen lässt, der man entgegengehen kann.

Doch auch, wer dieses Schauspiel am 21. Juni nicht mit eigenen Augen sehen und den Weg in der Kirche Sainte-Marie-Madeleine nicht beschreiten kann, wird seine Symbolik verstehen, besonders im Sommer, wenn das Licht mit dem Leben tanzt.
Überall zeigen sich leuchtende Punkte und Kleckse, sobald die Sonne aufscheint. Wenn sie durchs Fenster fällt und auf Wänden und Fußböden bewegliche Bilder hinterlässt. Wenn sie durch die Äste der Bäume scheint und tanzende Tupfen bildet im Gras. Wenn sie eine glänzende Straße auf dem Meer hinterlässt.

Lichtwege, Lichtflecken. Hoffnungsstege, die sich betreten lassen, manche mit den Füßen, andere mit den Gedanken. Sie lassen die Schatten nicht verschwinden, so wie auch das Schwere sich nicht davonmacht an schönen Tagen.
Aber ins Leben fällt ein Abglanz des Gottes, von dem es heißt, er habe am Anfang über der Erde gesagt: »Es werde Licht«. Im Spiel der Sonne ist er selbst da, Tag für Tag fällt sein Wort vom Anfang auch in unsere Zeit. Wir gehen über den Weg aus Licht und Schatten auf ihn zu, bis er uns empfängt im Glanz, der er selbst ist.

22. Juni

Der HERR segne dich und behüte dich; der HERR lasse sein Angesicht leuchten über dir und sei dir gnädig; der HERR hebe sein Angesicht über dich und gebe dir Frieden. NUMERI 6,24–26

Guter Boden und Sonnenschein

Uralt ist dieser sogenannte »aaronitische Segen«. Mehrere tausend Jahre schon durchquert er die Zeit. Zuerst den Israelit*innen gesagt. Bis heute den Menschen in Synagogen und Kirchen zugesprochen.
Ich kann mir gut vorstellen, dass auch Sie ihn schon gehört haben. Am Ende eines Gottesdienstes etwa: Da hat vielleicht ein*e Pastor*in Ihnen diese Segensworte mitgegeben auf den Weg in die neue Woche.
Ich bekomme fast immer eine Gänsehaut, wenn ich sie höre: Wie liebevoll und fürsorglich geht Gott doch mit uns Menschen um, wie freundlich und ermutigend schaut er uns an!

Der Segen erinnert mich immer wieder daran, er sagt mir:
Gott geht mit mir auf meinem Weg. Er beschenkt mich, damit mein Leben gelingt.
Er behütet mich. Er hält zwar das Schwere nicht von mir fern. Aber er hilft mir hindurch. Und wenn ich fröhlich bin, freut er sich.
Ich stelle mir vor, wie seine Augen über mir leuchten. So wie die Augen von Eltern strahlen, die sich über ihr Kind freuen und es von ganzem Herzen lieben.
Ich denke daran, wie er mich anschaut und sieht, was ich nötig habe. Wie er mich versöhnt mit mir selbst, wenn ich unzufrieden bin und an mir herumnörgele. Und wie er mir einen Weg zu meinen Mitmenschen öffnet.
Gottes Segen: uralt. Uns Menschen immer wieder neu zugesagt. Und bis heute voller Kraft und Wärme.
Wie guter Boden unter den Füßen ist dieser Segen. Wie Sonnenschein auf der Haut. Damit wir wachsen und gedeihen. Damit wir unsere Gaben und Talente entfalten. Damit unser Leben gelingt.

23. Juni

HERR, deine Güte reicht, so wie der Himmel ist, und deine Wahrheit, so weit die Wolken gehen. PSALM 36,6

Lobgesang

Ich sehe den Himmel an,
Wolken wandern
auf blauem Grund in die Ferne.

Weiter als ich denken kann,
ist, Gott, deine Güte,
du schreibst sie schwungvoll
ans Firmament.

Ich schaue die Berge an,
sie stehen erhaben und fest,
groß ist ihre Schönheit.

Größer aber ist, Gott,
deine Weise, uns Gutes zu tun.
Deine Liebe zu uns
ist verlässlich und unverrückbar.

Wenn ich Hilfe suche,
wende ich mich an dich;
ich lege mich dir
an dein weites Herz.

Hungrig ist meine Seele;
du machst mich satt.
Meinen Lebensdurst stillst du
mit deinem Wort.

Lebendig und munter
werde ich, Gott, durch dich.
Und wenn du mir
den Blick schärfst,
sehe ich die Welt neu,
als sei jeder Morgen
der erste von allen.

24. JUNI (JOHANNISTAG)

Er muss wachsen, ich aber muss abnehmen.

JOHANNES 3,30

Johannes und Jesus

»Ich muss abnehmen«. Ein gängiger, oft ausgesprochener Satz. Normalerweise bezieht er sich auf das Körpergewicht. Jemand ist unzufrieden mit seiner Figur. Manchmal beeinträchtigt Übergewicht die Gesundheit. Die Knochen sind überlastet und der Cholesterinspiegel steigt.

Johannes, der Täufer Jesu, spricht diesen Satz. Er hat kein Übergewicht, vermute ich. Denn er ist ein asketischer Prophet, der in der Wüste lebt und sich von Heuschrecken und wildem Honig ernährt. Als Vorläufer Jesu, als Wegbereiter versteht er sich. Er ruft zur Buße, zur Umkehr, und predigt vom Gericht. Seine Predigt scheint eine strenge gewesen zu sein, die zu seiner asketischen Lebensweise passte.

Ob er selbst bemerkt hat, dass Jesus einen anderen Akzent setzte, wenn er von der Liebe Gottes erzählte und sie umsetzte in seinen Taten?

Mit dem Johannistag wendet sich die Sonne, das Licht nimmt täglich ab. Bis zum Geburtstag Jesu fällt seine Kurve. Dann aber wächst es wieder bis zur Höhe des Sommers. »Er muss wachsen, ich aber muss abnehmen.« Dieser Satz des Johannes wird also im Kirchenjahr liturgisch abgebildet. Und wir werden daran erinnert: Die düstere Strenge, sie schwindet, das Licht der Liebe aber wächst.

In einer Zeit, die aufs äußere Erscheinungsbild fixiert ist, in der Untergewicht ein Schönheitsideal ist, das junge Menschen sich in der Magersucht verlieren lässt, wäre es vielleicht heilsam,

sich zu fragen: Was ist in meinem Leben wichtig? Was sollte und darf wachsen? Und was darf weniger werden und Wichtigerem den Vortritt lassen?
Es könnte bewirken, dass sich der Blick verschiebt und ich entdecke: Das Strenge, Verbissene, das mir viel, manchmal zu viel abfordert, das kann ruhig abnehmen. Ich kann mich stattdessen hineinziehen lassen in die Grundhaltung Jesu, die mit langem Atem und freundlichem Blick Samenkörner der Liebe ausstreut, aus denen das Reich Gottes wächst.

25. Juni

Göttlich

Leben
unter diesem Sommerhimmel.

Leben dürfen
unter deinem weiten Herzen.

26. Juni

Herzklopfen

»Ich habe den lieben Gott noch nie gesehen«, sagt mein Sohn, damals fünf Jahre alt, »ich bin ja noch nie mit einem Flugzeug zum Himmel geflogen.«
»Ich bin schon oft mit dem Flugzeug geflogen«, antworte ich, »und trotzdem habe ich Gott noch nie gesehen.« Fragend schaut er mich an.

»Gott kann man nicht sehen«, sage ich. »Er ist in einer anderen Welt, die wir auch Himmel nennen. Aber spüren kann man ihn auch hier auf der Erde«, füge ich dann hinzu. Ich sehe, wie es in seinem Kopf zu arbeiten beginnt. »Der liebe Gott bringt das Herz zum Klopfen«, meint er dann.
Und er setzt damit in mir einen kleinen Film in Gang.
Ich sehe mich wieder bei meiner Ärztin, ich bin zur Ultraschaluntersuchung dort. Der Bildschirm zeigt einen kleinen pochenden Punkt. Ein Baby beginnt in mir zu wachsen. Tränen treten mir in die Augen und mein eigenes Herz klopft, ja, es hämmert in meiner Brust. Ich bin gerührt, glücklich und ein bisschen ängstlich zugleich.
Gut drei Jahre später kommt dieses Kind auf mich zugerannt: »Mama, fühl mal, hier«, es zeigt beunruhigt auf seine Brust. »Hier klopft es so komisch.« Ich lege meine Hand auf sein Herz und spüre es pochen. Soeben hat mein Sohn nach einem kurzen Sprint seinen eigenen Herzschlag entdeckt.
Herzklopfen, er wird es noch oft spüren in seinem Leben: wenn er herumtobt, springt, turnt und tanzt. Wenn er sich zum ersten Mal richtig verliebt. Oder wenn er Lampenfieber hat.
Es ist eben doch mehr als eine Pumpe, das menschliche Herz. Es spiegelt unsere Gefühle: Freude und Zorn, Schmerz und Glück. Es lässt uns spüren, dass wir lebendig sind.
Der liebe Gott bringt das Herz zum Klopfen. Wie Kinder manches doch auf den Punkt bringen. Ja, denke ich, genau. Genau so ist es. Mit dem Flugzeug ist Gott nicht aufzuspüren. Aber er bringt das Herz zum Klopfen. Nicht nur am Anfang meines Lebens. Immer wieder spüre ich das Pochen in mir, wenn ich lache, liebe oder auch weine, wenn ich aufgeregt bin oder wütend werde. Gott hat mir mein Herz gegeben, hat es zum Klopfen gebracht. Er schenkt mir das Glück, lebendig zu sein.

27. JUNI

Herzschlag und Atem

Gott des Lebens,
Herzschlag und Atem
hast du mir gegeben.

In meinem Herzschlag
kann ich den deinen vernehmen.
Dein Herz,
es schlägt für die Liebe.

In meinem Atem
kann ich den deinen spüren.
Dein Hauch,
behutsam erschafft er das Leben.

In Herzschlag und Atem
bist du mir nah.
Willst auch durch mich
Liebe und Leben hüten.

28. JUNI

Gesellschaftsprädikat: fürsorglich

»Ich mach mein Ding«, singt er, »egal, was die anderen sagen …«
Neben ihm schlägt eine Frau auf ein Tamburin, eine schüttelt eine Rassel im Takt. Im Hintergrund spielt einer Schlagzeug, eine andere Keyboard, einer Akkordeon und einer Gitarre.

Eine Band aus Menschen, die mit einer Behinderung leben. Ihre Lebensfreude und Begeisterung überträgt sich sofort auf die Zuschauer*innen. Auch meine Hände klatschen mit.
Ich freue mich über die Menschen, die vor der Bühne tanzen. Zwei von ihnen haben Trisomie 21, das sogenannte Down-Syndrom.

Wenige Tage erst ist es her, da hat der Bundestag beschlossen, dass Bluttests, mit denen dieses Syndrom nachgewiesen werden kann, künftig in Ausnahmefällen von den Krankenkassen bezahlt werden.

Und: Ja, ich halte das für richtig. Wenn vorgeburtliche Diagnostik – wie in unserem Land – erlaubt ist, sollte sie mit Methoden geschehen, die für Mutter und Kind möglichst schonend und ungefährlich sind.
Es wäre absurd, die Kosten für den Bluttest nicht zu erstatten, wohl aber die für eine Amniozentese, bei der durch die Bauchdecke der Schwangeren Fruchtwasser entnommen und untersucht wird. Denn diese Untersuchung ist erst zu einem späteren Zeitpunkt der Schwangerschaft möglich und weitaus riskanter, vor allem für das ungeborene Kind. In etwa einem von 400 Fällen löst sie eine Fehlgeburt aus.

Es kann nicht sein, dass Frauen oder Paare, die eine vorgeburtliche Untersuchung wünschen, sich aber den Bluttest nicht leisten können, weiterhin auf die Fruchtwasseruntersuchung zurückgreifen müssen.

Wo pränatale Untersuchungen gesetzlich in einem bestimmten Rahmen gestattet werden, wird die Entscheidung darüber ins Private verlegt.
Die, die sie treffen, können sich beraten lassen. Sollen wir den Bluttest machen lassen? Was wäre, wenn sich herausstellt, dass das Kind eine Behinderung hat? Würden wir es trotzdem bekommen? Oder würden wir die Schwangerschaft abbrechen?

Die Entscheidung für ein Kind mit dem Down-Syndrom wird den Eltern in unserer Gesellschaft nicht leicht gemacht. Denn wo sie positiv ausfällt, tragen sie den größten Teil der Konsequenzen allein.

Sie pflegen, fördern und erziehen das Kind, sie begleiten es ins Krankenhaus, wenn Operationen anstehen, und fahren es zu verschiedensten Therapeuten. Sie kämpfen für seine Rechte.
Aber nicht nur das: Sie ertragen die Blicke der anderen. Manchmal müssen sie sich Kommentare anhören: So ein Kind – das muss doch heute nicht mehr sein.
Eltern müssen sich also auch Vorwürfe gefallen lassen und das Wissen aushalten, dass ihr Kind den erbarmungslosen Ansprüchen einer Leistungsgesellschaft niemals genügen wird.
Ich kann durchaus verstehen, dass viele werdende Eltern sich das nicht zutrauen.

Da durch den Bluttest künftig eine Trisomie 21 früh und einfach vorgeburtlich festgestellt werden kann, werden vermutlich kaum noch Kinder mit dieser Behinderung zur Welt kommen. Auch, weil der gesellschaftliche Druck sich verstärkt, die Schwangerschaft abzubrechen.

Mein Blick schweift über die Menschen, die vor der Bühne stehen und streift auch die Passant*innen. Zwei Damen gehen mit ihren Rollatoren vorbei. Vor mir trägt ein junger Mann in beiden Ohren Hörgeräte. Und neben der großen Kirche steht eine Frau, deren Kopfbedeckung mir ein sogenannter Chemo-Turban zu sein scheint.
In jedem Alter kann es passieren, dass ich durch eine Erkrankung oder ein Unglück künftig beeinträchtigt leben muss.

Und wieviele Menschen mögen hier sein, denen man ihre Beeinträchtigung nicht ansieht? Ich selber gehöre auch dazu. Nach einem Burnout bin ich nicht mehr so belastbar wie vorher. Was andere mit links erledigen, kostet mich viel Kraft.
Wie sehr hat mich ein Bibelvers getröstet und tut es noch: »Meine Kraft ist in den Schwachen mächtig.«

Ich wünsche mir, dass wir Eltern, die ein Kind mit einer Behinderung erwarten, ermutigen, es zu bekommen. Dass wir sie stärken und unterstützen. Ich wünsche mir, dass gesehen wird, was solche besonderen Menschen einbringen. Wir sind lebendige Fragezeichen an eine Gesellschaft, die auf Leistung und Wachstum setzt.

Der Chor zum Beispiel: Er singt so fröhlich, dass ich gut gelaunt nach Hause gehe. Wie wäre es, das Leben manchmal etwas leichter und lockerer zu nehmen?

Die tanzenden Menschen mit dem Down-Syndrom: Das wäre doch was, manchmal alle Konventionen hinter sich zu lassen und auf der Straße zu tanzen!

Die alten Damen mit ihren Rollatoren: Wie wäre es, ein Stück neben ihnen zu gehen und sie nach ihren Geschichten und Erfahrungen zu fragen? Vielleicht lässt sich manches von ihnen lernen.

Ich selber habe das Schreiben als meine Aufgabe entdeckt. Genau hinschauen, besondere Zusammenhänge erkennen, sorgsam formulieren, andere mit Worten berühren und erreichen: Das kann ich. Wie kann ich anderen etwas davon weitergeben?

Fröhlicher und fürsorglicher statt leistungsfähiger, behutsamer und barmherziger statt schneller, höher, weiter:

Prädikate einer Gesellschaft, in der es sich leben ließe.

29. Juni

Gedankenflug

Gelegentlich abheben,
den Träumen trauen,
sie als Aufwind
unter den Gedanken spüren.

Sich tragen lassen,
hoch hinaus,
und später beflügelt
im Alltag landen.

30. JUNI

Lass dich nicht vom Bösen überwinden, sondern überwinde das Böse mit Gutem. RÖMER 12,21

Fantasie und Farbe

Irmela Mensah-Schramm ist wieder unterwegs. In der Hand trägt sie einen unscheinbaren Beutel. Sie schaut nach rechts, nach links, als suche sie etwas. Hier inspiziert sie einen Laternenmast, dort eine Mauer.
Schließlich wird sie fündig. Sie holt eine Dose aus ihrer Tasche, dann beginnt sie zu sprühen.
Nach und nach verschwindet ein schwarzes Nazikreuz unter roter Farbe. Ein Herz entsteht.

Seit dreißig Jahren schon überdeckt die 75-jährige menschenverachtende Symbole mit Farbe. Wo vorher Hassparolen zu sehen waren, entstehen nun Blüten, eine Sonne oder ein lächelndes Gesicht. Durch Fotos dokumentiert sie das Vorher und Nachher.

Was Irmela Mensah-Schramm tut, ist verboten. Laut Gesetz gilt es als Sachbeschädigung und ist somit untersagt. Sie aber gehorcht dieser Vorschrift nicht, sondern hört auf ihr Gewissen. Sie hütet ihre innere Stimme und lässt sie auch von Gesetzen nicht manipulieren.

Mehrmals schon ist sie deswegen angeklagt und zu Geldstrafen verurteilt worden. Das sei ihr egal, meint sie. Symbole von Hass und Gewalt sind ihr ein Gräuel. Die kann man doch nicht einfach so stehen lassen, sagt sie empört.

Und so zieht sie weiter los, die Tasche mit Farben und Fotoapparat in der Hand.

Für mich übersetzt Irmela Mensah-Schramm in allgemeinverständliche Bilder, wie es aussehen kann, das Böse mit Gutem zu überwinden.

Rote Herzen über schwarzen Hakenkreuzen:
Liebe versprühen. Das eigene Gewissen nicht manipulieren zu lassen von Vorschriften, die Hass zulassen oder – wie z.B. im Nationalsozialismus geschehen – gar Gewalt befehlen.

Bunte Blumen und eine Sonne statt Gewaltparolen:
Fantasievoll und warmherzig das überdecken und unschädlich machen, was grausam und unmenschlich ist.

Ein freundliches Gesicht statt hämischer Worte:
Für ein Miteinander einstehen, das farbenfroh, hell und vielfältig ist.

1. Juli

Entbehrlich sein

Ich wünsche dir den Mut,
hin und wieder
entbehrlich zu sein.

Nicht erreichbar,
nicht zuständig,
außer Dienst.

Du darfst dich ausruhen,
darfst durchatmen, entspannen
und dich segnen lassen.

Von Gott selbst,
der den Ruhetag erfand
und der dich beschenkt
mit frischer Kraft.

2. Juli

Der Engel mit den behutsamen Händen

Dass dich der Engel mit den behutsamen Händen berührte, ist ja nicht selbstverständlich. Es hätte einen anderen treffen können. Er hätte einen anderen treffen können. Aber so war es nicht. Zufällig ging er den Weg, der deinen kreuzte, freundlich kam er dir entgegen und sah dir ins Gesicht.

Er entzifferte deine Sehnsucht und nahm sich ihrer an. Behutsam legten seine Finger sich um sie, dann wendete er sie in seinen Händen, trug seine Sicht der Dinge hinein und gab sie dir zurück. Aus seinen Händen floss dir etwas zu, das du dir nicht verdienen musstest. Man könnte es Glauben nennen, diese Ahnung, dass hinter, neben oder jenseits dieser Welt noch eine andere sei. Dass dort einer wohnt, den wir Gott nennen. Und indem wir ihn so nennen, ist er auch hier. Weil wir diese andere Welt für möglich halten, ragt sie hinein in unsere. Und manchmal verleiht sie den eher unauffälligen, ganz gewöhnlichen Augenblicken den Nimbus, den leuchtenden Schein des Besonderen.

Nun also hat es dich getroffen, er hat dich getroffen, dieser Engel mit den behutsamen Händen. Und wen er trifft, den verändert er. Wen er berührt mit diesen Händen, den steckt er an mit seiner Behutsamkeit. Dann gehst du und kreuzt die Wege der anderen. Eher zufällig geschieht das. Und manchmal begegnet dir im Blick eines Menschen, der dir entgegenkommt, eine Sehnsucht, die dir seltsam vertraut vorkommt wie eine lang vergessene Erinnerung.

Du nimmst sie in deine Hände, drehst sie, wendest sie, trägst deine Sicht der Dinge hinein und gibst sie zurück. Schaust du dem anderen nach, wenn er weitergeht, dann siehst du: Er geht anders als vorher.

3. Juli

Wolkenbild

Federwolken
zeichnen am Himmel
schon seine Flügel.

Der Engel:
Er naht.

4. Juli

Fällt euch Reichtum zu, so hängt euer Herz nicht daran. PSALM 62,11B

Fast ein Krimi

Seltsame Dinge gehen vor in der Stadt. Ein Unbekannter geht um. Mitten am helllichten Tag.
Als Profiler könnte man den Spuren folgen, die er legt, und herausfinden, wer er ist. Eines ist klar: Er liest die Lokalzeitung.
Denn immer, wenn dort über eine Institution berichtet wird, die Gutes tut und auf Spenden angewiesen ist, schlägt er wieder zu. Er faltet den Zeitungsartikel und steckt ihn in einen Umschlag. Er zählt Geldscheine ab, meistens 50-Euro-Scheine, und legt sie dazu. Dann verschließt er ihn und macht sich auf den Weg.
Einmal versteckt er den Umschlag zwischen den Gesangbüchern in einer Kirche, ein andermal legt er ihn unter die Fußmatte eines Hospizes für sterbende Menschen. Sternsinger,

Kindertagesstätten und die Braunschweiger Tafel bedenkt er mit großzügigen Geldgeschenken. Auch Einzelpersonen, die unverschuldet in Not geraten sind, werden von ihm beschenkt.

Heimlich geht er um, der Unbekannte, im Verborgenen treibt er sein gutes Werk voran. Mitten in Braunschweig. Mehr als eine Viertelmillion Euro hat er inzwischen verteilt. Und er wird, obgleich er ein Unbekannter ist, immer bekannter.
In ganz Deutschland staunen Zeitungen und Fernsehsender über ihn. Aber auch in Australien, Venezuela und in Argentinien berichten Medien über das »Wunder von Braunschweig«. Und der österreichische Autor Daniel Glattauer hat sich von den rätselhaften Geschehnissen zu einem Buch inspirieren lassen: In seinem Roman »Geschenkt«[19] erzählt er, wie ein anonymer Spender großer Geldsummen auch das Leben des Journalisten, der darüber berichtet, rasant zum Guten verändert.

Ein Unbekannter geht um. Mitten am helllichten Tag in Braunschweig. Er hinterlässt keine Blutspur, sondern Menschen mit staunenden Augen und offenen Mündern.
Und es gibt noch eine gute Nachricht:
Inzwischen soll es die ersten Nachahmungstäter geben. Es sieht fast so aus, als könne die Freude am Schenken ansteckend sein.

---

19 Daniel Glattauer: Geschenkt, Wien 2014.

5. Juli

Frei

Immer die Sorge,
ob es genug ist.

Immer der Druck,
mithalten zu müssen.

Immer die Angst,
zu kurz zu kommen.

Immer der Vergleich
mit den anderen.

Gott, du siehst mich.

Mach mich frei,
mich zu verschenken
und gelegentlich sogar
zu verschwenden.

6. Juli

Ein Mensch sieht, was vor Augen ist; der HERR aber sieht das Herz an. 1. SAMUEL 16,7B

Unvorstellbare Weiten[20]

Vieles im Leben lässt sich als Oberfläche verstehen, unter der unergründliche Tiefen liegen.

Der dunkle See: Ruhig liegt er da und spiegelt die Weiden an seinem Ufer wider. Enten, Haubentaucher und Höckerschwäne gleiten darüber. Ab und zu aber steigen Bläschen auf und lassen erahnen, dass sich auch unter der Oberfläche etwas regt.

Der Kastanienbaum: Er hat seine stacheligen Früchte abgeworfen, nun beginnen seine Blätter sich gelb zu färben. Die Rinde, die zu sehen ist, verbirgt zugleich vor den Augen, was darunter geschieht, welche Prozesse sich im Inneren abspielen, um den Baum im Winter zu schützen.

Auch mit einer Kirche, in die der schwedische Dichter Tomas Tranströmer seine Leser*innen mitnimmt, ist es so.
Tomas Tranströmer wurde 1931 geboren und ist 2015 gestorben, nach einem Leben, das lange durch körperliche Einschränkungen geprägt war. Nur ein schmales Werk an Gedichten hat er hinterlassen, für das ihm 2011 der Literaturnobelpreis verliehen wurde. Ungewöhnliche Bilder und eine klare Sprache prägen seine Lyrik.

---

20 nach: Tomas Tranströmer: Sämtliche Gedichte © Carl Hanser Verlag, München 1997, S. 216.

»Romanische Bögen« nennt er ein Gedicht, in dem er mit den Lesenden eine beeindruckende, sehr alte Kirche besucht. Im Gedränge, zwischen den anderen Touristen, öffnet sich dem Besucher Gewölbe um Gewölbe. Nicht enden wollende Räume tun sich auf. Und der, der sich im Gedicht »Ich« nennt, verliert den Überblick.
Zugleich fühlt er sich in dieser Kirche von einem gesichtslosen Engel umarmt, der die unergründlich erscheinenden Gewölbe deutet und sie als Bild für den Menschen versteht. Auch in ihm öffnet sich Raum um Raum, ohne ein Ende, sodass er nicht fertig wird, nicht fertig werden kann mit sich selbst.
Als er schließlich die Kirche verlässt, laufen ihm Tränen über das Gesicht.

Auch sein Blick auf die anderen hat sich verändert. Aus den Tourist*innen und Besucher*innen sind Menschen geworden: ein amerikanisches Ehepaar, ein japanischer Herr, eine italienische Frau.
Menschen, in denen sich Gewölbe um Gewölbe öffnet. Nie wird man mit ihnen fertig, selbst dann nicht, wenn man sich mit ihnen vertraut macht und sie zu Freund*innen werden. Wieder und wieder zeigen sich neue Facetten, wenn man hinter die Oberfläche schaut.

Der See, die Kastanie, jeder einzelne Mensch birgt in sich eine Unendlichkeit. Als sei er ein Abbild des Weltalls, das sich dehnt in unvorstellbare Weiten.
Man kann den Überblick verlieren und sich selbst verloren vorkommen.

Manchmal jedoch ist es, als ob eine Stimme in allem klingt, die sagt: Genau so soll es sein.

7. Juli

Am Wegesrand

Ich wünsche dir
die Verwegenheit,
Wunder zu erwarten.

Mitten im Alltag
am Wegesrand.

8. Juli

Und du sollst den HERRN, deinen Gott, lieb haben von ganzem Herzen, von ganzer Seele und mit all deiner Kraft. DEUTERONOMIUM 6,5

Zuerst geliebt

Wenn ich diese Worte höre, erschrecke ich. Du sollst lieben! Und eindringlich das Wort: Ganz! Das kann ich doch gar nicht. Täglich spüre ich, wie unmöglich es ist: Da ist so vieles, was mich beansprucht: Arbeit, Familie, Freunde, Haus und Garten. Oft zerreiße ich mich dazwischen. Und bin nicht mehr »ganz« da.

Und jetzt stellt auch Gott einen solchen Anspruch an mich? Ich lese in der Bibel nach: Diese Worte werden den Israelit*innen gesagt, bevor sie in das gelobte Land einziehen. Gott möchte, dass sie sich dort an ihn erinnern, an alles, was er für sie getan hat und tut.

Ich begreife: Gott hat zuerst so geliebt. Ganz. Und so liebt er bis heute, auch mich. Als die, die ich bin. Mit seinem Herzen, seiner Seele und seiner Kraft. Und er sehnt sich nach meiner Antwort.

Ihn zu lieben heißt: Ich setze mich an die Quelle des Lebens. Ich darf dort ganz sein, mit allem, was ich bin und habe. Ich brauche nichts verstecken, vorenthalten, mich nicht zerreißen. Ich überlasse mich Gott, gebe mich ihm hin. Und ich spüre: Er ist ganz für mich da: Sein Herz bringt meines zum Pochen, seine Seele verleiht meiner Flügel und seine Kraft erfüllt mich von Kopf bis Fuß.

Immer wieder will Gott sich in Erinnerung bringen: Du sollst mich lieben! Ganz! Die Israelit*innen machen sich bis heute Zeichen an ihre Türen, um das nicht zu vergessen. Eine gute Idee. Ich hänge mir einen Zettel über den Schreibtisch, um mich daran zu erinnern. Gott hat zuerst geliebt. Bei ihm ist die Quelle des Lebens.

9. Juli

Umsonst

Gott, du bist die Quelle,
aus der das Dasein entspringt.
Danke für deine Großzügigkeit.

Umsonst schenkst du uns
den Rhythmus des Lebens,
gibst uns den Atem
und ein pochendes Herz.

Umsonst schenkst du uns
die Weite des Himmels,
gibst uns den Sonnenschein
und die wandernden Wolken.

Umsonst schenkst du uns
die Schönheit der Erde,
gibst uns den Apfelbaum
und seine duftenden Früchte.

Gott, übersprudelnde Quelle,
lehr auch uns,
uns zu verschenken,
damit das Leben wächst.

10. Juli

Mit links

In der Klosterkirche in Drübeck am Harzrand machen drei Engel Musik. Einer spielt auf der Gambe, ein anderer auf der Harfe, der dritte hält eine Schalmei in seinen Händen. Sie sind auf einem Holzrelief abgebildet, das an der Nordseite des Hohen Chores hängt. Erschaffen hat sie der Osnabrücker Holzbildhauer Dieter Schröder.
Gewänder und Flügel der Engel berühren sich, sie sind miteinander verbunden durch ihre Musik, die mir schwungvoll zu sein scheint. Und doch gehen sie nicht ineinander auf, es ist Platz zwischen ihnen. Jeder steht auch für sich und hat Raum für sein Instrument und die Töne, die er einbringt.
Die drei Engel spielen ihre Instrumente nicht, wie erwartet, mit der rechten Hand.

Nein, die Engel spielen mit links. Leicht und virtuos gehen ihnen die Töne von der Hand.
Die Nähe der anderen, das Miteinander beflügelt und beschwingt sie. So entstehen Klänge über den Klang ihres jeweiligen Instrumentes hinaus. Etwas, was nicht sie machen, nicht machen können. Ein gewisses Etwas.

Den einen, eigenen Ton einbringen mit dem, was mir gegeben ist. Was nur ich zum Schwingen und Klingen bringen kann. Auf die anderen hören. Und die Töne verschmelzen, Obertöne schwingen mit, es wird eine Musik hörbar unter, neben, hinter und über der Musik.
Himmlisch schön.

11. Juli

Sommerpsalm

Deine Güte, Gott, reicht
so weit der Himmel ist.

Lichtgeschwind weht sie
durch Raum und Zeit.
Ich scheitere daran,
ihr hinterherzudenken.
Sie zu erfassen: unmöglich.

Und doch
hat mich im Vorbeieilen
ihr Hauch berührt
und der Tag grüßte freundlich,
als trüge er dein Gesicht.

12. Juli

Gastfrei zu sein, vergesst nicht; denn dadurch haben einige ohne ihr Wissen Engel beherbergt. HEBRÄER 13,2

In der Fremde willkommen sein[21]

Fliehen müssen. Die eigene Wohnung auflösen. Habseligkeiten zusammenpacken, das Wenige, was dich auch in einer anderen, fremden Umgebung ein wenig zu Hause sein lässt. Am Kai stehen oder auf dem Flughafen, ohne zu wissen, wohin der Weg führen wird.

Die Dichterin Hilde Domin hat das erlebt. 1939 flieht sie, die jüdische Wurzeln hat, mit ihrem Ehemann vor den Nationalsozialisten aus Deutschland, zunächst nach England, ein Jahr später in die Dominikanische Republik.
Da heißt sie noch Hilde Palm. In Santo Domingo schreibt sie 1951, bereits 42 Jahre alt, ihr erstes Gedicht. Nun gibt sie sich als Künstlerin einen Namen, in dem die Verbundenheit mit dem Ort ihres Exils anklingt: Sie nennt sich Hilde Domin.

Heimat ist ein Thema, das immer wiederkehren wird in den Gedichten von Hilde Domin. Ihr geht es wie vielen Menschen, die einmal entwurzelt wurden. Die Grundfrage »Wo bin ich zu Hause?« begleitet sie ein Leben lang.

Im Gedicht »Apfelbaum und Olive« beschreibt Hilde Domin das Gefühl, in der Fremde willkommen zu sein, weil es dort Menschen gibt, die nicht nur ein Zimmer zur Verfügung stel-

21 nach: Hilde Domin: Gesammelte Gedichte © S. Fischer Verlag, Frankfurt am Main, 9. Auflage 2003, S. 14.

len, sondern auch das Leben mit den Fremden zu teilen verstehen. Die Küche und die Katze, das Fahrrad, den Weg zum Milchbauern und die eigene Geschichte.

Wie anheimelnd ist es, zu wissen, wo die Teller und die Tassen stehen. Als sei es das eigene Zuhause.
Wie tröstlich ist es, mit dem Fahrrad zum Bauern zu fahren, die Milchkanne in der Hand, deren Deckel man selbst verloren haben könnte. Als sei es die eigene Geschichte.

Wenn ich das Gedicht mit dem verknüpfe, was Hilde Domin selbst erlebt hat, wenn ich also wage, es autobiografisch zu lesen, dann frage ich mich:

Wie haben wohl die Gastgebenden diese fremde Frau wahrgenommen, die geflüchtet war? Vermutlich zunächst als einen Menschen, der ein Obdach braucht.
Ahnten sie, was die zierliche Frau selbst noch gar nicht wusste: Dass auch eine Dichterin in ihr steckt?

In den Bildern des Gedichts wird offensichtlich, dass die Menschen mit einer Heimat sich eingelassen haben auf den Gast, der keine mehr hatte. Sie empfanden ihn nicht als Eindringling, den sie möglichst bald wieder loswerden wollten.
Sie fühlten sich ein. Was braucht jemand, der fliehen musste, um zumindest ein wenig zu Hause zu sein?

Ich stelle mir vor, wie die fremden Menschen einander vertraut geworden sind. So wie es auch heute noch geschieht, wenn Einheimische jene willkommen heißen, die geflüchtet sind aus dem eigenen Land.
Bald kommt es einem so vor, als kenne man das Gesicht und die Gesten des Gegenübers schon lange. Aus dem, der Hilfe nötig

hat, wird ein Mensch einer eigenen Geschichte, die erzählt werden will.
Und manchmal entfaltet sich eine Begabung, von der niemand etwas ahnte und die sich als einzigartig erweist.

13. Juli

Zeitreise

Die Birke vor meinem Fenster
sieht jeden Tag anders aus.
Licht spielt in ihren Zweigen.
Denen, die ich kenne,
zeichnet die Zeit ein fremdes Gesicht.
Vertrautes entfernt sich;
ein Zug, der den Bahnhof verlässt.

Den Schatten winken, die
sich einnisten wollen,
weiterziehen, im Vorbeigehen
ein Haus bauen, Leben bebildern.
Lieben. Den Garten bestellen
mit Rosen und wildem Wein.

14. Juli

Solange die Erde steht, soll nicht aufhören Saat und Ernte, Frost und Hitze, Sommer und Winter, Tag und Nacht. GENESIS 8,22

Gott kehrt um

Ob Gott sich verändern kann? Ich fände das einen erstaunlichen Gedanken. In der Geschichte von der Sintflut scheint das möglich zu sein.

Gott – so erzählt sie – ist enttäuscht von den Menschen. Sie beachten ihn kaum noch. Und das tut weh. Lange hat er sich das gefallen lassen. Doch nun ist das Maß voll. »Ich will die Menschen [...] vertilgen von der Erde« (Genesis 6,7b), so beschließt er.

Nur Noah und seine Familie sollen verschont bleiben. Gott befiehlt Noah, ein großes Schiff zu bauen, die Arche. Von jeder Tierart soll er ein Paar mit in die Arche nehmen. Als alle eingestiegen sind, macht Gott die Tür hinter ihnen zu. Dann lässt er die Wasser steigen. Die Sintflut kommt.

Die Arche hebt vom Boden ab, sicher schaukelt sie auf den Wellen. Doch das Leben draußen verstummt. Vierzig Tage und Nächte regnet es, dann erst hat Gott genug. Die Wolken verziehen sich. Endlich sinkt das Wasser und die Erde wird langsam wieder trocken.

Und dann?

Wie still muss es gewesen sein. Totenstill. Ob Gott erst da merkt, was die Sintflut angerichtet hat? Auf jeden Fall schließt die Geschichte mit einem Versprechen: Gott sagt Noah und seiner Familie zu: »Ich will hinfort nicht mehr die Erde verfluchen um der Menschen willen;« – seine Begründung klingt ziemlich resigniert – »denn das Dichten und Trachten des menschlichen Herzens ist böse von Jugend auf« (Genesis 8,21b).
Und dann besiegelt er sein Versprechen mit einem Zeichen: dem Regenbogen.

Hat Gott sich wirklich »verändert«? Wir wissen es nicht. Diese Geschichte denkt menschlich von ihm. Es kann ein beunruhigender Gedanke sein, dass Gott sich verwandeln könnte. Aber ich finde ihn auch spannend:
Gott selbst wendet sich ab von seinen Rachegedanken und macht sich auf den Weg des Friedens. Die Richtung, die er einschlägt, ist unumkehrbar. Eine Einbahnstraße zum Frieden.

Ich denke mir: Wenn sogar Gott sich verändern kann, dann lässt das auch für uns Menschen hoffen. Es mag sein, dass das Böse in jedem von uns ist. Aber ebenso ist auch das Gute da. Wir können die resignative Aussage trotzig Lügen strafen. Auch wir können uns für Frieden stark machen, für Gerechtigkeit und Versöhnung.
Wenn ich einen Regenbogen sehe, dann erinnere ich mich daran: Gott hat der Erde den Frieden erklärt, nicht den Krieg. Das spornt doch zum Nachmachen an.

15. Juli

Kunstwerke

Heller das Blau,
feiner das Rot,
zarter das Grün,
sanfter das Gelb.

Sieh, wie der Sommer
sich schmückt
mit Farben und Licht.

Ich wünsche dir,
dass du deine Tage
als Kunstwerke erlebst,
farbenfroh und einzigartig,
an denen du dich
kaum sattsehen kannst.

16. Juli

Auszeit

Zwei Stunden ist sie im Eilschritt durch die Stadt gelaufen. Der Kleine braucht neue Hosen. Und ihre Tochter hat bald Geburtstag. Hosen hat sie gefunden. Aber Geschenke muss sie noch kaufen. Sie seufzt. Sie hat noch längst nicht alles beisammen, was sie sich vorgestellt hatte. Eine Stunde Zeit ist ja noch, dann muss sie zu Hause sein, um das Mittagessen vorzubereiten. Und dann den Kleinen abholen aus dem Kindergarten.

Gerade geht sie vorbei an der großen Kirche mitten in der Stadt. Vor der Tür ist ein Schild aufgestellt. » Heute Turmbesteigung« steht darauf.
Sie hält an. Wie wäre es, jetzt auf den Turm zu steigen? Die Stadt einmal von oben zu betrachten.
»Du bist verrückt« sagt eine Stimme in ihr. »Dazu ist doch gar keine Zeit«.
»Warum nicht?« hält leise, aber beharrlich eine andere dagegen.
Ja, warum nicht?, sagt sie sich, und bevor die erste lautere Stimme etwas einwerfen könnte, hat sie schon die Tür zur Kirche geöffnet.
»Ich möchte auf den Turm«, sagt sie zu einem Mann, der am Eingang sitzt. »Gerne«, sagt der. »Ihre Taschen können Sie hier stehenlassen, ich passe darauf auf.«
Sie stellt die Einkaufstüten neben seinen Tisch. »Danke«, sagt sie.
Dann steigt sie die Wendeltreppe hinauf. Langsam, eine Stufe nach der anderen. Dunkel und kühl ist es hier. Und der Weg nach oben ist anstrengend.
Nach einer ganzen Weile wird es etwas geräumiger. Der Glockenstuhl. Vier Glocken hängen dort, vermutlich kennt sie den Ton von jeder von ihnen. Schade, dass sie sie nicht anschlagen darf.
Zwei Holztreppen noch und eine schmale Stiege. Dann ist sie endlich da. Als sie den Kopf aus der Luke streckt, schlägt ihr eine frische Brise entgegen.
Sie steigt auf die Plattform und genießt den Wind in ihren Haaren. Dann schaut sie sich um.
Wie klein die Menschen von hier oben aussehen. Sie schaut ins Weite, folgt mit den Augen dem Fluss, der sich durch die Stadt und die angrenzenden Felder schlängelt. In der Richtung wohnt sie mit ihrer Familie. Sie kann sogar ihr Haus entdecken.
Langsam geht sie um den Turm herum, genießt den Blick auf

die Häuser und Bäume, auf die Autos und Busse, die scheinbar langsam und merkwürdig still dahingleiten. Es ist, als fiele auch von ihr hier oben die Hektik ab.

»Geschenke kann ich doch auch in der nächsten Woche noch kaufen«, denkt sie. »Es muss ja nicht alles auf einmal sein.« Lieber zuhause in Ruhe noch einen Kaffee trinken.

Sie dreht noch eine Runde um den Turm, bevor sie den Rückweg antritt.

17. Juli

Amselgesang

Heute, am Morgen,
der Tag hatte kaum begonnen.
Was er bringen würde,
wusste ich nicht.

Auch verstand ich nicht,
was draußen
die Amsel sang.

Doch je länger ich lauschte,
desto mehr hörte es sich
nach Hoffnung an.

18. JULI

Siehe, Kinder sind eine Gabe des HERRN, und Leibesfrucht ist ein Geschenk. PSALM 127,3

Einzelkinder kann jeder

»Einzelkinder kann jeder«. Vor mir fährt ein kleiner Bus, auf der Heckscheibe drei dieser Aufkleber, die darauf hinweisen, dass Kinder im Wagen sind. Unter jedem der Aufkleber ein Name. Und darunter dieser Spruch: »Einzelkinder kann jeder«.

Sicherlich ist das nicht böse gemeint, vielleicht soll es witzig oder sogar ermutigend sein. Dennoch löst dieser Satz in mir Befremden, ja, fast Zorn aus.

Denn die Worte auf dem Auto tun ja so, als ob es ganz einfach wäre, Kinder zu bekommen. Als ob es gelänge, wann immer man es möchte. Als ließen Kinder sich ganz einfach »herstellen«, so wie man einen Schrank zusammenschraubt oder einen Kuchen backt.

Aber so ist es nicht:
Jede dritte Schwangerschaft schlägt fehl. Für die Eltern, die sich schon Hoffnung auf ihr Kind gemacht haben, ist das ein einschneidendes Ereignis. Statt Vorfreude sind sie plötzlich mit Trauer und Schmerz erfüllt. Die Frauen fühlen sich oft schuldig, obwohl sie es nicht sind. Sie fragen sich, ob sie die Fehlgeburt hätten verhindern können. Das Vertrauen in den eigenen Körper ist erschüttert, der Mut, es erneut zu versuchen, muss erst wiedergefunden werden.
Fast jedes zehnte Paar bleibt sogar ungewollt kinderlos. Jahrelang die Hoffnung, dass ein Baby sich ankündigt, später

manchmal eine Odyssee zu Ärzten und in Kliniken, vielfache Versuche, mithilfe der Medizin schwanger zu werden. Oft aber gehen alle Hoffnungen ins Leere und der Kinderwunsch bleibt unerfüllt.
»Einzelkinder kann jeder«. Dieser Spruch auf dem Auto schreibt das Gelingen einer Schwangerschaft sich selbst gut.
Er unterstellt zudem denen, die keine oder »nur« ein Kind haben, dass sie es so gewollt haben. Darin schwingt der Verdacht mit, dass man egoistisch sei, sich nur – wie es so schön heißt – selbst verwirklichen wolle und Kinder dabei nur im Wege seien.

Kinder sind etwas Wunderbares. Ich habe nichts dagegen, wenn Eltern sich über ihre Sprösslinge freuen und stolz auf sie sind. Aber muss diese Freude, muss dieser Stolz mit einer Abwertung anderer verbunden sein?
»Etwas demütiger bitte!«, würde ich den Eltern gerne sagen, die diesen Spruch auf ihr Auto geklebt haben. »Etwas dankbarer! Und etwas einfühlsamer, bitte! Wie glücklich könnt ihr sein, dass euer Wunsch, mit mehreren Kindern zu leben, sich offensichtlich ganz unkompliziert erfüllt hat.«
Aber: Eine gelungene Schwangerschaft verdankt man nicht sich selbst. Kinder sind ein Wunder, jedes für sich. Ein Geschenk, über das nicht wir Menschen verfügen.
Und jene, deren oft so sehnlicher Wunsch nach einem Baby unerfüllt bleibt: Sie brauchen keine flapsigen dummen Sprüche. Einfühlsame Freund*innen hingegen tun gut. Menschen, die den Schmerz und die Trauer verstehen, wenn man anerkennen muss, dass die so sehr gewollten und erwünschten Kinder ein Traum bleiben. Ein Traum, der sich nicht – und schon gar nicht mir nichts, dir nichts – ins Leben hineinholen lässt.

19. Juli

Anders gesagt: Schöpfung

Schöpfung ist der tägliche Neubeginn. Der Keim, der sich durch die Schale zwängt und durchs Dunkel der Erde ans Licht drängt. Einmal wird er Blüte sein oder Baum.

Die Samenzelle, die mit der Eizelle verschmilzt, um zu einem einzigartigen Wesen zu werden. Einmal wird es ein Mensch sein mit dem Vermögen, die Welt zu gestalten oder zu zerstören.

Schöpfung ist der kreative Prozess, an dem Gott seine Geschöpfe beteiligt:

Das Wort, von dem ich gestern noch nicht wusste, dass ich es heute sage oder schreibe.

Der Garten, der unter meinen Händen entsteht. Die Beziehungen, die ich gestalte.

Schöpfung ist Fantasie und Beharrlichkeit, Geduld und Liebe all derer, denen das Leben am Herzen liegt.

Ein Leben, das – so unscheinbar es auch erscheinen mag – einmal keck das Sterben überwächst, weil Gott es ausstattet mit seiner Kraft.

20. Juli

Ihr seid teuer erkauft; werdet nicht der Menschen Knechte. 1. KORINTHER 7,23

Der Bückeberg bei Hameln

Ein grüner Hügel, auf dem Schafe grasen. In der Mitte etwas, das wie ein Weg aussieht. Und drum herum einige Bäume.
So sieht der Bückeberg oberhalb der Weser in der Nähe von Hameln heute aus.
Von Weitem erkennt man nicht mehr, dass dort zwischen 1933 und 1937 eines der größten Propagandaunternehmen der Hitlerzeit stattfand. Das sogenannte Reichserntedankfest.
Als »Kunst« verstand Joseph Goebbels, der es plante, sein Tun. Das Volk sah er als zu formende Masse an, wie es für den Bildhauer der Stein sei.
Ziel war es, vor allem Bauern und die ländliche Bevölkerung zum Nationalsozialismus zu verführen. Was ein Volksfest zu werden versprach, erwies sich faktisch als Massenkundgebung und Machtdemonstration.
Albert Speer, der Architekt, plante detailliert, wie die Verführung gelingen könne. Er ließ das Gelände neu formen, muldenartig, sodass alle, die in der Menschenmasse standen, die anderen sehen und sich als Teil eines gigantischen Ganzen empfinden konnten. In der Mitte entstand ein Weg, einen halben Meter erhöht, auf dem Hitler durch die Massen zunächst den Berg zur Ehrentribüne hinaufschritt und später wieder hinab zur Rednertribüne.

Anfangs wurde das Fest noch vordergründig mit »christlichem« Bezug zelebriert und man scheute sich nicht, inmitten dieser völkisch ausgerichteten Feier das Lied »Großer Gott, wir loben dich« anzustimmen. Später gab man diesen Versuch auf. Über dem, was einem Altar ähneln sollte, prangte ein riesiges Hakenkreuz und entlarvte, wer hier als Gott verehrt und angebetet wurde.

In der nationalsozialistischen Ideologie wurden Menschen entwertet, zunächst die, die nicht zum »Volk« gehören sollten: Jüd*innen, Sint*ize Rom*nja, Sozialist*innen und Kommunist*innen, Homosexuelle, Menschen mit Behinderungen.
Aber auch »dazugehörende« Einzelne wurde nivelliert: Sie hatten sich dem großen Ganzen unterzuordnen, mussten sich einfügen in seine Zwänge und hatten dem »Führer« unbedingten Gehorsam zu leisten. So wurden sie zur verwendbaren Verfügungsmasse.
Auch bei den Reichserntedankfesten wurden Menschen unter Druck gesetzt, teilzunehmen: Anwohner*innen mussten ihre Häuser und Dörfer mit Girlanden und Hakenkreuzfahnen schmücken, um Hitler gebührend zu empfangen.

Der Historiker Bernhard Gelderblom[22] setzt sich dafür ein, dass der Bückeberg ein Ort des Gedenkens wird. Er zeigt in seiner Dokumentation über diesen Platz den Sog der Propaganda auf, die Verführung, zu der sie fähig ist.

So wird deutlich: Sich nicht knechten zu lassen erfordert – und das gilt auch heute noch – einen wachen Blick: Wo wird ein Mensch zum göttlichen Heilsbringer überhöht? Wo werden Machtstrukturen geschaffen, die keinen Raum für Andersden-

---

22 siehe: Bernhard Gelderblom: Die NS-Reichserntedankfeste auf dem Bückeberg 1933-1937. Aufmarsch der Volksgemeinschaft und Massenpropaganda © Verlag Jörg Mitzkat, Holzminden 2018, S. 40.
Ein Film über den Bückeberg findet sich hier: https://www.youtube.com/watch?v=vpLOPn_pxuk, Zugriff am 31.01.2021.

kende lassen? Wo wird die Maschinerie der Propaganda in Gang gesetzt? Wo werden Menschen verführt, entwertet, geknechtet oder versklavt?

Und auch das hat die Zeit des Nationalsozialismus gezeigt: Sich eine innere Freiheit zu bewahren, ja, vielleicht sogar Widerstand zu leisten, ist gefährlich. Gerade in einer Diktatur zahlen Menschen dafür einen hohen Preis.

Die Gegner*innen der selbsternannten Götter werden schikaniert, verfolgt, eingesperrt und gequält. Viele, die sich nicht unterwerfen, bezahlen es mit dem Leben. Nicht nur damals. Auch heute noch.

21. Juli

Rühmst du dich aber, so sollst du wissen: Nicht du trägst die Wurzel, sondern die Wurzel trägt dich.
RÖMER 11,18B

Gottes Ölbaum
(zu Römer 11,17f.)

Wir, auf die Wurzel
des alten Ölbaums gepfropft
als neuer Zweig,
gewachsen unter Gottes
hegenden Händen.

Über uns
wölbt sich farbig
sein Friedenswort;
Gütegedanken
schreibt er
ans Firmament.

Warum also
das eigene Herz
eng machen?
Warum
vom Himmel sprechen,
als gehöre er uns allein?

Vatergeliebt, muttergetröstet
wohnen und wachsen wir
in seinem Garten,
wo die Tore offen sind
wie ausgebreitete Arme:

Seid willkommen,
ihr Menschenkinder,
lebt und blüht
als Gottes Ölbaum
im Licht seines
heilsamen Segens.

22. Juli

Die blaue Bank

Eine blaue Bank. Sie steht am Wegrand und lädt ein sich zu setzen. Die Augen über das Feld und den Wald schweifen zu lassen. Einen Specht hämmern zu hören, ein Reh zu beobachten, mit den Augen dem lautlosen Flug eines Bussards zu folgen. Zur Ruhe zu kommen und abzuschalten.

Wenn aber im Mai das Grün zu sprießen beginnt, dann machen sich rund um die Bank Brennnesseln breit. Sogar durch die Bretter der Sitzfläche hindurch stecken sie ihre Triebe. Wer sich dann dort ausruhen will, muss Handschuhe und Gartenschere mitbringen. Oder er muss weiterziehen und sich ein anderes Plätzchen suchen.

Und der eine oder die andere mag denken: Weg mit der Bank, nutzlos steht sie herum und verfehlt ihren Zweck.

Trotzdem: Ich wünsche mir, dass sie dort stehenbleibt, diese blaue Bank. Ich mag sie, wie sie so einladend und abweisend zugleich sich selbst widerspricht. Ihr Blau erinnert mich an den Himmel. Und sie bringt mich zum Lächeln mit ihrem Brennnesselsitz.

Wenn ich sie sehe, dann erinnere ich mich: Es ist gut, nicht nur nach dem Nutzen zu fragen. Mir fällt anderes ein, was unnütz ist: Klatschmohnrot und Nachtigallengesang. Pusteblume und Regenbogen. Wenn ich es wahrnehme, dann schimmert der Himmel hindurch.

Mir fallen die Augenblicke ein, die scheinbar keinen Zweck erfüllen und die doch so bezaubernd sind: mit Kindern Verstecken spielen, das Gesicht in die Sonne halten. Im Wald spazieren, tanzen, Musik hören.

Und manchmal, dann gibt es Tage, an denen ich selbst mich der blauen Bank ähnlich fühle: nutzlos, wenig gebraucht, kratzbürstig oder gar fehl am Platz.

Wie gut tut es mir, wenn dann jemand da ist, der nicht nur fragt, was ich leiste und ob ich immer freundlich bin. Der mir stattdessen sagt: Ich lasse dich sein, so wie du bist.

23. Juli

Ferien vom Alltags-Ich

Ab und zu will ich Ferien machen
und Abstand gewinnen
vom Alltags-Ich.

Ich will durchatmen.
Loslassen, was mir Sorge macht.
Spüren, wie der Brustkorb sich dehnt.

Ich will mir Ruhe gönnen.
Den Schritt verlangsamen.
Nichts denken. Nur Da-Sein.

Ich will in den Himmel schauen.
Meinen Horizont weiten.
Wahrnehmen, was über mich hinausgeht.

Ich will Gott vertrauen.
Und lasse mich fallen
in seine Hand.

24. Juli

Du stellst meine Füße auf weiten Raum. PSALM 31,9B

Auf Reisen gehen

Menschen packen ihre Siebensachen. Obwohl meist mehr als sieben Sachen in den Koffer kommen, reduziert sich das, was wichtig ist, doch auf eine erstaunliche Weise.
Dann räumen sie die Wohnung auf, geben einem Nachbarn den Schlüssel, damit er die Blumen gießt und den Briefkasten leert. Und machen sich auf den Weg.
Ferien! Endlich Urlaub.
Urlaub, das Wort ist verwandt mit »erlauben«. Ich kann tun, was ich sonst nicht tun kann. Ich kann aussteigen aus den Abläufen meines Alltags. Die Arbeit ruht. Morgens klingelt kein Wecker, weil die Kinder ja nicht zur Schule müssen. Der Haushalt kann warten. Freie Zeit liegt vor mir, die ich nach Lust und Laune gestalten kann.

Monate vorher beginnt die Planung der Urlaubszeit. Für viele Menschen gehört eine Reise dazu. Wohin soll es gehen? Wenn die Kinder klein sind, ist es oft wieder und wieder derselbe Ort. Werden sie größer, kann sich das verändern. Neues will erkundet und entdeckt werden.

Warum reisen wir?
In einer anderen Umgebung ist der Alltag weit weg. Das Gewohnte hinter sich lassen, den Kopf frei bekommen. Wenn ich auf einen Berg steige, wird klein, was mir vorher so groß und gewichtig erschien.
Und am Meer, in der Weite, atme ich durch und lasse los, was mich bedrängt und belastet.

Das neue Umfeld ist aufregend. Meine Ohren vernehmen eine fremde Sprache.
Blumen blühen hier, die ich noch nie gesehen habe, sie verströmen einen unbekannten Duft. An Schmetterlingen entdecke ich neue Farben. Mir öffnen sich Sinne und Herz. Ich beginne, wie ein Kind zu staunen. Das Andere ist zwar ungewohnt, manchmal befremdlich. Aber es ist auch inspirierend. In Gedanken spiele ich manchmal damit, hier eine Weile zu leben.

Aber es ist nicht nur das: Die Menschen, denen ich hier begegne, kennen mich nicht. Das macht mich freier, als ich es zuhause bin, wo die Augen der anderen ein genaues und manchmal festgefügtes Bild von mir haben, das ich selber mitgeprägt habe. Dort würde es irritieren, wenn ich mich anders verhalte, ja, plötzlich eine andere zu sein scheine. Es ist schwer, auszubrechen, auch, wenn ich es gerne tun würde.

An einem anderen Ort bin nicht mehr festgelegt auf die alten Rollen, die sich eingespielt haben. Ich erlebe mich selber anders. Ich werde mir selber fremd und frage mich: Muss ich so leben, wie ich es tue? Ließe sich manches anders, neu gestalten? Der Alltag, die Verbindung zu anderen Menschen, vielleicht auch die zu dem, der Gott genannt wird.
Ich spüre wer ich noch bin und sein könnte. Ich kann die weißen Flecken erkunden auf der Landkarte, die ich selber bin.

Manchmal ist das ein schmerzlicher Prozess. Doch er kann heilsam sein.

Wenn ich zurückkehre, erscheinen mir auch die sonst so vertrauten Räume fremd. Waren sie wirklich so groß, wie sie mir nun vorkommen?

Reisen weitet das Herz und den Horizont, es heißt, die Fenster des eigenen Lebens zu öffnen und frischen Wind hineinzulassen. Spüren, dass manches neu und anders werden kann. Die Möglichkeiten und die Vielfalt des Lebens entfalten sich neu.

25. Juli

Neben mir

Einmal am Tag innehalten,
den Blick schweifen lassen:
Wo ist mir Gutes begegnet?

Den Worten nachlauschen:
Welches davon
hat mich aufgerichtet?

Den Gesten nachspüren:
Welche hat mich
heute schon gewärmt?

Einmal am Tag mich fragen:
Wo könnte Gott
sich entdecken lassen,
nah neben mir?

26. JULI

Was ist der Mensch, dass du seiner gedenkst, und des Menschen Kind, dass du dich seiner annimmst?

PSALM 8,5

Himmelspostkarte

Manchmal habe ich das Gefühl, eine Postkarte aus dem Himmel zu erhalten.
Zum Beispiel an diesem Abend am Meer:

Ich gehe mit nackten Füßen am Wasser entlang. In den Ohren das Rauschen und über dem Horizont ein roter Feuerball: die Sonne. Ihre Farben brechen sich in jeder Welle, die auf dem Strand ausläuft. Ich bleibe stehen und schaue zu, wie sie langsam im Meer versinkt.

Eigentlich ist es ja gar nicht so, überlege ich. Nicht die Sonne versinkt im Meer. Sondern die Erde dreht sich unter ihr weg. Im genau richtigen Abstand, sodass Leben entstehen konnte. Wie viele Planeten, wie viele Sterne gibt es, auf denen nur Staub und Steine sind. Die nichts sind als große Murmeln auf dem Weg durch das All.

Die Erde aber ist wie gemacht für das Leben. Mit Wasser, Sonnenlicht, Pflanzen und Tieren. Und uns. Alles ist da, was wir brauchen.
Ich kann mir nicht vorstellen, dass das ein Zufall ist.

Ich atme die salzige Luft ein und schaue zu, wie Himmel und Wolken sich färben. Noch malen die Wellen glitzernde Muster auf den Strand. Und am Spülsaum entdecke ich eine herzförmige Muschel.

Ein Wunder ist diese Erde, die sich unter der Sonne dreht. Mit allem, was auf ihr ist. Auch mit mir. Mir wird fast schwindelig, wenn ich darüber nachdenke.

Plötzlich fühle ich mich klein an diesem Abend am Meer. Und doch auf eine seltsame Weise geborgen.
Was ist der Mensch?, frage ich mich. Was ist der Mensch, dass du, Gott, an ihn denkst?

Unvorstellbar groß muss dieser Gott sein, der das All erschaffen hat. Und doch hält er die Welt behutsam in seinen Händen. Wunderbar, auf seiner Erde leben zu dürfen. Einer unter Milliarden Menschen. Und doch einzigartig.
Geliebt von diesem großen Gott. Er erinnert sich an uns. An jeden einzelnen und jede einzelne.

Und zuweilen, da schickt er uns einen Gruß aus seiner Ewigkeit.
Ich denke an dich, steht an diesem Abend auf meiner Himmelspostkarte. Danke, schreibe ich mit dem Fuß in den Sand. Und hoffe, dass das unermüdliche Meer meine Antwort hinter den Horizont trägt.

27. JULI

Freihändig leben

Loslassen,
freihändig leben.

Damit,
wenn es vorbeikommt,
das Glück,

du es
mit offenen Armen
empfangen kannst.

28. JULI

Momo und die grauen Herren[23]

Ein kleines, schmales Mädchen, etwas ungepflegt und struppig, mit seltsam bunten Kleidern und einem dunklen Wuschelkopf: Das ist Momo. Scheinbar aus dem Nichts taucht sie auf am Rande eines alten Amphitheaters.
So beginnt die Geschichte, die Michael Ende 1973 in seinem Buch »Momo« erzählt.

Dieses besondere kleine Mädchen nimmt mithilfe einer Schildkröte und einer Stundenblume den Kampf gegen die »grauen Herren« auf. Das sind düstere Männer mit dicken Zigarren, die

---

23 nach: Michael Ende: Momo © Thienemann, Stuttgart 1973.

den Menschen ihre Zeit abhandeln. Sie bringen ihre Kunden dazu, Sekunden und Minuten, Stunden und Tage zu sparen und bei der Zeit-Spar-Kasse »einzuzahlen«.

Was aber geschieht auf diese Weise mit den Menschen? Sie leben mit dem Empfinden, keine Zeit zu haben, und vergessen darüber den Wert des Augenblicks. Sie verschieben das Leben auf eine unbestimmte Zukunft und denken nicht daran, dass es immer und nur in der Gegenwart stattfindet.
Der Handel mit der Zeit ist ein Betrug, denn die eingesparte, ungenutzte Zeit ist tatsächlich für immer verloren. Diese grauen Herren sind also Zeitdiebe, die das Leben derer, die sie bestehlen, ebenso düster machen wie die Farbe der eigenen Anzüge.

Was setzt Momo den grauen Herren entgegen, wie füllt sie selbst ihre Stunden?

Momo – so erzählt Michael Ende – kann so zuhören, dass ihrem Gegenüber Sinn und Zusammenhänge deutlich werden. Sie nimmt sich Zeit, fühlt sich ein, schwingt mit ihm mit. Sie kann auf eine Weise verstehen, die Menschen beglückt, weil sie sich selbst im Innersten verstanden fühlen.
Momo stärkt jene, die verunsichert sind, sie vermittelt zwischen Streithähnen und bringt einen verstummten Vogel wieder zum Singen. Wer ihr begegnet ist, so erzählt Michael Ende, kommt verändert und bereichert zurück.

Dreiundvierzig Jahre nachdem Michael Ende das Mädchen Momo erfunden hat, veröffentlicht der Soziologe Hartmut Rosa ein Buch mit dem Titel »Resonanz«, das 816 Seiten umfasst. Die Kernaussage fasst er selbst in nur einem Satz zusammen:

»Wenn Beschleunigung das Problem ist, dann ist Resonanz vielleicht die Lösung«.[24]
Graue Herren sind es nicht, die uns antreiben, unsere Zeit möglichst effektiv zu nutzen. Doch auch heute sind viele Menschen vorwiegend im Laufschritt unterwegs und verlieren dabei den Kontakt zum Leben, zu anderen und zu sich selbst.
Hartmut Rosa nimmt mit dem Begriff »Resonanz« das Bild des Mitschwingens auf, wie es bei Instrumenten passiert, wenn sie durch einen Ton angeregt werden, der auch ihr eigener ist. Ähnliches geschieht auch mit dem Menschen, wenn die Welt ihm gegenüber nicht stumm bleibt, sondern zu klingen beginnt. Das ereignet sich, indem er Kontakt aufnimmt und in Beziehung zu ihr tritt: Wenn er anderen begegnet, die ihn verstehen, und Freundschaften schließt, wenn seine Sinne angeregt werden und er sich selbst und seine Empfindungen ausdrücken kann, wenn er sein Leben als sinnvoll und erfüllt erlebt. So entsteht Resonanz, die in Menschen und Räumen schwingt und sie zum Klingen bringt.

Das Märchen von Momo – so scheint mir – ist immer noch aktuell. Ob es wahr wird, liegt auch an mir.

---

24 Hartmut Rosa: Resonanz. Eine Soziologie der Weltbeziehung © Suhrkamp, Berlin, 5. Auflage 2016. S. 13.

29. JULI

Denn unser Herz freut sich seiner, und wir trauen auf seinen heiligen Namen. PSALM 33,21

Raisonnieren und resonieren

Dass ein gewaltiger Plan
hinter dem Horizont sei
und eine gigantische Vorsehung
alle Wege bestimmt.

Dass einer jeden Gedanken kennt,
lose Fäden zusammenführt
und die Geschicke lenkt
auf den Himmel zu.

Ich verseh jeden dieser Gedanken
mit einem Fragezeichen.
Und zweifle.
Zweifle an einem Sinn.

Staunen aber lässt mich das Firmament.
Sprachlos steh ich vor Meeresweiten.
Unter der summenden Linde
und den heranrauschenden Regenwolken.

Steh verwundert vor
Elchen, Delfinen und Honigbienen.
Klatschmohn, Kornblume, Margerite,
und vor jedem Unikat Mensch.

Ich verseh alles und jedes
mit einem großen Ausrufezeichen!
Oooooh!
Und zweifle.
Zweifle am Zufall.

Und dann höre ich auf zu raisonnieren.
Und resoniere stattdessen.
Zupfe und schlage die Saiten in mir
und summe und singe ein Lied.

30. JULI

Heilsame Schönheit

Täglich die Flut der Bilder. Wir seien ihnen ausgesetzt, heißt es oft. Aber so ganz stimmt das nicht. Ich suche die Bilder auch. Jeden Abend schaue ich mir die Nachrichten an. Niemand zwingt mich dazu. Ich selbst möchte wissen, was Neues geschieht. In unserem Land, in der Welt.
Ich selbst setze mich den Bildern aus. Mit meinem Hunger nach Neuem. Aber auch mit meiner Einfühlsamkeit und der Frage, was all das mit mir zu tun hat. Was kann ich tun, um etwas zu bewirken; im Kleinen und dadurch vielleicht auch im großen Gefüge der Welt?
Und dann ist es tatsächlich oft so: Die Bilder gewinnen Macht über mich und dringen in mich ein. Manche brennen sich fast ein und prägen mich und meine Sicht auf die Welt.
Manchmal ertrage ich sie kaum noch. Ich will mich abschotten und schützen. Manchmal mache ich dicht, lege mir einen Panzer zu und verhärte.

Lässt sich etwas dagegensetzen?
Ich denke an einen Tag in Paris. Endlich. So lange schon habe ich mir gewünscht, einmal durch diese Stadt zu gehen. Nun ist es so weit. Ich sehe mit eigenen Augen, wovon ich schon so viel gehört und gelesen habe.
Wir laufen zum Eiffelturm und zum Arc de Triomphe. Wir lassen uns treiben über die Champs-Élysées bis zum Louvre und staunen über die belebten Jardins des Tuileries. Später fahren wir hoch zum Montmartre, dort oben hat man einen grandiosen Blick über die ganze Stadt. Am späten Nachmittag schlendern wir an der Seine entlang und bleiben vor dem einen oder anderen Stand eines Bouquinisten stehen.
Abends hat das Musée d'Orsay geöffnet. Ein ehemaliger Bahnhof ist umgestaltet zu einem Museum. Ein bezaubernder Rahmen für Bilder und Skulpturen.
Ich bewundere vor allem die große Sammlung impressionistischer Bilder. Das Mohnfeld von Claude Monet ist hier zu sehen, ebenso wie seine Brücken oder Kathedralen, Big Ben und das berühmte Seerosenbild.

Oft hat Monet ein und dasselbe Motiv viele Male gemalt. Die Kathedrale von Reims etwa. Am Abend oder am Morgen, bei Sonnenschein oder im Nebel. Kein Bild gleicht dem anderen. Das Motiv bleibt, der Kern ist erkennbar, doch das Licht und die Wahrnehmung verändern sich.
Monet setzt nichts absolut. Außer vielleicht den Augenblick, der flüchtig ist und sich gleich wieder davonmacht. Nur einen Eindruck fängt der Maler ein und hält ihn mit Pinselstrichen fest. Momentaufnahmen entstehen. Fasziniert vom Licht zeigt er durch seine Kunst, wie anders ein und dasselbe Motiv sich zeigt, wenn es unterschiedlich beleuchtet ist.

Ja, denke ich, morgen sieht das, was ich heute wahrnehme, anders aus, nein, nicht erst morgen, vielleicht schon gleich fällt ein anderes Licht auf die Dinge und auch auf die Menschen.
Der Kern bleibt, doch das Licht, der Wind, die Jahreszeit verändern sich. So entstehen immer wieder neue Bilder.
Was ich sehe, ist also immer nur eine Momentaufnahme. In jedem Augenblick ändert sich das Bild. Und doch bleibt das Motiv erkennbar, selbst wenn es sich beinahe aufzulösen scheint im Licht.

Auf der Rückfahrt am Abend nehme ich wahr, dass der Vollmond ein kühles Licht über die Weizenfelder auf der Ostseite gießt, während der Himmel gegenüber orange ist vom letzten Schein der schon untergegangenen Sonne.

Ob ich es auch bemerken würde, wenn ich nicht vorher auf die Motive Monets geschaut hätte? Mir scheint, ich nehme anders wahr, nachdem ich eine Weile vertieft vor seinen Bildern gestanden habe. Als sei der Blick gereinigt und so zugleich genauer und tiefenschärfer.
Ich bin sensibilisiert für die Schönheit des Augenblicks und für das Licht, das darauf fällt. Diese Schönheit ist eine heilsame.
Ja, tatsächlich: Die impressionistischen »Momentaufnahmen« können den sich einbrennenden Bilderfluten des Alltags etwas entgegensetzen.
Die anderen Bilder, sie stellen sich früh genug wieder ein. Wer weiß: Vielleicht sehe ich dann auch anders auf sie, mit meiner aufgerauten Haut und den sensibilisierten Augen.

31. Juli

Heilsame Kraft

Danke Gott,
für die heilsame Kraft der Schönheit,
die meinen Blick verändert
und mir Vertrauen
ins Leben schenkt.

Danke Gott,
für die Erinnerung
an dich,
den Vollkommenen.

1. August

Kleiner als gedacht

Ich wünsche dir, dass du zuweilen
deine Sorgen hinter dir lassen
und auf einen Berg steigen kannst.
Schau, da unten sind sie,
weit weg und kleiner als gedacht.

Ich wünsche dir, dass du neue Kraft in dir spürst
– du hast schon manchen Berg bezwungen –
und dass du zurückkehrst in deinen Alltag,
gestärkt und mit dem Vertrauen,
dass du dein Leben meistern wirst.

2. August

Wem viel gegeben ist, bei dem wird man viel suchen; und wem viel anvertraut ist, von dem wird man umso mehr fordern. LUKAS 12,48B

Das geliehene Leben

Bei der Feier zum vierzigsten Geburtstag einer Freundin treffe ich ihren Vater. »Gestern lag sie noch auf dem Wickeltisch und heute wird sie vierzig«, sage ich. »Genau so ist es«, sagt er und lacht. Doch unter dem Lachen schwingt Wehmut mit. Ich kenne das selbst, das Gefühl, es geht zu schnell. »Stopp«, möchte man rufen, man möchte den Augenblick anhalten und

die Zeit zurückdrehen, die einen zwingt, das loszulassen, was man liebt.
So höre ich in den Worten des Bibelverses in erster Linie einen vorweggenommenen Schmerz. Denn so ist es doch tatsächlich: Was wir haben, ist nur geliehen. Je mehr wir unser Eigen nennen, desto mehr werden wir hergeben müssen. Wir können es nicht halten, nicht an uns binden. Mehr noch als an dem, was ich besitze, spüre ich es an denen, die ich liebe.
Wurzeln und Flügel gebe ich, wenn es gut geht, meinem Kind. Wurzeln, die es im Leben verankern, wenn es sich von seinen Eltern löst. Flügel, mit denen es wegfliegt von dem, was einmal das Zuhause war, in die Welt hinaus. Und auch andere, die ich liebe, entfernt die Zeit von mir. Manche werden mir fremd, manche ziehen fort in eine andere Stadt, ein anderes Leben, eine andere Welt.
Die ganze Härte des Daseins schwingt in diesem Vers, das ganze Wagnis, das unser Leben von uns fordert. Man könnte darüber verzagen und kleinmütig werden. Man könnte auf die Idee kommen, sich zu verweigern, damit man den Schmerz nicht mehr aushalten muss. Dann aber verarmt man.
Das Leben will gelebt werden im Jetzt. Und die Liebe macht mich reich in dem Moment, in dem ich sie gebe und erfahre. Beide sind ein Plädoyer für den Augenblick. Ja, es tut weh, wenn ich dann loslassen muss. Abschiedsschmerz ist die Kehrseite der Liebe, die ich gewagt habe, und des Lebens, das mich erfüllt hat. Aber er zeugt auch vom Reichtum, den ich erfahren habe. Es sein zu lassen, das Leben und das Lieben, ist also keine Alternative.
Mich tröstet der Gedanke, dass Gott das bei sich bewahrt, was ich loslassen muss. Er schreibt es in sein Gedächtnis. Und er lässt mich daran teilhaben in der Erinnerung. Dort bleibt, was gewesen ist. Und das macht mich reich, selbst dann, wenn ich es hergeben muss.

3. August

Engelshauch

Einmal der Luftzug sein
hinter dem Flügelschlag,
im Schlepptau ein Wort,
das die Wende bringt –

keiner weiß
woher.

4. August

Himmelsmoment

In der Fußgängerzone, ganz in der Nähe der Bronzeskulptur, die ein tanzendes Paar zeigt, sitzen im Nieselregen zwei Männer. Jeder hat ein Akkordeon in den Händen. Sie musizieren und singen dazu. Ave Maria, 'O sole mio. Sie singen zweistimmig, in der Lautstärke variierend, mit vollen, dunklen Stimmen. Ein Paar bleibt stehen: er, weißes, volles Haar, leicht gebeugt, sie mit dunkel getöntem Pagenschnitt und orangefarbenem Jackett. Die beiden wechseln einige Worte mit den Musikern. Dann beginnen diese, ein neues, mir unbekanntes Stück zu spielen.
Nah steht das Paar bei ihnen, so nah, wie man sonst nie bei Straßenmusiker*innen steht, man schaut ja höchstens von Weitem hin und lauscht heimlich ihrer Musik. Die beiden aber stehen dort, ganz dicht dran, sie halten einander an der Hand und hören andächtig zu.

Ich frage mich, ob vielleicht ein besonderer Tag ist für sie, ihr Hochzeitstag vielleicht. Es ist in jedem Fall ein besonderer Tag, denke ich. Die zwei hören ein Lied, das sie verbindet. Ob sich Erinnerungen daran gehängt haben? Zumindest lächeln beide und sehen glücklich aus.
Als das Lied zu Ende ist, klatschen sie leise, schütteln dann den Musikern die Hände, um sich zu bedanken. Der Mann holt sein Portemonnaie hervor und steckt einem der beiden einen Geldschein zu. Einen Augenblick bleiben sie noch stehen.
Die beiden mit den Akkordeons beginnen ein Lied im Dreivierteltakt. Das Paar wendet sich um, er geht, sie tänzelt im Takt davon.

5. August

Wendepunkte

Danke
für das Licht, das am Morgen
den schwarzen Balken der Nacht
hinter den Horizont schiebt.

Danke
für den rauen Ruf einer Elster,
der mich aus den Gedanken reißt
und meinen Blick leitet
in Richtung Himmel.

Danke
für das Klingeln an der Tür,
das eine Begegnung einläutet,
die mir neuen Mut verleiht.

Danke
für die kleinen Wendepunkte
mitten im Alltag,
die meine Hoffnung nähren
auf Licht und Farben und Leben.

6. AUGUST

Nach deinem Vermögen gib Almosen; auch wenn du nur wenig hast, scheue dich nicht, wenig Almosen zu geben. TOBIT 4,8

Reichtum riskieren

Ein Mädchen macht es vor: Aus Mitleid verschenkt es alles, was es hat. Einem Hungrigen gibt es sein letztes Brot, einem Kind, das friert, schenkt es die Mütze, dem nächsten das Röckchen und schließlich gibt es das letzte Hemd.

Wohl nicht zufällig erzählt die Geschichte von einem Kind.

Als Erwachsene spüre ich: Irgendwann spaziert die Angst ins Leben, nistet sich ein und macht sich breit: Hast du wirklich genug? Wird es denn reichen, was dir zur Verfügung steht? Zuerst Geld und Brot, Kleidung und Wärme? Dann aber auch Zeit, Kraft, Sinn und Lebendigkeit?

Gut, wenn einer die Sorgen ernst nimmt, die ich mir mache. Besser noch: wenn er nicht dabei stehen bleibt. Sondern mir Mut macht, etwas zu wagen.

Verschenke von dem, was du hast, und zwar nicht nur von dem, was im Überfluss da ist. Sondern auch von dem, um das du dich sorgst. Riskiere deinen Reichtum und setz dich selbst aufs

Spiel. Wage es, dich zu erbarmen, hüte dein Herz und halte es warm und weich.
Einfach ist das nicht.
Ich könnte anfangen mit dem, wovon ich mehr als genug habe. Und dann mutiger werden und auch von dem geben, um das ich mich sorge. Vielleicht erfahre ich: Es ist mehr da als geglaubt. Und es bereichert mich, warmherzig und mitfühlend zu sein. Vielleicht geschieht gar, was sonst nur im Märchen möglich scheint, wo dem Mädchen am Ende glänzende Sterntaler in den Schoß fallen. Vielleicht fliegt auch mir vom Himmel etwas zu, auf das ich gar nicht aus war: Freundschaft oder Verwegenheit, Glück oder Lebenssinn.

7. August

Verschwendung

Ich verschwende
meine Zeit.
Ich teile sie aus
mit vollen Händen.

»Hier«, rufe ich
und werfe
die Minuten
zum Fenster hinaus.
Vergnügt streu ich
die Stunden
in den Wind.

Am Abend
schau ich dem Tag
ins Gesicht
und siehe:

Er lächelt.

8. August

Und Gott der HERR nahm den Menschen und setzte ihn in den Garten Eden, dass es ihn bebaute und bewahrte. GENESIS 2,15

Paradiesisch

Sommer. Im Garten ist viel zu tun.

Ich entferne welke Blüten und abgestorbene Triebe. Auf dem Rasen leuchten die Gänseblümchen. In der Hecke putzt sich ein Spatz, ein Tagpfauenauge trudelt über die Blüten des Sommerflieders. Während meine Gedanken bei einer Freundin sind, die durch eine dunkle Zeit hindurchmuss, bewege ich mich selbst inmitten blühenden Lebens. Wie nah doch das Schwere beim Schönen liegt. Wie zerbrechlich ist das, was mir so selbstverständlich erscheint. Manchmal ist das kaum auszuhalten, es zerreißt mich beinah.

Ich binde eine Staude an einen Stab, damit sie nicht umfällt oder gar bricht. Ein Gedicht kommt mir in den Sinn und beginnt zu klingen. Geschrieben hat es der polnische Dichter Czesław Miłosz, dem 1980 der Nobelpreis für Literatur verliehen wurde.

Miłosz wurde 1911 im heutigen Litauen geboren. Während der nationalsozialistischen Besetzung seines Landes war er im Untergrund tätig, später arbeitete er im diplomatischen Dienst für Polen. Nachdem ihm aufgrund seines kritischen Schreibens der Pass entzogen worden war, beantragte er 1951 in Frankreich Asyl.

Seit 1960 lebte Miłosz in Kalifornien, wo er an der Universität Berkeley Professor war. Dort hatte er offensichtlich einen Garten.

In seinem Gedicht »Gabe« beschreibt er sich selbst an einem Tag, an dem er dort »zu schaffen« hat, es ist ein glücklicher Tag. Der vom Pazifischen Ozean aufgestiegene Frühnebel hat sich verzogen. Der Dichter sieht Kolibris, die sich an einer Blüte des duftenden Geißblatts ausruhen. Die Selbstvergessenheit, die einen im Garten erfüllt, beschreibt er mit diesem Satz:

»Ich schämte mich nicht zu denken, ich sei, wer ich bin.«[25]

Er ist eins und einig mit sich selbst. Was ihm Böses widerfahren ist, vergisst er. Wünsche verklingen, sogar seine Schmerzen spürt er nicht mehr.

Im Garten empfinde auch ich es einige Augenblicke lang so. Ich bin, die ich bin, ein paar Momente lang ohne die Sorgen, die den Alltag durchziehen, ohne ein Bewusstsein des Risses, der mich so oft entzweit, ohne die Scham, unvollkommen zu sein. Später denke ich: So fühlt sich wohl das Glück an. Wunschlos und selbstvergessen. Eine »Gabe«, aus heiterem Himmel geschenkt.

Der kleine Garten um unser Haus herum: eine Reminiszenz an einen anderen Garten, von dem die Bibel auf ihren ersten Seiten erzählt. Eden wird er genannt. Ein Paradies.

---

25 Czesław Miłosz: Gedichte. Ausgewählt und mit einem Nachwort versehen von Adam Zagajewski © Carl Hanser Verlag, München 2013, S. 86.

9. August

Weiter Himmel

Gott,
so weit ist der Himmel,
so weit ist dein Herz.
An blauen Sommertagen
spüre ich das besonders.

Schenk mir offene Sinne
für deine Güte,
und leg mir Weite
und Himmel
ins Herz.

10. August

Der Sabbat ist um des Menschen willen gemacht und nicht der Mensch um des Sabbats willen. MARKUS 2,27

Um des Menschen willen

Jesus und seine Freunde gehen am Sabbat, dem jüdischen Ruhetag, spazieren. Das war damals gar nicht so selbstverständlich. Denn fromme Menschen hatten sich vorgenommen, den Sabbat zu hüten. So legten sie fest, was an diesem heiligen Tag erlaubt war und was nicht. Man durfte nur eine bestimmte Anzahl Schritte gehen, man durfte einen Menschen, der in eine Grube gefallen war, nicht herausholen. Hausarbeit war ebenso verboten wie ernten.

An so einem Sabbat gehen Jesus und seine Freunde also spazieren, ihr Weg führt sie durch leuchtende Kornfelder. Der Duft des reifen Korns steigt ihnen in die Nase und weil sie Hunger haben, reißen sie einzelne Ähren ab, streifen die Körner heraus und essen sie auf. Sie denken sich nichts Böses dabei, vermute ich.
Doch andere Leute sehen das und regen sich darüber auf. »Das gibt es doch nicht, die ernten am Sabbat Korn. Das ist verboten, sie entheiligen unseren Ruhetag.«
Da erwidert Jesus ihnen: »Der Sabbat ist um des Menschen willen gemacht und nicht der Mensch um des Sabbats willen.«
Jesus macht klar: Es gibt Arbeiten, die auch am Ruhetag getan werden dürfen, ja manchmal sogar getan werden müssen, damit es den Menschen gut geht.
Und das ist bis heute so.
Trotzdem will ich mir einmal vorstellen, wie es wäre, wenn Jesus heute an einem Ruhetag spazieren ginge:
Ich sehe ihn vor mir, wie er durch die Felder geht und dort Mähdrescher und Rübentrecker entdeckt, die am Sonntag die Ernte einfahren.
Und wenn sein Weg ihn dann weiter in eine Stadt führt, begegnet ihm eine Frau mit einem frisch gekauften Blumenstrauß.
An manchen Wäscheleinen flattern Hosen und Hemden im Wind und in einigen Gärten hacken die Menschen in den Beeten.
Und wenn er befremdet nachfragt, dann wird ihm vielleicht einer erklären: Die Bauern können es sich gar nicht mehr leisten, bei gutem Wetter die Ernte ruhen zu lassen. Und der Gärtner erzählt von der großen Nachfrage nach frischen Blumen am Feiertag.
Was würde Jesus dazu sagen?
Ich glaube, er würde nur einen Satz sagen. Und zwar fast denselben, den er vor fast 2000 Jahren auch gesagt hat:

Der Sabbat ist um des Menschen willen gemacht und nicht der Mensch um des Sabbats willen.
Aber diesmal bedeutet der Satz nicht: Es gibt Arbeit, die auch am Ruhetag getan werden darf, ja, sogar muss, um des Menschen willen. Diesmal bedeutet er: Es gibt Arbeit, die auch am Feiertag ruhen muss. Um des Menschen willen. Damit er neue Kraft schöpfen und sich ausruhen kann und nicht unter der Last seiner Arbeit zusammenbricht.

11. August

Heckenrosen

Pflanz in deine Zeit
auch die wilden Momente,
die sich ranken durch
alle Nischen des Gewohnten.

Wie Heckenrosen
blühen sie
am Rande des Tages
als unzähmbares Lied.

12. August

Sternschnuppenzeit

Im August ist Sternschnuppenzeit. Ich mag die Idee, dass man sich etwas wünschen darf, wenn das Leuchten eines verglühenden Staubfunkens seinen Weg auf die Netzhaut findet. Ob sich der Wunsch erfüllt, ist gar nicht so wichtig.

Doch das Wünschen selbst ist es. Das Nachdenken. Dass man dafür in den Himmel schauen muss. Dass man warten, wahrnehmen, den Augenblick würdigen muss.

Still stehen die Sterne über mir. Ein Gegenentwurf zu den bewegten Bildern, die mit Text und Ton versehen sind und vor mir zu fliehen scheinen.

Ich wandere mit den Augen ins Weite, besuche den großen Wagen. Oder die Kassiopeia. Mache Halt am Polarstern, dem Himmelskompass.

Gelegentlich kreuzt ein Sternenschnipsel den Blick. Ich genieße das Schweigen, die Klarheit. Lächle über die Worte, die immer unscharf sind. An diesem Abend müssen sie den Sternen das Feld überlassen und Ruhe geben.

Sternschnuppen verbinden einen bezaubernden Augenblick mit dem unverfügbaren Himmel. Und das Wünschen, das Sehnen ist einen Augenblick lang Ewigkeit und genug.

13. August

Sternenzelt

Als habe einer
Löcher gerissen
ins dunkle Todestuch der Zeit:

Durch die fällt leise nun
und leuchtend
ein Hoffnungsschimmer Ewigkeit.

14. August

Denn bei dir ist die Quelle des Lebens, und in deinem Lichte sehen wir das Licht. PSALM 36,10

Wie die Sonne

Zu Hause geht es einfach nicht mehr. Die Mutter kommt alleine nicht mehr zurecht. Sie wird immer wackeliger auf den Beinen, einige Male ist sie schon gestürzt.
Nun muss sie doch noch umziehen in ein Senior*innenheim. Unglücklich sitzt sie in ihrem Sessel, als die Tochter sie besucht. Ja, sie werde gut versorgt, sagt sie, doch ihre Stimme klingt hart. Aber es sei eben nicht ihr Zuhause.
Dann macht ihr Unmut sich in spitzen Bemerkungen breit, die verletzend sind.

»Lass uns ein bisschen rausgehen«, schlägt die Tochter vor. Spazierengehen hat schon immer geholfen, denkt sie.

Sie ziehen sich Jacken an und setzen sich Mützen auf, die Mutter schiebt ihren Rollator vor sich her. Im Schneckentempo gehen sie über den langen Flur und durch die Eingangshalle.
Die Tür nach draußen öffnet sich, kühle Luft schlägt ihnen entgegen.

»Ist das herrlich«, sagt die Mutter schon nach wenigen Schritten, »hier kann ich durchatmen.« Sie gehen weiter, die Bäume sind noch kahl, über der flachen Landschaft hängt der Himmel tief, schwere Wolken, die fast bis zum Boden reichen.
Doch dazwischen ist hier und da ein Stück vom Himmel zu sehen. Dann blitzt plötzlich für einen Moment die Sonne durch.
»Gottes Liebe ist wie die Sonne«, singt die Mutter mit brüchiger Stimme, »sie ist immer und überall da. Hinter schweren Wolken strahlt sie leuchtend hell.«
Schon immer ist ihr zu allem ein Lied eingefallen.

Auch über ihrem Leben hängen die Wolken tief, denkt die Tochter, ihre Schwere will übergreifen und oft schafft sie es auch. Dann ist die Stimmung der Mutter gedrückt. Und manchmal wird sie auch aggressiv.

Hier draußen aber kann sie die anderen Bilder sehen: die Sonne, die hinter den Wolken doch da ist und silberne Ränder um sie herum zeichnet. Und ab und zu blitzt sie durch, auch an düsteren Tagen.

Ein Stückchen gehen sie noch, die Mutter atmet tief ein und aus.

Wie sehr wünsche ich ihr, dass das Lied lange weiterklingt, denkt die Tochter. Und Gott ihr nah bleibt und sie wärmt mit seiner Liebe.

15. August

All-umfassend

Denkbar,
dass in der Himmelsweite
ein All-Umfassender wohnt.

Und über dem Firmament
einer aufmerkt und wacht.

Und in den Farben der Erde
ein Abglanz sich zeigt.

Ich wünsche dir,
dass du die Spuren lesen kannst,
in denen Gott sich einschreibt
in Raum und Zeit.

16. August

Die Geräusche der Nacht

Ferien in der Bretagne. Wir wohnen auf einem alten Bauernhof. Eines Abends unterhalte ich mich mit der Vermieterin, die im Haus nebenan lebt. Mit meinem rudimentären Schulfranzösisch, ihrer Begabung, Dinge zu umschreiben und unter Zuhilfenahme von Händen und Füßen geht es ganz gut. Wir haben eine ähnliche Wellenlänge und geraten schnell in nahezu philosophisches Fahrwasser. Am Ende erzählt sie mir, sie liebe die Geräusche der Nacht. Das macht mich neugierig, und so setze ich mich abends selber auf eine kleine Mauer auf dem Gelände und lausche ins Dunkel.

Ich höre:

das Meer
den Flügelschlag der Fledermäuse (ein leises, langsames Klicken)
grasende Kühe (ein regelmäßiges Rupfgeräusch)
ein Sirren, gelegentlich unterbrochen
einen Apfel, der ins Gras fällt
ab und zu ein Vogelzwitschern
Motorengeräusche, sie fallen nicht ins Gewicht
unter den Lauten: Stille in mir

Als ich am Tag darauf wieder auf der kleinen Mauer sitze und in den Abend lausche, kommen andere Geräusche hinzu. Blätter, die sich bewegen, ein Brummer, der an mir vorbeifliegt. Fledermäuse hingegen sind keine da.

Ich höre nun nicht nur das, was sich bemerkbar macht, sondern in gewisser Weise auch die Stille dort, wo etwas fehlt. Ich stelle fest, dass jeder Abend seinen eigenen Klang hat, eine immer neue, wechselnde Melodie.

So hat mir diese fremde Frau in einem kurzen und doch so nahen Gespräch die »Geräusche der Nacht« geschenkt. Natürlich hatte ich schon oft abends draußen gesessen und manches gehört. Aber ich hatte vorher noch nie gedacht: Jetzt lausche ich den Geräuschen der Nacht.

17. August

Frage

Die Ruhe lädt dich ein,
zu ihr zu kommen.

Wirst du
ihrer Einladung folgen?

18. August

Freut euch mit den Fröhlichen, weint mit den Weinenden. RÖMER 12,15

Absurdes Spiel

Zwei Wochen liegt er nun schon im Krankenhaus. Er spürt, wie seine Kraft nachlässt, jeden Tag wird es weniger. Und das Essen schmeckt auch nicht mehr, mühsam zwingt er sich, ein paar Bissen hinunterzukriegen. Er weiß: Er wird nicht wieder gesund. Seine Krankheit ist unheilbar, er wird daran sterben.

Seiner Familie aber sagt er: »Das wird schon wieder. Wenn ich erst mal zu Hause bin, dann komme ich auch zu Kräften.« Und er schmiedet Pläne, was er dann alles machen will.

Nun weiß aber auch die Familie, wie krank er ist. Der Arzt hat ihnen gesagt, dass es keine Heilung gibt. Das ist schwer für sie. Sie können sich nicht vorstellen, ohne den Mann und Vater zu sein. Und es tut ihnen weh, zu sehen, wie es immer weniger

mit ihm wird. Zu ihm selbst aber sagen sie: »Das wird schon wieder. Unkraut vergeht nicht.«
Warum tun sie das, könnte man fragen. Sie wollen einander schonen, vermute ich. Sie meinen, es nicht ertragen zu können, die Wahrheit miteinander zu teilen. Die Tränen des anderen zu sehen und seinen Schmerz auszuhalten. Und so spielen sie ihr fast schon absurdes Spiel. Das Spiel mit dem Namen: »Es wird schon wieder.« Jeder bleibt dabei mit seinem Schmerz und seiner Trauer allein. Und es kostet sie alle unendlich viel Kraft.

Eine Tochter findet schließlich doch noch den Mut, offen mit ihrem Vater zu sprechen. »Vater«, sagt sie, » ich weiß, wie es um dich steht.« Es ist schwer, das zu sagen, aber es tut auch gut. Beide weinen, der Schmerz löst sich, sie spüren Erleichterung. Endlich können sie einander zeigen, wie viel sie einander bedeuten. Und wie weh ihnen der Abschied tut. Die Tochter hilft ihm, noch manches zu regeln. Und als er stirbt, hält sie seine Hand. »Ich konnte es aushalten«, sagt sie. »Und ich bin froh darüber. Wir waren einander noch einmal ganz nah.«

19. August

Gedenken

Ins Mosaik
meines Lebens
hast du Steine gefügt,
rote und blaue,
grüne und gelbe,
runde und eckige,
kleine und große.

Du hast Erinnerungen
in mich gelegt
und dich eingebaut
in meine Zeit.

Mit dir
bin ich geworden,
was ich bin,
deine Spuren
bleiben und leuchten
in mir.

20. August

Er (Gott) zählt die Sterne und nennt sie alle mit Namen. PSALM 147,4

Anspruch und Verheißung

Angekommen. Oben auf dem Berg. Hier soll Moses von Gott die steinernen Tafeln erhalten haben, auf denen die Zehn Gebote eingemeißelt waren. Leitlinien für das Leben mit ihm und untereinander.
Auf dem Berg ist man Gott scheinbar näher als anderswo, hier scheint es möglich zu sein, dass er auftaucht und zu einem spricht.
Ein grandioses Panorama öffnet sich an diesem Abend vor unseren Augen:
Die karge Wüstenlandschaft ist mit einem orangefarbenen Schimmer überzogen, weil die Sonne gerade untergeht.
Schweigend schauen wir dem Schauspiel zu. Ganz still ist es

hier. Wir alle scheinen zu ahnen, dass diese Augenblicke zu den Unvergesslichen des Lebens gehören werden.
Später der Abstieg. Die Dämmerung ist herangezogen, schnell legt sie sich wie eine dunkle Decke über das Land. Hier gibt es keine Straßenlampen, keinen Fensterschein, keine Blinklichter, die sie vertreiben.
Stockdunkel ist es dennoch nicht. Über uns spannt sich ein Sternenhimmel auf, wie ich ihn noch nie und nie wieder gesehen habe. Die Milchstraße scheint so nah, als könnte man sie betreten. Unzählbar, unfassbar die Fülle der Lichtpunkte über uns.
Ich denke an Abraham. Ob auch er unter diesem Himmel gestanden hat, als Gott ihm ein Versprechen gab:
So viele Nachkommen wie Sterne am Himmel werde ich dir schenken.
Abraham war alt, seine Frau Sara hatte die Wechseljahre lange hinter sich. Nachkommen hatten sie keine.
Absurd erschien diese Verheißung. So wie es Verheißungen eigen ist. Schöne Worte, wenig dahinter? Oder doch: vom Himmel gekommen mit der Kraft, sich zu erfüllen?
An diesem Abend erscheint alles möglich. Heute noch ist es so, als wäre ich dort, wenn ich mich an ihn erinnere.

21. August

Dein Wort ist meines Fußes Leuchte und ein Licht auf meinem Wege. PSALM 119,105

Dein Wort

Ich lehne mich
an dein Wort
wie an die Eiche
in Großmutters Garten:

auf dem Gesicht
leichtes Licht,
im Rücken
den knorrigen Stamm.

Ich lausche
dem Wind,
der durch die Blätter
streicht

und den Vögeln,
die ihre Nester
in den Zweigen
verbergen.

Ich sitze da,
lehne mich an,
leihe mir Wurzeln
und atme
Vertrauen.

22. August

Selig sind die Barmherzigen; denn sie werden Barmherzigkeit erlangen. MATTHÄUS 5,7

Zeit für Barmherzigkeit

Ach, wäre doch die Barmherzigkeit eine dem Menschen gegebene Grundkonstante. Ach stellte sie sich doch ganz von alleine ein. Leider ist es nicht so.

Wer Barmherzigkeit erfahren hat, hat es zwar etwas leichter, selbst gütig mit anderen umzugehen. Ein Vorbild hat ja gezeigt, wie es gehen kann.
Und doch heißt es nicht, dass diese Person selbst immer barmherzig sein wird.

Barmherzigkeit ist kein Wesens- oder Charakterzug, der angeboren und darum immer verfügbar ist. Sie scheint vielmehr einer den Menschen innewohnenden Entropie zu unterliegen. Sie kann verwahrlosen oder verwildern.

Darum will sie gepflegt, geordnet, gehütet und eingeübt werden. Barmherzig zu sein ist also ein Bildungsakt, ein Herzensbildungsakt.

Wie wäre es, mir diesen Bibelvers als Erinnerung an eine Pinnwand zu hängen, auf die ich oft schaue. Und mich erinnern zu lassen: Selig sind die Barmherzigen; denn sie werden Barmherzigkeit erlangen.

Und mich dann einzuüben in Barmherzigkeit. Ich kann mich fragen:

Wodurch ist mein Herz verhärtet, wie wird es wieder gütig und warm?
Wo kann ich der Unbarmherzigkeit Einhalt gebieten oder sie unterlaufen?
Widerspreche ich deutlich genug, wenn in Chats oder Schulen, an Straßenecken oder Stammtischen über andere hergezogen wird oder sie beleidigt werden?
Bin ich aufmerksam für andere Menschen und ihre Not?
Wo kann ich mich engagieren, damit Barmherzigkeit einen größeren Rahmen erhält und institutionell verankert wird?
Tafeln, Hospize, Politik: Ich nehme mir vor, es an einer Stelle zu tun.

23. August

Das Ebenbild hervorlocken

Am Morgen in der Bahn: Ich sitze quer zur Fahrtrichtung, zwei mir gegenüber, immer wieder schauen sie einander an. Er trägt eine schwarze Hose und eine Kunstlederjacke, sie eine Jeans und einen hellen Anorak.
Er spricht, sie hört zu, nickt manchmal, sagt ein Wort. Zwischendrin greift er nach ihrer Hand, sie lässt es zu.
Worte fallen aus seinem Mund, sie fängt sie auf, immer wieder gelingt es so, sie zum Lächeln zu bringen. Dann bleibt das Lächeln eine Weile auf ihrem Gesicht, um die Augen bilden sich Fältchen und ich frage mich, ob das Hervorbringen dieses Lächelns der eigentliche Grund für sein Reden ist.
Hinter den beiden gleitet die Landschaft vorbei. Schemen, die aus dem Dämmerlicht treten und an Farbe gewinnen. Es wird Licht.

Vielleicht ist es so, dass wir Menschen, einer aus dem anderen, das Ebenbild Gottes hervorlocken können. So wie dieser Mann aus der Frau wieder und wieder ein Lächeln hervorgelockt hat. Es könnte ja sein, dass mein Gegenüber erst dann zu solch einem Ebenbild werden kann, wenn er liebevoll, wie durch Gottes Augen, angesehen wird und auf diese Weise eine Ahnung bekommt, wer er ist.

24. August

Ein Gartenzwerg auf Reisen

Ein Gartenzwerg geht auf Reisen. Normalerweise steht er stumm und starr vor dem Haus eines Mannes, der früh verwitwet ist. Der hat im Garten ein Miniaturmausoleum für die Asche seiner Frau angelegt. Sie mochte den Gartenzwerg zu ihren Lebzeiten gar nicht. Nun hat ihr Mann sie mit ihm zwangsversöhnt, und der steinerne kleine Mann wacht über ihr Grab.
Der Witwer aber lebt zurückgezogenen seinen Alltag, in dem sich alles um ihn selbst dreht. Seiner Tochter Amélie hört er kaum zu, wenn sie ihn besucht. Als sie ihm vorschlägt, doch einmal zu verreisen und sich die Welt anzuschauen, winkt er nur müde ab.
Eines Tages ist da, wo sonst die rote Mütze des Gartenzwergs leuchtet, ein leerer Fleck. Der Winzling ist weg. Der Mann wundert sich, doch geht er der Sache nicht weiter nach.

Dann aber flattert eines Tages eine Postkarte ins Haus. Auf der Vorderseite grinst ihn frech ein Mützenmännchen an: sein Gartenzwerg. Im Hintergrund ist der Moskauer Kreml zu sehen. Der Mann staunt nicht schlecht. Das ist sein Gartenzwerg, ganz

klar. Wie kommt der denn nach Moskau? Das kann nicht sein. Ein steinernes Männchen, das auf Reisen geht.
Einige Zeit später steht der kleine Kerl wieder im Garten, an seinem angestammten Platz, die rote Mütze leuchtet dem Mann vertraut entgegen. Alles wie immer, als sei nichts Besonderes geschehen. Und der Alltag nimmt seinen grauen Verlauf.
Doch der Zwerg bleibt nicht, wo er ist. Immer wieder geht er auf Reisen. Und seine Postkarten flattern ins Haus: aus New York, Kambodscha und Athen.
Und im Vordergrund der Gartenzwerg, der seinem Besitzer vergnügt und auffordernd entgegenlacht, als wolle er sagen: Komm doch auch, hier ist es schön! Was willst du zu Hause versauern und in deiner Trauer versinken? Die Welt ist weit und lädt dich ein, sie zu betreten!

»Die fabelhafte Welt der Amélie« ist ein Film, in dem die Protagonistin Amélie beschließt, sich in das Leben anderer Menschen einzumischen. Sie macht sich Gedanken, was andere brauchen, damit sich ihr Leben zum Guten verändert.
Für die trauernde Hausmeisterin fälscht sie einen Liebesbrief ihres vor vielen Jahren verschollenen Ehemannes.
Dem fiesen Monsieur Collignon, der seinen Mitarbeiter Lucien gemein behandelt, verpasst sie einen Denkzettel. Ihren Vater aber, den Stubenhocker, lockt sie mithilfe des Gartenzwergs hinaus in die Welt. Ihre Freundin, eine Stewardess, hilft ihr dabei.
Viel Geduld brauchen die drei. Denn Amélies Vater ist ziemlich stur. Wieder und wieder muss der kleine Mützenmann auf Reisen gehen und sein Gesicht vor berühmten Bauwerken in die Kamera halten. Endlich aber scheint der Witwer seinen Lockruf zu hören und ihm zu folgen. Wir sehen ihn, wie er sein Haus verlässt. Einen roten und einen schwarzen Koffer zieht er hinter sich her und steigt dann in ein Taxi:

»Einmal zum internationalen Flughafen bitte«, hören wir ihn sagen, bevor die Autotür sich schließt.

25. AUGUST

Besuch

An manchen Tagen
kommt der Himmel zu mir,
ein gern gesehener Gast.

Er sät Ermutigung
in meine Gedanken,
streut Licht
auf meine Pläne
und nährt mich
mit Sehnsuchtsbrot.

Meinen Fragen
lässt er Raum,
unter seinen Händen
schmelzen die Zweifel.

Er schenkt mir
Hoffnungssträuße,
die duften nach Bleiben
und ihre Farben fallen
mir leuchtend
aus Auge und Hand.

26. August

Nun aber bleiben Glaube, Hoffnung, Liebe, diese drei;
aber die Liebe ist die größte unter ihnen.

1. KORINTHER 13,13

Die Erfindung des Lebens[26]

Manchen Menschen verschlägt es die Sprache, nicht nur einen Moment lang, sondern dauerhaft. Ein Unglück oder ein traumatisches Erlebnis verschließt ihnen den Mund.
So erging es dem Schriftsteller Hanns-Josef Ortheil. Neben seiner verstummten Mutter wurde er selbst zu einem schweigenden Kind.
Wie er aus dieser Stille gelöst wurde und seine Sprache fand, erzählt er in seinem autobiographisch geprägten Roman »Die Erfindung des Lebens«.

Er, der im Buch Johannes genannt wird, wächst als einziges Kind in einem liebevollen Elternhaus auf. Aber über der Familie liegt ein Schatten. Vier ältere Jungen, seine Brüder, sind gestorben. Die Mutter ist über ihrem Schmerz verstummt. Und auch Johannes spricht kein einziges Wort – als sei er in einer solidarischen Symbiose an seine Mutter gebunden.
Nahezu greifbar ist die Stille im Haus zwischen den Zeilen des Buchs. Sie wird nur ein wenig aufgebrochen, weil die Mutter irgendwann beginnt, Johannes das Klavierspielen beizubringen. Wenn der Vater am Abend nach Hause kommt, verständigen die Eltern sich mithilfe von kleinen Zetteln, die die Mutter im Laufe des Tages geschrieben hat. Zwar spricht der Vater mit Jo-

---

26 nach: Hanns-Josef Ortheil: Die Erfindung des Lebens, Luchterhand Literaturverlag, München 2009.

hannes und nimmt ihn auch mit an Orte, wo gesprochen wird. Doch die Zunge des kleinen Jungen löst sich nicht.

Auf dem Spielplatz und vor allem später in der Schule wird der Junge gehänselt. Gemobbt würde man heute sagen, weil seine Mitschüler*innen ihn, der anders ist als sie, nicht akzeptieren. Schließlich soll er sogar die Schule verlassen.
Da zieht der Vater die Reißleine und leitet eine Wende ein. Er unternimmt eine Reise mit dem Jungen. Die beiden fahren aufs Land zu den Großeltern. Hier in der entspannten Atmosphäre, wo niemand besonders Notiz von ihm nimmt, wo er einer unter den anderen ist, lernt der Junge, sich selbst zu vertrauen. Er arbeitet mit, spielt Klavier, reitet und bringt sich selbst das Schwimmen bei.
Auf Erkundungsgängen mit dem Vater lernt er, genau wahrzunehmen. Die beiden zeichnen das, was sie sehen. Dann geben sie dem, was nun auf dem Papier abgebildet ist, einen Namen. Die Dinge verbinden sich mit den Bildern, die Bilder mit den Worten. Es ist, als erfinde Johannes unter der Anleitung seines Vaters die Welt und ein neues Leben für sich selbst. Und irgendwann spricht er seinen ersten Satz. Dann sprudeln die Worte geradezu aus ihm hervor und die Sprache bahnt sich einen Weg in sein Leben.

Der Vater, er scheint mir ein Vorbild zu sein, wie sich auch mit anderen umgehen ließe, die verstummt sind. Er löst das Kind aus den gewohnten Zusammenhängen und macht sich mit ihm auf den Weg. Er nimmt seinen Sohn genau wahr und versteht, wie dieser die Welt begreift. Dann entwickelt er Ideen, was Johannes helfen könnte, um Worte zu finden und sie dann auch auszusprechen. So ermutigt er sein Kind, Vertrauen ins Leben und in die eigene Stimme zu gewinnen. Ein Heilungsprozess beginnt.

Und auch für die Mutter leitet die Reise von Vater und Sohn eine Befreiung ein. Auch sie findet ihre Sprache wieder.

Zunächst macht Johannes Karriere als Pianist. Aber – als müsse auch hier noch ein Band gelöst werden – er scheitert daran, dass sich seine Sehnenscheiden immer wieder entzünden.
Am Ende wird er Schriftsteller, ausgerechnet die Worte sind es, die sein Leben prägen und mit denen er andere Menschen berührt.

27. August

Aufstehen

Eine Stimme verleihst du dem,
was starr war und stumm.

Aus Staub und Stein
machst du Farben und Duft.

Was reglos und ratlos war,
spricht nun vom Leben.

Danke, Gott,
dass du das Wort mit uns teilst,
das uns aufstehen lässt.

Damit wir
gehen und sprechen,
tanzen und singen,
lieben und loben.

28. August

Wie der Herr euch vergeben hat, so vergebt auch ihr!
KOLOSSER 3,13B

Schuldig geblieben?

Die Mutter ist müder geworden. Ihre Beine funktionieren noch, aber ihr Gedächtnis will nicht mehr so recht.

Eines Tages, als ihr Sohn sie besucht, drückt sie ihm einen Geldschein in die Hand. 50 Euro. Erstaunt schaut der Sohn sie an. »Mama, du schuldest mir nichts.«
»Für alles, was ich an dir versäumt habe«, sagt die Mutter.
Sie könnte wohl nicht mehr sagen, was genau sie meint. Ihr Gedächtnis verliert sich vom Heute her. In ihrer Kindheit, da finden sich die Erinnerungen noch zurecht. Alles, was später war, ist schon verschwunden.

In ihrem Sohn aber tauchen die Bilder nun wieder auf.
Ja, denkt er, es gab Momente, da fühlte ich mich allein. Da hätte ich dich gebraucht. Und du warst nicht da.
Es gab Augenblicke, da hätte ich mir ein »Du kannst das« gewünscht. Ein paar lobende Worte, eine Ermutigung. Gesehen werden mit dem, was ich kann.
Und der alte Satz, »Halte dich zurück!«, er sitzt immer noch in mir. Einen Moment lang spürt er, wie der Schmerz an ihm zieht.

Dann sieht er in das alte Gesicht seiner Mutter.
Da war auch so viel anderes, denkt er.
Wie es sich anfühlt, getröstet zu werden, das weiß ich von ihr

und kann es noch immer in mir spüren: Wärme, die sich um mich legt, bis die Tränen versiegen.
Kämpfe hat sie für mich gekämpft, Wege hat sie ermöglicht und hat mir nicht immer, aber oft genug den Rücken gestärkt.

»Mama«, sagt er, »wenn man aufrechnen wollte, dann würdest du doch sehr viel Geld von mir bekommen. Für all das, was du für mich getan hast«.
Beide lachen. Dann drückt er seiner Mutter die Hand.

29. August

Gehalten

Mitten am Tag
lehn ich mich
an deine Liebe,
vertrau ich
dem Wort,
das du gibst.

Mitten am Tag
weiß ich,
du bleibst bei mir
und ich bei dir,
da ist ein Band,
das mich verbindet
mit dir.

30. August

Mehr nicht

Ins Dunkel schauen am späten Abend. Das Fenster rahmt die Nacht. Du siehst einen Ausschnitt, mehr nicht. Wie immer im Leben.
Ein Dach zeichnet sich ab. Weit hinten brennt noch ein Licht. Der Ahorn, ein Schattenriss, zweidimensional, doch die gezackten Blätter sind deutlich zu erkennen.
Du stehst da und hörst zu, wie es still wird in dir. Und es kommt dir vor, als sei die Dunkelheit mit Liedern gefüllt, die darauf warten, erlauscht zu werden. Ja, sie warten auf den einen Menschen, der sie heraushören wird: ihre Melodie, die unter der Stille schwingt. Ihre Worte, die sich nicht fassen lassen.
Später wird der Mond den Rahmen durchwandern, du wirst nur eine Sichel zu sehen bekommen. Mehr nicht. Und doch so viel. Weil sich hinter dem Ausschnitt das Ganze erahnen lässt.

31. August

Skizze

Die Sonne ins Meer tunken,
hinter den dunklen Strich
und mit lichten Händen
die Wellen verwischen,
ihr Rauschen untermischen
und den Wind, der rau
übers Haar streicht, ein Vater.

Den lachenden Drachen einfangen
und die Funken über den Feuern,
in denen die Blicke
dunkel werden.

Dann schließen mit einem Pinselstrich,
wolkiger Signatur
unter dem Sommermond.

Wer es könnte:

Den Himmel in Farben fassen.
Sein Leuchten bewahren,
bevor er im Sandflug verweht …

1. September

Gut aufgehoben

Ich wünsche dir offene Sinne
für die goldenen Töne
und rauschenden Farben
dieser Zeit:

Siehst du, wie noch
im Abschied ein Leuchten liegt?

Was verlöscht
geht nicht verloren.

Es ist in dir.
Und du bist in Gott.

In seiner Hand
ist aufgehoben, was fällt.

Und dort wird es wachsen
zu neuem Leben.

2. September

Ich will dich mit meinen Augen leiten. PSALM 32,8B

Mit neuen Augen

In ihrer Geschichte »Kinderspiel« erzählt die Literaturnobelpreisträgerin Alice Munro von Marlene, die, auf der Suche nach einem Pater für ihre sterbende Freundin, nach vielen Jahren zum ersten Mal wieder eine Kathedrale betritt. Marlene ist überwältigt vom himmlischen Blau der Deckengewölbe, von den bunten Fenstern, die im Sonnenlicht zu Säulen aus Juwelen werden und von gemalten Engeln, »Scharen von Engeln, alle frisch, zart und rein wie Licht«.[27]
Erstaunt, ja, befremdet hingegen nimmt sie wahr, wie gleichgültig die Menschen wirken, die sich hier aufhalten. Plaudernd gehen sie durch die Gänge, ohne einen Blick für die Schönheit des Raumes zu haben. Routiniert vollziehen sie ihre religiösen Rituale, um sich dann wieder dem Alltag zuzuwenden. Als sei nichts geschehen.

Marlene nimmt einen Glauben wahr, der sich abgenutzt hat. Augen, eingetrübt vom Blick auf das Immer-Gleiche. Worte, die zu Hülsen werden, bedeutungslos für den Alltag, kraftlose Rituale.

Was einmal überwältigend schön war, kommt – tausendfach gesehen – allenfalls auf der Netzhaut an, aber nicht mehr im Herzen.
Der Staub des Alltäglichen nimmt dem Besonderen seinen Glanz und seine anrührende und verändernde Kraft.

---

27 Alice Munro: Kinderspiel. Aus: dies.: Zu viel Glück © Fischer Taschenbuch, Frankfurt am Main, 6. Auflage 2013, S. 354.

Vielleicht wäre es eine gute Idee, gelegentlich durch die Augen Außenstehender zu schauen, die diesen Glanz noch erkennen und seinen Lockruf vernehmen. Selbst wenn sie ihm – wie Marlene – nicht folgen werden.

Ich könnte durch die Menschen, die zu besonderen Anlässen in die Kirchen strömen, neu entdecken, welch umwälzende Kraft einem Glauben innewohnt, der von einem menschlichen Gott erzählt.
Die Skeptischen, die doch ihr Kind taufen lassen, rühren an meinen Wunsch nach einem, der seine Fittiche über mir ausbreitet, um mich zu bergen und zu behüten.
Und jene, die von der Kirche Besonderes erwarten, weisen durch ihre Sehnsucht hin auf die radikale Vision einer Welt, in der es gerecht, sanftmütig und lebendig zugeht.

Sie zeigen neu die verwandelnde Schönheit des Glaubens auf, die sich nicht nur in kirchlichen Gebäuden findet, sondern vor allem in den Menschen, die angesteckt von Jesus Christus beharrlich den Himmel aufscheinen lassen auf Erden.

3. September

Wenn

Gott,
wenn es ihn gäbe,
er legte vielleicht
der verstummten Hoffnung
ein paar Worte
in den Mund.

4. September

Du hast mir kundgetan die Wege des Lebens; du wirst mich erfüllen mit Freude vor deinem Angesicht.

APOSTELGESCHICHTE 2,28

Die Fährfrau

Doch, das gibt es: einen Augenblick, der das ganze Leben verändert.
Im ersten Moment weißt du es nicht, spürst vielleicht nur, wie etwas dich anzieht, in eine andere Richtung als die vertraute. Und wenn du ihm nachgehst, öffnet sich eine Tür. Dahinter ein Weg, der dich in ein anderes Leben führt, eines, das dir mehr entspricht, als es bisher war.

Dieser Frau erging es so, lese ich in der Zeitung. Einige Stunden saß sie am Ufer eines Flusses und schaute zu, wie ein Fährmann die Fähre über das Wasser zog. Und spürte plötzlich: Das möchte ich auch.
Sie gab ihren Beruf auf und lernte einen neuen: das Übersetzen von einem Ufer zum anderen. Jetzt zieht sie selbst mehrmals am Tag diese Fähre mit der Hand über den Fluss. So bringt sie Menschen von einer Seite zur anderen und verbindet miteinander, was sonst getrennt wäre.

Ja, es gibt solche Augenblicke. Sie verändern das ganze Leben. Wir kommen uns selbst näher, ahnen, wie und wozu wir gedacht sind.
Es ist, als setze auch Gott uns von einem Ufer über an ein anderes, vom einen Leben in ein anderes, neues.
Dann ist es, als komme der Himmel ganz nah.

5. September

Unterwegs

Neugierig bleiben auf das,
was hinter der Abzweigung wartet:

Gespannt auf mich selbst
in der ungewohnten Landschaft.

Gewiss, dass auch dort
einer sein wird, der mich begleitet.

6. September

Ein Engel betritt das Abteil

Der Zug, in dem ich sitze, steht im Bahnhof. Gleich wird er abfahren. Ich bin müde, lasse das Gewirr von Geräuschen vorüberziehen, nur hin und wieder hebt sich eine Stimme aus dem Grundrauschen heraus. Menschen gehen vorbei auf der Suche nach einem Sitzplatz. Ich sehne mich nach Ankommen.
Endlich setzt der Zug sich langsam in Bewegung.
Nun öffnet sich noch einmal die Tür, eine zarte Gestalt tritt durch die gläsernen Flügel und betritt das Abteil.
Wie kann das sein, wer könnte denn eintreten in einen schon fahrenden Zug? Einen Moment lang kommt es mir vor, als könne es nur ein Engel gewesen sein.
Verspiegelte Fenster gleiten vorbei. Doch als ich den Blick etwas weiter nach unten richte, bemerke ich, dass der Bahnsteig noch da ist. Es ist der Zug auf dem Gegengleis, der sich langsam in

Bewegung gesetzt hat und fort fährt. Wir aber stehen noch im Bahnhof.

Surrealistisch, dieser Augenblick, in dem die Wirklichkeit fraglich wird. Vielleicht erst gegeben, wenn Stillstand und Aufbruch einander berühren. Dann scheint es möglich zu sein, dass ein Engel durch verschlossene Türen ins Leben tritt.

7. September

Mit den Augen des Anfangs

Ein kleiner Schritt zur Seite,
eine feine Verschiebung des Lichts:
mehr ist es nicht,
wodurch Perspektiven sich verändern.

Der Tag, die Dinge,
ja, auch die Menschen:
Sie zeigen ihr Wesen,
wenn man sie anders anschaut.

Nie kennst du das Vertraute ganz,
immer wieder aber
kannst du es
neu erkennen.

Wer mit den Augen des Anfangs
zu sehen lernt,
dem erschließt sich
wieder und wieder
das Glück.

8. September

Ist's möglich, soviel an euch liegt, so habt mit allen Menschen Frieden. RÖMER 12,18

Wie aus Pferdemist Frieden wird

Im Frieden zu leben ist eine Ursehnsucht des Menschen.
Doch die Bilder, die täglich über den Bildschirm laufen, zeigen meistens das Gegenteil. In vielen Teilen der Welt herrscht Krieg.
Manchmal fühle ich mich hilflos, wenn ich die Nachrichten sehe. Was kann ich schon tun, damit sich etwas verändert? Auf die großen Prozesse, die Frieden schaffen könnten, habe ich keinen Einfluss.

Wie Menschen sich im Kleinen vor Ort fantasievoll und subversiv für den Frieden einsetzen, zeigen zwei Beispiele:

Oldendorf-Himmelpforten. Die Samtgemeinde im Landkreis Stade hat etwa 17.000 Einwohner. Sie trägt den Himmel nicht nur im Namen, sondern öffnet ihm auch eine Tür.
Die Menschen dort verwandelten eine Fuhre Pferdemist in eine unbezahlbare Welle aus Menschlichkeit und Solidarität.
Und das geschah so: An einem Herbstmorgen des Jahres 2015

liegt vor einer Unterkunft für Asylbewerber*innen ein großer, stinkender Haufen Pferdemist.
Viele Menschen in Oldendorf-Himmelpforten empören sich nicht nur darüber, sondern werden aktiv. Sofort laden sie im Ortsteil, wo das geschehen ist, zu einem Willkommenskaffee für Geflüchtete ein. Der Arbeitskreis Asyl wächst auf über 100 Mitglieder an. Menschen begleiten Geflüchtete zu den Behörden und geben ihnen Deutschunterricht. Sie organisieren Benefizkonzerte und Feste, bei denen sich Menschen aus unterschiedlichen Ländern begegnen und kennenlernen.
Pferdemist ist nicht nur ein guter Dünger, wo Erdbeeren wachsen sollen. Hier wird er es auch für Solidarität und Menschlichkeit.

Auf der gegenüberliegenden Seite Deutschlands, im oberfränkischen Wunsiedel, verwandeln einfallsreiche Menschen einen Naziaufmarsch in den »unfreiwilligsten Spendenlauf der Welt« und stellen ihn unter das Motto »Rechts gegen Rechts«:
Jedes Jahr treffen sich in Wunsiedel Neonazis zu einem »Trauermarsch« für den Nationalsozialisten Rudolf Heß. Im Jahr 2014 aber ist etwas anders als sonst. Kurz nachdem der Zug sich in Bewegung gesetzt hat, werden am Rande bunte Transparente enthüllt. »Wenn das der Führer wüsste«, steht auf einem rosa gesprenkelten Schild. »Großzügig wie nie« auf einem anderen. Auf der Straße finden sich Markierungen: »Danke für 5.000 Euro«. Für Hungrige gibt es sogar Bananen unter der Überschrift »Mein Mampf«. Die Mitläufer*innen im düsteren Zug sind zunehmend irritiert.
Was ist geschehen? Eine Gruppe kreativer Leute hat Sponsor*innen gefunden, die für jeden Schritt, den der Aufmarsch vorankommt, Geld spenden. Dieses kommt einem Programm zugute, das Neonazis hilft, aus der rechten Szene auszusteigen.

Im Ziel haben die Rechten auf diese Weise unfreiwillig 10.000 Euro gegen ihre eigene Gesinnung erlaufen.[28]

Mittlerweile hat die Idee Nachahmer*innen gefunden. In Templin und Bad Nenndorf, in Strausberg und Passau, in Göttingen und Stendal fanden Spendenläufe statt, in denen Nazis unfreiwillig gegen sich selbst liefen.

Es stimmt, auf die großen, langwierigen Friedensprozesse habe ich keinen Einfluss. Aber vor Ort lässt sich durchaus etwas tun. Die subversiven und fantasievollen Beispiele aus Himmelpforten und Wunsiedel machen dazu Mut.

9. September

Gott

Unmögliches gewordenes Wort,
Menschgewordenes
im Himmel und auf Erden.

Wort,
das untersagt uns ist
und das wir doch
täglich
nennen müssen:

28 https://www.youtube.com/watch?v=ysTqSHoTzoM, Zugriff am 28.02.2021.

Wie könnten wir dich aussprechen
am Ort der Mächtigen?

Wie dich verschweigen
den Armen der Erde?

10. September

Tu deinen Mund auf für die Stummen und für die Sache aller, die verlassen sind. SPRÜCHE 31,8

Kinderschuhe auf dem Pflaster

Mittwochnachmittag in Hameln. Auf der Hochzeitshausterrasse findet wie an jedem Mittwoch gerade das Musical über den Rattenfänger statt. Eben ziehen die Ratten hinter ihm her. »Jetzt gehen wir über die Weser«, singen die Darsteller*innen. Später werden es die Kinder sein, die hinter dem buntgekleideten Flötenspieler herlaufen, um aus der Stadt zu verschwinden. Sicherlich hundertfünfzig Menschen sehen heute dem Spektakel zu.

Wenige Meter entfernt steht eine kleine Gruppe. Auch diese Menschen sind seit einigen Monaten an jedem Mittwoch hier. Sie stellen Kinderschuhe auf das Pflaster der Altstadt.
Ein Paar Schuhe nach dem anderen reihen sie auf, und es sind viele. Dann stellen sie sich selbst dazu. Ein Schild erklärt, warum sie das tun: für die Kinder von Lügde.

Bundesweit haben diese Ereignisse im Jahr 2019 die Nachrichten geprägt. Auf einem Campingplatz bei Lügde hat ein Mann

Kinder um sich geschart und sich ihr Vertrauen erschlichen. Hat am Lagerfeuer Stockbrot mit ihnen gebacken und sie auf seinem Pferd reiten lassen.
Und hat sich dann an ihnen vergangen und sie missbraucht. Andere Männer sind hinzugekommen, ein Netzwerk von Kinderschändern entstand.

Die Täter: Sie sind in den Schlagzeilen. Auch Politiker*innen werden befragt, Fachleute nehmen Stellung: Wie konnte das passieren?

Ich frage mich, was mit den Kindern ist, die nicht in den Schlagzeilen erscheinen. Sie sind es ja, die ein Leben lang an dem tragen werden, was ihnen angetan wurde.

Kinderschuhe auf dem Pflaster. Jedes Paar steht für ein Kind, das auf diesem Campingplatz an einem so idyllisch gelegenen See missbraucht wurde.

Die, die sie aufstellen, machen die kaum fassbaren Verletzungen der Kinder von Lügde öffentlich. Sie informieren die Menschen, die vorübergehen, über die, deren Leid nicht vorübergehen wird.

Und sie tun noch mehr:
Sie machen sich dafür stark, dass Strukturen geschaffen werden, die Kindesmissbrauch verhindern.
So schärfen sie die Aufmerksamkeit für ein heikles Thema. Eine Million Kinder sind in Deutschland betroffen. Sie werden missbraucht, oft von Menschen, denen sie besonders vertrauen: in der Familie und im Freundeskreis. In der Nachbarschaft und der Schule. Ihre Hilferufe sind meist wortlos und werden darum nicht gehört. So bleiben die Kinder mit ihrem Leid allein.

Die Schuhe auf dem Pflaster:
Sie machen sichtbar, was oft im Verborgenen bleibt. Sie bitten uns, unsere Sinne zu schärfen, damit wir schon die ersten Anzeichen für einen Missbrauch erkennen. Sie fordern uns auf, uns kundig zu machen, was wir selbst tun können, um Kinder zu schützen

So geben sie den Stummen eine Stimme.

11. September

Gott hat gewählt

Nicht das Himmelbett,
sondern die Krippe.

Nicht das Kettenhemd,
sondern die Menschenhaut.

Nicht die Königskrone,
sondern die aus Dornen.

Gott hat sich entschieden.
Er kreuzte die Liebe an,
nicht die Macht.

Er riskierte,
verwundet zu werden
an Seele und Leib.

Er setzte sich selbst
aufs Spiel.

Und wählte
als irdisches Antlitz
die Menschlichkeit.

12. September

Und all das Übrige fiel auf das gute Land, ging auf und wuchs und brachte Frucht, und einiges trug dreißigfach und einiges sechzigfach und einiges hundertfach.

MARKUS 4,8

Sein Segen reicht

Ein Sämann streut seine Saat aus. Doch drei Viertel davon gehen nicht auf.
Einen Teil fressen die Vögel, ein anderer findet keinen guten Boden, ein weiterer wird von Dornen überwuchert. Nur ein einziges Viertel der Saat keimt, wächst und gedeiht. So erzählt Jesus es in einem Gleichnis.
Die Bauern damals und auch heute haben sicherlich eine bessere Quote. Aber darum geht es in diesem Gleichnis nicht. Es geht darum, wie Gott das Himmelreich wachsen lässt.

Und da ist es, wie wohl jeder es aus dem eigenen Leben kennt. Ich habe mir mit einer Sache große Mühe gemacht und dann kommt nichts dabei heraus. Alle Arbeit umsonst. Vergeblich habe ich Zeit und Kraft hineingesteckt. Zum Verzweifeln ist so eine Erfahrung. Und sie bleibt wohl niemandem in seinem Leben erspart.

Zum Glück ist das nicht alles. Jesus lenkt den Blick weiter, auf das, was gewachsen ist: Die Halme biegen sich unter den Ähren, so schwer sind sie, dreißigfach, sechzigfach, hundertfach ist die Frucht. Aus einem Viertel der Saat ist ungeheuer viel herangewachsen.

Mich entlastet das heutzutage, wo es meistens ums Schneller, Höher, Weiter geht. Wo wir meinen, jedes Korn müsse Frucht tragen. Wo wir manchmal ungeduldig an den Halmen zerren. Und uns dabei die Wurzeln ausreißen.
Jesus zeigt mir vielmehr: Permanente Höchstleistung ist nicht erforderlich. Nicht einmal für das Himmelreich.
Sie macht den Menschen sogar oft krank und unglücklich.
Tun, was ich kann, ja. Den Rest aber dann getrost Gott überlassen. Er hat seine Kraft in das Saatgut gelegt. Und auch, wenn nicht jedes Korn aufgeht: Er wird doch aus dem, was ich aussäe, mehr als genug wachsen lassen.

Ich schaue auf den Apfelbaum im Garten: Er war einmal ein kleiner Kern. Nun sorgt er in jedem Jahr dafür, dass ich Apfelgelée im Regal, Apfelmus in der Truhe und Most im Keller habe.
Wenn Gott seinen Segen draufstreut, kann aus Unscheinbarem etwas Erstaunliches wachsen. Nicht nur auf dem Kornfeld oder am Apfelbaum, sondern auch in und durch uns.

Gottes Gnade, sein Segen reicht. Dann wird ein Stück Himmel daraus. Und der fängt schon hier auf der Erde an.

13. September

Für mich

Messen, zählen, steigern
sind die Verben,
die meinen Alltag bestimmen.

Höher, schneller, weiter
gehören als Adjektive dazu.

Leben im Komparativ.
Reden im Superlativ.

Schwer zu begreifen,
dass du, Gott,
nicht nach der Leistung fragst.

Nicht, was ich für dich tue,
fragst du,
sondern was du tun kannst
für mich.

14. September

Zu Verschenken

Vor einiger Zeit haben wir in unserem Haus ein Zimmer neu gestaltet. Dazu musste es ausgeräumt werden. Ich war erschrocken und auch beschämt über das, was sich da alles angesammelt hatte. Bücher und Puzzles, Bilderrahmen und Zierrat. Vieles war noch sehr gut erhalten. Aber ich wusste, dass wir es nie wieder gebrauchen würden.

Wohin also damit?

Mich schmerzte der Gedanke, das alles in den Müll zu tun. Also suchte ich einen großen Karton heraus und packte die aussortierten Sachen hinein, ich schrieb ein Schild »zu verschenken« und stellte beides auf unserem Grundstück an die Straße.

Viel Hoffnung, dass etwas mitgenommen würde, hatte ich nicht. Aber wenigstens probieren wollte ich es. Alles erschien mir besser, als die Sachen einfach wegzuwerfen.

Schon nach wenigen Minuten blieb ein Mann stehen, schaute und nahm sich zwei Puzzles mit. Etwas später kam ein Jugendlicher; er wurde bei den Büchern fündig. Eine Frau nahm eine Vase und einen Kerzenleuchter mit. Und so ging es weiter. Der Karton leerte sich mehr und mehr. Am Abend waren nur noch zwei Kleinigkeiten übrig.

Mich hat diese Erfahrung beglückt. Ich freue mich an der Vorstellung, dass das, was ich nicht mehr brauche, doch bei anderen willkommen ist. Ich stelle mir vor, wie jemand sich konzentriert über Puzzleteile beugt. Ein anderer sitzt im Sessel und liest das Buch, das ich aussortiert habe. Die Frau stellt einen schönen Blumenstrauß in die Vase und freut sich daran. Und der Leuchter trägt eine Kerze, die an einem Winterabend das Wohnzimmer erleuchtet.

15. September

Septemberlicht

Ich wünsche dir,
dass du dich sattsiehst
am Septemberlicht.

Schräg fällt es
auf Häuser und Hügel,
Straßen und Gassen
und zeichnet sie weich.

Leicht legt es sich
über Berge und Bäume,
Meere und Menschen,
als wolle es sie vergolden

Ich wünsche dir
einen Blick, barmherzig
wie Septembersonnenschein.

16. September

Denn es ist das Wort ganz nahe bei dir, in deinem Munde und in deinem Herzen, dass du es tust.
DEUTERONOMIUM 30,14

Die Muttersprache des Glaubens

Schaut man einen Säugling an, so scheint es eigentlich ein Ding der Unmöglichkeit zu sein, dass er sprechen lernen kann.

Dazu muss sich ja die Wahrnehmung mit Worten verknüpfen. Die Zunge muss sich auf ganz bestimmte Weise formen, damit diese Worte verständlich aus dem Mund herauskommen. Unzählige Vokabeln müssen erlernt werden. Und nicht nur das. In weiteren Schritten müssen sie zu komplizierten Gefügen zusammengesetzt werden, damit Sätze und zusammenhängende Texte entstehen.

Eigentlich also vollkommen unmöglich. Und doch geschieht es: Fast jedes Kind lernt zu sprechen. Und die Kleinen brauchen dazu nicht einmal Vokabelhefte oder Grammatikregeln. Sie lernen die Sprache wie von selbst.

Die nahe Beziehung ist es, die solche Wunder möglich macht. Liebevolle Eltern, die selbst diese Sprache sprechen. Der zärtliche Unterton. Die Wiederholung: Worte, die das Kind wieder und wieder hört. Die Geduld. Und vor allem wohl: Die Ermutigung: »Gut hast du das gemacht, mein Kind. Du kannst das, du schaffst das.«

Mund und Herz. Sie gehören zusammen, wenn Kinder ihre Muttersprache lernen. Die Worte verknüpfen sich dann fast leicht mit dem, was sie aussagen. Nach und nach fügen sie sich zu immer komplexeren Sätzen. Fast wie von selbst.

Mir kommt es vor, als kenne auch Gott solche Prozesse. Der Bibelvers ließe sich als Zusammenfassung verstehen, wie man die Muttersprache des Glaubens erlernt.
Gott spricht diese Sprache durch seine Gebote dem Volk Israel in Mund und Herz. So liebevoll und zugewandt, wie Eltern mit ihren Kindern sprechen. Geduldig und ermutigend. Mit zärtlichem Unterton.

Die Muttersprache des Glaubens ist eine Sprache, die nicht zuerst gesprochen, sondern vor allem gelebt wird. Sie zeigt sich in Achtung vor Gott und den Mitmenschen und in der Liebe zu allem, was lebt. Und sie ist eine Sprache, die Segen in sich trägt.

Manchmal erscheint es als ein Ding der Unmöglichkeit, diese Sprache zu lernen. Zu groß kommt mir die Aufgabe vor, in der Liebe zu leben und sie an andere weiterzugeben. Immer wieder kommt mir etwas in die Quere. Gott scheint manchmal weit weg zu sein. Und die anderen Menschen sind so anders als ich.

Dann erinnere ich mich, wie Gott selbst ermutigend sagt:
Nein, mein Gebot ist nicht weit weg im Himmel oder jenseits des Meeres. Nicht hinter Grenzen, die unüberwindbar erscheinen. Es ist hier, bei dir, in Mund und Herz.

Bei der Muttersprache des Glaubens scheint es ähnlich zu sein wie bei der Sprache, die ein Kind erlernt: Die nahe Beziehung macht Wunder möglich. In inniger Verbindung mit Gott, von ihm ermutigt mit zärtlichem Unterton, geschieht es fast wie von selbst, dass auch wir Liebende werden. Und durch das, was wir sagen und tun, Segen in die Welt bringen.

17. September

Ins Elternhaus des Lebens

Wieder deine Sprache verstehen,
sie lernen, Wort für Wort,
Sprache, die auskommt
ohne Stimme und Schall.

Ihre flirrenden Verben konjugieren
durch alle Zeiten,
ihre Nomen memorieren
und ihre Adjektive aufspüren allerorts.

Du Sonne, die über den Himmel wandert,
dein Schein überzieht alle Welt.
Du Regen, der aus den Wolken fällt,
und es wuchert, wimmelt und wächst.

Abends sagt der Tag zur Nacht: Wache!
und legt sein Werk ihr in die Hände.
Da zündet sie ihre Lichter an
und erzählt in Bildern
eine Geschichte, wie alles begann.

Ja, wache über uns,
schleich dich in unsere Herzen,
pilgere durch die Gedanken
und füll unsere Seelen
mit deiner wortlosen Sprache.

Lock uns, du Hüterin,
ins Elternhaus des Lebens.

18. September

Man muss Gott mehr gehorchen als den Menschen.

APOSTELGESCHICHTE 5,29B

Gedankenspiel

Angenommen, es gäbe einen Gott, der verlangt, zu hassen. Er befiehlt den Menschen, die an ihn glauben, andere herabzusetzen: Demütige deine Mitmenschen sooft du kannst. Mach sie klein und trampele auf ihnen herum. Auf ihre Seele nimm keine Rücksicht. Menschen, die unterzugehen drohen, lass getrost ertrinken. Und wenn dir jemand in die Quere kommt, scheu dich nicht, ihn umzubringen.

Angenommen, es gäbe einen Menschen, der in der Liebe lebt. Er richtet die auf, die am Boden sind. Für jene, die ihm begegnen, hat er ein Lächeln übrig und findet ein gutes Wort. Er versteht, sich zurückzunehmen für andere Menschen. Ja, vielleicht würde er sein letztes Hemd für den geben, der es dringender benötigt als er selbst. Wunden verbindet er. Heimatlose rettet er aus dem Meer der Verlorenheit. Und er fordert andere auf, es ihm gleichzutun.

Man muss Gott mehr gehorchen als den Menschen. Hier wäre der Satz ins Absurde gewendet.

Solch ein Gedankenspiel zeigt, welch eine schwierige Kategorie »Gehorsam« ist. Wer ihn fordert, verlangt, dass ich ihm mein Denken und mein Gewissen unterordne, ja, vielleicht gar opfere.

Diktaturen arbeiten auf diese Weise: oben ein gottgleicher Machthaber, der absoluten Gehorsam verlangt. Das Individuum löst sich in der Masse auf und geht unter. Und die Verantwortung für das eigene Tun wird abgegeben an eine Instanz außerhalb meiner selbst. Ich gehorche und führe »nur« die Befehle von oben aus
Auch religiöser Extremismus funktioniert durch solch einen Absolutheitsanspruch. Das Individuum hat sich einem allmächtigen »Gott« zu unterwerfen, in dessen Namen alles erlaubt ist. Unterdrücken, foltern, morden. Menschen, die sich ihm unterordnen, denken nicht mehr selbst. Sie haben kein Mitgefühl und kein Erbarmen mit denen, die gegen ihre rigoro-

sen Gesetze verstoßen, die anders oder gar nicht glauben. Auf diese Weise instrumentalisieren religiöse Extremisten Gott und missbrauchen seinen Namen.

Gehorsam verlangen dürfte nur, wer das Individuum achtet, wer Widerspruch und Zweifel wertschätzt und eigenes Denken einfordert. Eben das aber steht in einem gewissen Gegensatz zur Kategorie des Gehorsams.

Man muss Gott mehr gehorchen als den Menschen? Ich glaube nur einem Gott, der mir zumutet, mich von ihm hinterfragen und eben nicht bestätigen zu lassen. Er nimmt mich als mündigen Menschen ernst und erlegt mir auf, die Verantwortung für mein Tun selbst zu tragen.
Ich glaube ihm, der mich auffordert, mein Gewissen anhand der Liebe, die er selbst ist, zu prüfen, zu schulen und zu pflegen. Statt Befehle zu erteilen, stellt er einen Anspruch an mich, welcher nicht einlösbar ist. Einen übermenschlichen, und eben gerade nicht unmenschlichen. Dieser göttliche Absolutheitsanspruch der Liebe: Er ist es, der uns zu menschlichen Menschen macht.

19. September

Wurzel und Flügel

Gott, unser Vater,
Wurzeln verleihst du und Flügel,
frei und geborgen dürfen wir
deine mündigen Kinder sein.

Schenk uns deinen Geist,
damit er uns Anschwung gibt
für den mühseligen Weg der Freiheit.

Und wenn wir dich Vater nennen
und uns deine Kinder,
lass uns daran denken,
einander Schwestern und Brüder zu sein.

20. September (Weltkindertag)

Ohne Update

Ein Freund ist zu Besuch und wir trinken in der Küche einen Tee. Nebenan im Wohnzimmer hört unser Sohn seine Lieblings-CD: Heute machen wir Rabatz. Begeistert singt er mit, ja, manchmal schreit er auch mit.
Rabatz. Das kann man wohl sagen.
Ich gehe rüber, um die Anlage etwas leiser zu drehen. Nun ist zwar die Musik nicht mehr so laut, dafür aber protestiert mein Sohn mit kräftiger Stimme. Es dauert eine Weile, bis wir uns geeinigt haben.

»Manchmal wäre es schön, wenn Kinder auch einen Knopf hätten zum Leiserdrehen« sage ich, als ich die Küche wieder betrete.
Unser computerversierter Freund lächelt. »Da gibt es doch sicher ein Update«, sagt er.

Ein Update, eine Nachbesserung für ein Computerprogramm. Es korrigiert Fehler oder schützt vor dem neuesten Computervirus, es macht manch nachträglichen Wunsch möglich, ohne dass man gleich etwas Neues kaufen muss. In der Technik eine sinnvolle Sache.

Aber ein Update für Kinder? Ein Knöpfchen, mit dem man die Lautstärke regeln könnte und vielleicht auch die Aufmüpfigkeit? Einen Chip, mit dem man die Intelligenz nachbessern könnte, Größe, Dicke und Schönheit.
Oh nein, das möchte ich gar nicht wirklich. Das finde ich sogar gruselig.

Ein Kind, das ist ein wunderbares, überraschendes Geschenk. Eine kleine Persönlichkeit, mit der ich mich beschäftigen und manchmal auch auseinandersetzen muss.
Ich will es nicht mit der Frage anschauen: Wie hole ich das Optimale raus? Oder: Wie forme ich es nach meinen Wünschen?

Kinder, ja, Menschen überhaupt, fordern dazu heraus, sie so anzunehmen wie sie sind. Denn, das weiß ich aus eigener Erfahrung:
Sich geliebt und angenommen zu fühlen, das beflügelt. Das macht mutig und stark. Es hilft, die eigenen Gaben zu entdecken und zu entfalten. Und manchmal über sich selbst hinauszuwachsen.

Und wenn es Streit gibt, dann müssen wir uns auseinandersetzen und einen guten Weg miteinander finden. Natürlich kann das mühsam und anstrengend sein. Oft aber bringt es uns aber ein gutes Stück voran.

Updates für Kinder oder Menschen: Nein danke. Das würden wir teuer bezahlen: mit unserer Originalität, mit Liebe, Freundschaft, Solidarität und Gemeinsamkeit.

21. September

Geflügeltes Wort

Du hast es nicht
in der Hand.
Du machst es nicht.

Und doch geschieht es:

Das leise Wort,
eben noch in den Gedanken,
wandert auf dem Atemstrom
durch den Kehlkopf,
lässt sich
von Zunge und Lippen formen,
tritt dann vorsichtig
aus deinem Mund.

Und:
Ihm wachsen Flügel.

Engelsflügel.

Du machst es nicht.
Du hast es nicht
in der Hand.

22. September

Ihr sät viel und bringt wenig ein; ihr esst und werdet doch nicht satt; ihr trinkt und bleibt doch durstig; ihr kleidet euch, und keinem wird warm; und wer Geld verdient, der legt's in einen löchrigen Beutel. HAGGAI 1,6

Geplante Obsoleszenz

Unser Sohn ging in die sechste Klasse, da lernte ich von ihm ein neues Wort: geplante Obsoleszenz. Als ich fragte, was es bedeute, erklärte er mir:
Die Dinge sollen nach einer gewissen Zeit kaputtgehen. Ihr Verfallsdatum ist sozusagen bewusst eingebaut, damit sie nicht allzu lange halten. Ein Weg also, um die Wirtschaft am Laufen zu halten, in einer Gesellschaft, die auf Wachstum setzt.

Geplante Obsoleszenz beschleunigt den Kreislauf des Geldes. Zugleich macht sie Dinge bewusst wertloser als nötig.
Und das zieht sich durch viele Bereiche des Lebens. Die Mode wechselt häufiger als früher; was ich heute kaufe, ist im kommenden Jahr schon wieder out; etwas Neues muss her. Kleider werden, kaum getragen, in den Altkleidersack gestopft.
Was defekt ist, lässt sich nicht mehr heil machen. Wo früher Schrauben waren, um nachzusehen, was kaputt ist, sind heute Schweißnähte, die einen Blick in das Innere verwehren.
Auch lohnen Reparaturen sich oft nicht mehr. Es ist billiger, Neues zu kaufen. Was noch gar nicht so alt ist, wird wertlos und wandert auf den Müll.

Ja, das hält die Wirtschaft am Laufen. Aber zugleich sorgt es für eine gewisse Vergeblichkeit des eigenen Tuns. Was ich herstelle, darf keine Qualität haben, die es langlebig macht. Es soll keine Geschichte mehr entwickeln, die es einem anderen lieb und teuer machen könnte.

So verlieren nicht nur die Dinge an Wert. Ebenso verlieren die, die sie herstellen, an Wertschätzung. Immer schneller und billiger müssen sie produzieren.
Und nebenbei plündern wir auch noch die Erde aus. Als hätten wir davon noch mehrere in der Hinterhand.
Was eigentlich für Wachstum und Wohlstand sorgen soll, kommt mir zugleich wie eine Weise vor, in einen löcherigen Beutel zu wirtschaften.

Wann hören wir damit auf? Wann dürfen die Dinge wieder eine Seele haben? Wann zählt die Geschichte, die ich mit einem Gegenstand habe, mehr als die Frage, ob er modern genug ist?

Wann werden wir bereit sein, faire Löhne zu zahlen? Auch das lässt die Dinge lieb und teuer werden. Dass nicht nur ich daran Freude habe, sondern auch die Menschen, die sie hergestellt haben.

Ich habe mir vorgenommen, weniger zu kaufen und mehr auf Qualität und Langlebigkeit zu achten. Was kaputt ist, bringe ich in ein Reparier-Café, um zu schauen, ob es sich heil machen lässt.
Außerdem will ich öfter Dinge aus zweiter Hand erwerben. Ich möchte mit ihnen eine Geschichte entwickeln, die es mir schwer machen wird, sie einfach wegzuwerfen.

Und was ich selbst aussortiere, kommt, wenn es gut erhalten ist, nicht auf den Müll.
Das Kleid, das mir nicht mehr passt, bringe ich ins Sozialkaufhaus, Bücher finden in einem Antiquariat ihren Platz, und ein-

mal im Jahr stelle ich eine Kiste an den Gartenzaun mit der Aufschrift »zu verschenken«. Andere freuen sich an dem, was ich nicht mehr brauche.
Ich werde mehr Geld in Dienstleistungen stecken, die keine Ressourcen verbrauchen. Auch das gibt anderen Menschen Arbeit. Arbeit, die sie gut machen dürfen und die zufrieden macht.

Ich möchte die Schöpfung wertschätzen, möchte »Danke« sagen für das, was die Erde uns schenkt.
Und ich möchte dazu beitragen, dass Worte wie »geplante Obsoleszenz« so schnell wieder aus unserem Wortschatz verschwinden, wie sie hineingekommen sind. Damit Kinder sie nicht mehr ihren Eltern erklären müssen.

23. September

Hinter dem Hunger

Gott,
du siehst den Hunger hinter der Sattheit
und die Armut hinter dem Reichtum.

Verdreh unsere Welt,
stell sie auf den Kopf.

Satt werden wir sein,
wenn wir auch andere speisen.

Reich werden wir sein,
wenn wir mit anderen teilen.

Erfülle unser Leben mit einer Fülle,
die sich nicht kaufen lässt.

Schenk uns den Schatz des Schenkens,
aus dem du selber das Leben schöpfst.

24. September

Leere Hände

Ich habe sie schon öfter gesehen, die junge Frau aus der Nachbarschaft, mit ihrer dicken Brille und dem unsicheren Gang. Nun steht sie am Straßenrand, schaut hin und her, tritt mit einem Fuß auf die Fahrbahn, und zieht ihn, als sie das Auto sieht, wieder zurück. Das Auto ist noch weit entfernt, und doch traut sie sich nicht loszulaufen. Ein paar Mal geht das so.

Ich gehe zu ihr, frage, ob ich ihr helfen soll. »Wenn Sie möchten«, sagt sie. Ganz selbstverständlich nimmt sie meine Hand auf genau die Weise, die ihr hilft. Ich merke, dass ich selber nie so nach der Hand eines mir fremden Menschen fassen könnte.

Ich schaue nach links, nach rechts, noch einmal nach links. Die Straße ist frei. Wir gehen los. Durch ihren unsicheren Gang entsteht bei jedem zweiten Schritt ein Druck in meiner Hand, an dem ich spüren kann, wie anstrengend es für sie sein muss, zu gehen. Zehn Schritte lang ihre rechte Hand in meiner linken, meine unten, ihre oben, meine hält, ihre lässt sich halten. Fünf Mal der stärkere Druck, dann eine kleine Zäsur, als sie den Bordstein hinaufsteigt. Ein Blick, durch die dicken Gläser suchen ihre Augen meine. »Danke«, sagt sie.

Dann lässt sie los, und ich gehe allein über die Straße zurück. Zehn Schritte, und ganz langsam lässt meine Hand mich wissen, dass sie jetzt nichts und niemanden mehr hält, Schritt für Schritt spüre ich mehr, wie leer sie ist, vollkommen leer.

25. September

Im Septemberlicht

Hörst du es auch?
Im Septemberlicht
klingen und singen und summen
die Träume leiser.

Doch ihre Bilder
beginnen zu leuchten,
fast so,
als schwebe
eine Libelle hindurch.

Ich schaue sie an
Und hör ihnen zu
Und sammle sie ein.

Und mache ein Lied
für den Winter daraus.

Wenn die Traumquellen schweigen.

26. September

Anders gesagt: Gebote

Jesus hat die Gebote Gottes in zwei Sätzen zusammengefasst.

»Du sollst den Herrn, deinen Gott, lieben von ganzem Herzen, von ganzer Seele und von ganzem Gemüt.« (Matthäus 22,37) Und: »Du sollst deinen Nächsten lieben wie dich selbst.« (Matthäus 22,39)

Das Doppelgebot der Liebe. Einer Liebe, die alle umfasst: Gott, den anderen und auch mich selbst.

Die vordringliche Aufgabe derer, die Gott für möglich halten, scheint also weder die Mahnrede zu sein noch die Mission. Erst recht nicht die Überwachung anderer oder die Drohgebärde.

Die vordringliche Aufgabe derer, die Gott für möglich halten, besteht darin, den zärtlichen Ton der Liebe in die Welt zu tragen und das Leben behutsam zu bewahren.

27. September

Es hilft nichts

Es hilft nichts,
zum Himmel zu schauen
und darüber
die Erde zu vergessen.

Es hilft nichts,
ein Schloss in die Luft zu bauen,
Obdachlosen aber
kein Dach anzubieten.

Es hilft nichts,
Gottes Größe jubelnd zu preisen
und die zu überhören,
in denen er selbst zum Himmel schreit.

28. September

Engel

Du bittest mich
ein Bild zu malen,
dann fragst du,
wo der Engel ist.

Du bist sicher,
da ist einer,
der scheu sich
den ersten Blicken
entzieht.

Nun schau ich
genauer,
auf alle Bilder,

suche in
Häusern, Straßen,
Gräsern und Bäumen,

wende Bücher und Blätter,
summe die kleinen Lieder
und lausche dem Wind.

Sehe jedem Menschen
einmal mehr
ins Gesicht.

29. September (Michaelistag)

Der Engel des HERRN lagert sich um die her, die ihn fürchten, und hilft ihnen heraus. PSALM 34,8

Engelsamenkorn

Sie lag lange zurück, die Nacht, als Zigi mit seiner Frau und seinem Kind diese Kirche betrat. Es war Abend, es war kühl. Und die Schuhe an Zigis Füßen waren zerschlissen, so sehr, dass sie nur mithilfe zweier Gummibänder an seinen Füßen blieben. Ein Zuhause hatten Zigi, seine Frau und sein Kind nicht. Jeden Tag mussten sie sich das Dach suchen, das sie in der Nacht bergen würde. Manchmal war es auch der Himmel, der über ihnen stand. Wenn es jedoch nach Frost aussah, suchten sie sich einen wärmeren Ort.

In dieser Nacht also war es die Kirche. Müde, mit kleinem Mut und wehen Füßen, kamen sie an. In der Nähe zweier großer hölzerner Engel schlugen sie ihr Lager auf. Die zerschlissenen Schuhe blieben an Zigis Füßen. Als Zigi am Morgen aufwachte, waren die Schuhe von seinen Füßen genommen und ein Paar fellgefütterter Stiefel stand neben dem Nachtlager.

Seitdem verschenkt Zigi einmal im Jahr seine Schuhe. Jedes Jahr macht er sich wieder auf den Weg, schaut sich um, nimmt die am Wegesrand wahr, deren Schuhe zerschlissen sind. Und kehrt dann mit nackten Füßen zurück. So erzählt es Zsuzsa Bánk in ihrem Roman »Die hellen Tage«.[29]

Mir scheint, dass in jedem Paar Schuhe, das Zigi trägt, die Erinnerung an diese eine Nacht lebt. Engel waren da. Große, hölzerne Wesen, die ihre Flügel ausbreiteten über den Bedürftigen. Fellgefütterte Stiefel waren da, die Zigis Füße vor dem Erfrie-

29 Zsuzsa Bánk: Die hellen Tage, Frankfurt 2012.

ren bewahrten. In den Stiefeln lag ein Samenkorn. Ein Engelsamenkorn. Die Erinnerung wässerte und hegte und pflegte es, bis ein weiterer Engel daraus wuchs: Zigi selbst, der loszieht, Jahr für Jahr, und nun anderen seine Schuhe schenkt.

30. September

Erinnerung

Die Sommerfarben
sind eingesammelt.
Kornblume, Margerite,
Sonnenblume und Rose.

Sternschnuppen sind
mit Wünschen versehen,
und der Mond hat sein Licht
großzügig ausgegossen
über den Träumen.

In vielen Farben hat sich
der Himmel gezeigt,
Wolken zogen vorbei,
und die Linie des Horizonts
war blau.

1. Oktober

Erntezeiten

Ich wünsche dir
Erntezeiten:
Momente, in denen das,
was in deinem Leben
gereift und gewachsen ist,
vor dir liegt:

dick wie ein Kürbis,
filigran wie eine Ähre,
rund wie eine Tomate,
duftend wie ein Apfel.

Gott hat seinen Segen
in dich gelegt,
manchmal fast unbemerkt.

Jetzt liegt die Ernte da
und du staunst.
Die Mühe des Lebens
hat sich gelohnt.

2. Oktober

Aller Augen warten auf dich, und du gibst ihnen ihre Speise zur rechten Zeit. PSALM 145,15

Durch unsere Hände

Ja, die Augen warten. In den Augen ist das Warten, ist auch der Hunger besonders sichtbar. Vor allem wohl in den Augen der Kinder.
Dass die Speise zur rechten Zeit vom Himmel fällt, dass einem gebratene Tauben in den Mund fliegen und auf den Bäumen Torten wachsen, ist ein alter Menschheitstraum. Doch in der Realität ist es nicht so. Die Erde ist kein Schlaraffenland. Das, was uns nährt, entsteht nicht ohne unser Zutun. Mit Mühsal sollst du den Acker bestellen, so heißt es, als Adam und Eva aus dem Paradies vertrieben werden.
Und doch: In unserem Teil der Welt tragen die Äcker genügend Früchte, ja, mehr als das. Wir leben im Überfluss. Viel zu viele Lebensmittel wandern hier in den Müll. Um das tägliche Brot müssen die meisten von uns sich wohl nicht sorgen. Und so können unsere Augen sich abwenden vom Blick auf die eigene Bedürftigkeit hin zu denen, die nicht satt geworden sind. Denn Gott hat sich mit dem, was er geben will, an uns gebunden. Seinen Blick hat er mit unserem verschmolzen. Mit seinen Augen sehen wir die Augen, in denen der Hunger noch schreit: Hunger nach Brot, aber auch Hunger nach Liebe, nach Hoffnung, nach Leben. Gott hat seine Hände in unsere gelegt. Mit diesen Händen teilen wir aus: Brot. Wärme. Rosen.
»Du gibst ihnen Speise zur rechten Zeit ...« Wir, die wir uns satt essen können, wir dürfen das nur dann sagen und singen, wenn diese Speise durch unsere Hände geht, wenn sie von uns ausgeteilt wird und auch anderen zugute kommt: denen näm-

lich, deren Augen darauf oft viel zu lange schon hungrig gewartet haben.

3. Oktober

Sein Segen

Sein Segen,
der durch meine Hände geht:

Die Erdbeere,
die ich gepflanzt habe,
errötete unter der Sonne.

Das Geld,
das ich gegeben habe,
wurde zum Brunnen in der Wüste.

Die Freundschaft,
die ich geschlossen habe,
ist heute ein festes Band.

4. Oktober

Halleluja! Danket dem HERRN; denn er ist freundlich, und seine Güte währet ewiglich. PSALM 106,1

Anders gesagt: Erntedank

Ein Fest, an dem das Alltägliche zum Besonderen wird. Im Supermarkt gehe ich täglich vorbei an Regalen voller Obst und Gemüse. Heute halte ich einen einzelnen Apfel in der Hand. Er duftet und glänzt. Wie saftig und köstlich er schmeckt!
Wenn das Alltägliche zum Besonderen wird, wenn ich anfange, genau wahrzunehmen, verändert sich die Welt um mich herum. Und auch ich selbst verändere mich.
In solchen Momenten kann ein Apfel zum Geschenk werden, eine Blüte zum Wunder, ein Augenblick zur Inspiration, ein Fremder zum Freund. In diesen Momenten wird das Staunen geboren, aus dem der Dank entsteht.

5. Oktober

Auch ein Erntedank

Heute das Leben feiern. Mich erinnern: Ich verdanke mich nicht mir selbst. Einer hat mir mein Leben geschenkt. Andere Menschen waren für mich da: Angehörige, die mich geliebt, versorgt und gefördert haben; Freunde, die mich getröstet, hinterfragt und begleitet haben. So bin ich gewachsen und zu dem Menschen geworden, der ich bin. Heute danke ich für alle, in denen mir Gottes Segen begegnet ist.

6. Oktober

Im Niemandsland

Oktobertage am Strand. Dick eingepackt schlendert sie am Spülsaum entlang.
Hin und wieder bückt sie sich, um eine Muschel aufzuheben. Bleibt stehen, schaut den Wellen zu, ihrem Hin und Her, Vor und Zurück. Weit dahinter liegt reglos und ruhig der Horizont.

Gedanken holen sie ein. Hier kann sie sie zulassen. Die Erinnerung an ihn – und an das, was er ihr angetan hat.
All die Jahre, in denen sich Bilder vom Damals ins Heute drängten, wieder und wieder aufstiegen, sie überschwemmten!
Mit ihnen kamen die Gefühle. Die Hilflosigkeit, die Scham. Später der Zorn und die Tränen.

Manche sagten, sie solle das alles endlich hinter sich lassen. Andere hoben den Zeigefinger und drängten sie, ihm zu vergeben. Doch das konnte sie nicht. Zu sehr schmerzten die Wunden, die er hinterlassen hatte.
Eine Freundin aber war anders. Sie sagte: Lass dir die Zeit, die du brauchst.

Sie bleibt stehen, schaut den Wellen zu, wie sie kommen, brechen, sich zurückziehen, wieder und wieder.

Doch es war nicht nur der Schmerz, der immer noch brannte. Sie hatte auch Angst gehabt, dass ein Verzeihen ihm recht geben könnte. Dass sie ihre Wut kleinreden und ihren Schmerz beiseiteschieben würde. Dass sie sich so selbst das Leid ein zweites Mal zufügen könnte.

Langsam geht sie weiter. Hier am Strand ist es, als gäbe es ein Niemandsland zwischen Gestern und Morgen. Ein breiter Streifen Zeit, in dem sie zur Ruhe kommt.

Zum ersten Mal scheint es ihr möglich, das Alte loszulassen, es hier zu lassen, am Meer.

Sie denkt zurück. Holt die Momente wieder. Es ist, als entfernten sich die Gefühle von ihr. Der Abstand wird immer größer. Was gewesen ist, verliert an Macht.

Ich vergebe ihm, denkt sie. Und wundert sich, dass sie sich das alte, fast altmodische Wort zu eigen macht.
Nicht um seinetwillen. Sondern um meiner selbst willen verzeihe ich ihm. Endlich frei werden, endlich loskommen von dem, was mich an diese Zeit und auch an ihn bindet.

Ob es von Dauer sein wird: Sie weiß es nicht. Die Zeit wird es zeigen. Und doch scheint ihr, als ob etwas Neues beginnen könnte in diesem Niemandsland zwischen Gestern und Morgen, zwischen Himmel und Erde, Land und Meer.

7. Oktober

Unter der Stille

Es gibt Tage,
an denen mir die Worte
verloren gehen,
die ich dir, Gott, sagen könnte.

Ich bitte dich:
Höre unter der Stille
das, was ich nicht sage,
und nimm es auf bei dir.

8. Oktober

Lasst uns aufeinander achthaben und einander anspornen zur Liebe und zu guten Werken. HEBRÄER 10,24

Olympiade des Guten

Die Läufer*innen stehen in ihren Trikots am Start. Ein Trainer gibt ein paar Tipps. Nicht zu schnell loslaufen, dein Anfangstempo muss langsam sein. So hältst du länger durch.
Am Rande die Zuschauer*innen. Manche wedeln mit selbstgebastelten Fähnchen. Andere haben Wasserfläschchen in der Hand, falls die Sportler*innen zu sehr ins Schwitzen kommen.
Endlich der Startschuss: Los geht's!

Ein Sponsor*innenlauf in unserem Viertel. Die Läufer*innen haben in ihrer Familie, bei Freund*innen und Bekannten um Unterstützung gebeten: Wer gibt eine Spende für jeden Kilometer, den ich laufe? Auf einer Karte tragen sich die Sponsor*innen ein, mit dem Betrag, den sie geben wollen und ihrer Unterschrift.
Alles Geld, das so zusammenkommt, wird gespendet für einen guten Zweck.
Ich weiß selbst noch, wie ich als Jugendliche einmal Rad gefahren bin für den Bau einer Schule in Tansania.
Wie sehr hat es mich motiviert, über meine Grenzen zu gehen!
Ich sah die Mädchen und Jungen fast vor mir, wie sie Lesen,

Schreiben und Rechnen lernten. Wie sie in der Pause Ball spielten oder gemeinsam zu Mittag aßen. Jede Runde bedeutete ein paar Bausteine mehr.
Der Ehrgeiz, nicht als Erste aufzuhören, gesellte sich dazu. Und am Ende war ich selbst verwundert über die Kilometerzahl, die ich schwarz auf weiß auf meinem Sponsor*innenkärtchen las.

Fröhlich und erschöpft sammelte ich bei denen, die mich unterstützten, das Geld ein und freute mich über den ein oder anderen erstaunten Blick. So viele Kilometer hatten manche mir nicht zugetraut. Nun mussten sie mehr zahlen als gedacht. Aber alle gaben mir das Geld gerne. Stolz lieferte ich es bei unserem Pastor ab.
Ich hatte lange etwas von diesem Tag. Eine Woche später schmerzte der Muskelkater immer noch.
Aber auch andere hatten lange etwas davon. Bildung und Brot. Und ein Stück Zukunft.

Solche Veranstaltungen sind für mich eine kleine Olympiade des Guten. Ein Wettbewerb, bei dem es nur Gewinner*innen gibt.

Es macht Spaß, mit anderen zusammen für ein gemeinsames Ziel zu laufen oder zu radeln.
Und wer nicht mitmachen kann, kann doch etwas beitragen: Anspornen. Durch eine Spende, jeder noch so kleine Betrag treibt die Sportler*innen an, an ihre Grenzen zu gehen und noch eine Runde mehr zu laufen.
Und dann beim Lauf selbst. Am Rande stehen, klatschen, unterstützen, motivieren.

Miteinander können wir viel bewegen und die Welt zum Guten verändern.

9. Oktober

Tag für Tag

Nach dem ersten Blick
einen zweiten wagen.

Hinter dem Lärm
die Stille hören.

Unter den Worten
die Sehnsucht spüren.

Mitten im Dunkel
ein Licht vermuten.

Über dem Sterben
das Leben erhoffen.

Der Liebe trauen
Tag für Tag.

10. Oktober

Und Elia legte sich hin und schlief unter dem Ginster.
Und siehe, ein Engel rührte ihn an und sprach zu ihm:
Steh auf und iss! 1. KÖNIGE 19,5

Lebendig und neu

Gott, er ist stark, sagte er sich. Er wird mich retten. Er wird ein Wunder geschehen lassen, wenn keiner mehr daran glaubt.

Dann werde ich auferstehen, aus diesem Bett, von dieser Krankheit, von meinem Kampf.

Sie hatte ihn besucht. Wieder und wieder.
Hatte sich seine Sprüche angehört. Nur die Harten kommen in den Garten. Ich werde wieder gesund. Ich habe noch so viel vor.

Hatte gesehen, wie ihm die Haare ausfielen, wie das linke Bein immer dicker wurde. Und sich mit ihm gefreut, wenn er wieder nach Hause konnte.

Doch er kam wieder ins Krankenhaus, jedes Mal. Und wenn sie das Zimmer betrat, empfing er sie mit lockeren Sprüchen und Zuversicht.
Einmal erzählte er von seiner Kindheit. Wie sie in den Apfelbäumen gesessen hatten.
Und gab ihr ein Rezept für – wie er sagte – die besten Salzgurken mit auf den Weg.

Einmal lud er sie ein, auf einen Kaffee in der Caféteria. Als sie im Fahrstuhl nach unten fuhren, er schon im Rollstuhl, da weinte er.

Er schlief immer öfter, immer mehr. Und erzählte, wenn er wach war, von seinem Gott, der ihn retten werde.

Als er schon nicht mehr aufstehen konnte, bat er sie um eine Geschichte. Die habe ihm viel bedeutet. Es sei die Geschichte von Elia. Er würde sie gerne wieder einmal lesen.

Sie kopierte die Seiten aus der Bibel, in groß. Von Elia, dem nach all seinen Kämpfen ein sanfter Gott begegnet.
Als sie ihm die Geschichte geben wollte, schlief er. Sie legte sie

auf seinen Nachttisch und schrieb einen Gruß dazu. Es sollte der letzte sein.

Die Geschichte von Elia aber ging mit ihr mit. Fast wie ein Vermächtnis.
Wenn die Bilder von Gott zerbrechen, zerfällt seine Macht. Und er zeigt sich dahinter lebendig und neu.
Als zärtlicher Gott, der dich stärkt für den langen Weg, der vor dir liegt.
Auch für den Weg durch den Tod.

11. Oktober

Zärtlich das Leben hüten

Ewiger Gott,
manchmal wünschte ich,
deine Zeichen wären deutlicher
in dieser Welt.

So oft übertönen
Gewalt und Geschrei
dein lebendiges Wort.

Gib mir Kraft, dir nachzugehen
auf der Spur deines sanften Segens,
die sich vom Damals ins Heute zieht.

Hilf mir, immer wieder
trotzig aufzustehen für die Liebe
und zärtlich das Leben zu hüten.

12. Oktober

Blaue Stunde

Der Dämmerung zuzuschauen, das fasziniert mich immer wieder. Ich lasse das Licht gelöscht, obwohl ich das, was ich gerade in den Händen habe, nicht mehr richtig erkennen kann. So lege ich es für eine Weile beiseite und setze mich aufs Sofa. Ich lasse den Tag gehen und heiße den Abend willkommen.

Es ist schön, wie das Licht langsam der Dunkelheit Platz macht. Die »Blaue Stunde« wird diese Zeit auch genannt. Und tatsächlich: Ein leichtes Blau legt sich auf alles. Die Konturen sehen dadurch weich aus und fangen an zu verschwimmen.

Mir scheint es in diesen Momenten immer so, als komme die Welt zur Ruhe. Als würden nicht nur die Farben gedämpft, sondern auch die Geräusche. Und auch auf das, was mir gerade noch so wichtig erschien, legt sich die sanfte Decke der Dämmerung. In mir wird es nach und nach still.

Es tut gut, auf diese Weise eine Weile aus der Zeit genommen zu werden. Als gelte das Ticken der Uhr in diesen Momenten nicht mehr für mich.

Stattdessen ist es, als schenkte Gott mir einen Augenblick aus seiner Ewigkeit. Schon jetzt darf ich erleben, wie es ist, wenn die Zeit aufgehoben ist durch ihn. Ich spüre, wie alle Unruhe von mir abfällt. Wie ich gelassen werde und neue Kraft schöpfe.

Und wenn ich dann aufstehe, um das Licht anzumachen, fühle ich mich ein wenig wie ein anderer, neuer Mensch.

13. Oktober

Die lang vergessenen Räume

Heute suche ich
im Haus,
das ich selber bin,
die lang vergessenen Räume auf.

In einem fristen
verlorene Träume
ein Schattendasein.
Ich öffne Fenster
und lasse Licht ein.
Da stehen sie auf
und beginnen zu tanzen.

In einem wohnen Erinnerungen
an das Kind, das ich war,
sie schillern und schimmern.
Menschen schauen mich an,
die mir bis heute erzählen,
wer ich bin und
was mir möglich ist.

Dunkel ist der Raum,
in dem Enttäuschungen lagern.
Ich drehe sie um und befrage sie
nach ihrer Kehrseite:
Sie sprechen leise von dem,
was mich noch erwartet.
Und beginnen plötzlich,
den Träumen zu ähneln.

Die Abstellkammer
durchforste ich,
spüre manches auf,
was sich noch brauchen lässt,
wenn ich es auffrische
mit sanften und leuchtenden Farben.

Neues entdecke ich,
manches finde ich wieder
auf dem Weg
durch die lang vergessenen Räume
in mir.

14. Oktober

Nur ein Traum

Heute
besuche ich meine Kinder.
Die nicht geborenen.

Sehnsucht
weist mir den Weg.

Ich sehe sie
spielen und lachen.
Sie vermissen
mich nicht.

Sie wohnen
in einer Liebe,
die größer ist
als meine.

Nur ein Traum.
Ja, ich weiß.

Einer, der wahr
sein könnte.

15. Oktober (Sternenkindertag)

Frau, was weinst du? JOHANNES 20, 13 UND 15

Neben Maria

Manchmal gehe ich neben ihr durch die Finsternis zu den Gräbern.
Manchmal sehe ich in der Höhle die Engel.
Ich möchte bei euch sein, sage ich, ihr seid so schön und ich sehne mich nach euch.

Frau, was weinst du, höre ich sie fragen. Sie machen die Tür auf zu meinem Kummer. Ja, ich weine. Weine um euch, meine Kinder. Die nie geborenen.

Tröstend steht ihre Frage im Raum und gibt mir Zeit. Ich spüre sie neben mir und verkrieche mich in meiner Trauer. Sie bleiben und lassen es zu. Wie schön ist es, ihnen nahe zu sein.

Irgendwann versiegen die Tränen, ich hebe die Augen und sehe den Schimmer, der in die Höhle fällt. Ein Weg aus verhaltenem Licht, der vorsichtig bittet, ihn zu betreten.
Ich stehe auf, (oder soll ich sagen: ich auferstehe), etwas wackelig noch, und taste mich aus dem Dunkeln.

Vor dem Grab wartet der Morgen. Im Gegenlicht kommt eine Gestalt auf mich zu.

Frau, was weinst du, fragt sie. Dieselbe Frage, die auch die Engel stellten. Doch klingt sie anders hier, wo nun die Sonne den Himmel erklimmt.
Als seien es nun genug der Tränen. Als gäbe es hier keinen Grund (mehr) dafür.

Nun spricht die Gestalt mich an, als wisse sie um das, was war. Und nennt mich bei meinem Namen, so, dass aufzuleuchten scheint, wer ich bin.

Ich hebe den Kopf und sehe das Licht. Höre die Bienen, sie summen im blühenden Baum. Und bemerke nun auch den Bach, der über den Friedhof fließt.

Vielleicht leben sie, in mir und auch auf andere Weise als ich.

Ich kann sie besuchen. Kann den Ort aufsuchen, den ich ihnen gegeben habe. Im Grab warten Engel und hören mir zu. Ich kann ihnen nah sein und trauern.

Und ich kann dann wieder und wieder ins Leben gehen. Wo die Morgensonne leuchtet, als wolle sie mir Mut machen, dem Tag zu vertrauen. Und einer mich bei meinem Namen nennt, als wolle er mich zurückrufen ins Leben.

16. Oktober

Hoffnungsatem

Ich wünsche dir,
dass du im
Wirbel des Lebens
den langen Atem
der Hoffnung spürst.

Vertrauen
wünsche ich dir
in die Weisheit des Windes,
der die Blätter mitnimmt
und sie tanzen lässt.

Als sei er sicher,
dass dort,
wo etwas vergeht,
auch wieder
Neues entsteht.

17. Oktober

Alles umsonst?

Da habe ich mir mit einer Sache große Mühe gemacht und dann kommt nichts dabei heraus. Alle Arbeit umsonst. Vergeblich habe ich Zeit und Kraft hineingesteckt.
Längst nicht alles, was ich tue, ist von Erfolg gekrönt.
Die bittere Erfahrung von Vergeblichkeit gehört zum Leben dazu. Mit ihr umzugehen, bleibt eine Herausforderung.

Doch möchte ich darüber auch das andere nicht vergessen:
Meine Kräfte waren größer als ich dachte und ich wuchs über mich selbst hinaus. Als habe einer für Rückenwind gesorgt.
Was ich nicht für möglich gehalten hatte, stellte sich ein. Als wolle das Leben mich überraschen.
Was ich verzagt angefangen habe, hat sich prächtig entwickelt und ist über die Maßen gewachsen. Als habe es einer mit Segen benetzt.

18. Oktober

Es werden allezeit Arme sein im Lande; darum gebiete ich dir und sage, dass du deine Hand auftust deinem Bruder, der bedrängt und arm ist in deinem Lande.

DEUTERONOMIUM 15,11

Weitherzig werden

Worte gegen die Hartherzigkeit. Ein hartes Herz muss alles, was es hat, für sich behalten. Hartherzig werde ich, wenn ich

das Gefühl habe, zu kurz zu kommen. Oft passiert das, weil ich mich mit denen vergleiche, die es besser haben als ich: der Nachbar, der mehr verdient, die Bekannte, die Karriere gemacht hat, der Freund, der so toll Gitarre spielen kann.
Gegen Hartherzigkeit hilft, die Blickrichtung zu wechseln und auf das zu schauen, was ich völlig unverdient geschenkt bekommen habe: Es gab Menschen, die mich gefördert haben. Ich habe ein besonderes Talent. Manchmal war es, als habe mir der Himmel einen Engel geschickt. Und oft hatte ich mehr Glück als Verstand.
Plötzlich merke ich, dass ich gar nicht immer zu kurz komme, im Gegenteil, oft komme ich viel zu gut weg.
Wie viele Menschen sind schlechter dran. Sie haben keinen Arbeitsplatz, sind einsam, voller Sorgen oder krank. Ich denke an eine Mutter, die mit der Grundsicherung über die Runden kommen muss. Jede ungeplante Ausgabe wird für sie zum Problem. Sogar in unserem eigentlich reichen Land.
Gott kennt uns Menschen gut, scheint mir: Arme werden allezeit sein im Lande. Das ist eine realistische Einschätzung. Und die, die genug haben, geben oft nicht gerne davon ab.
Wenn ich erkenne, wie gut ich es habe, dann werde ich glücklich und mein Herz wird weit. Weitherzige Menschen sind großzügig. Sie geben gern. Sie verschenken, was ihnen geschenkt wurde. Nicht nur Geld. Auch Zeit oder Phantasie, eine helfende Hand oder ein offenes Ohr.

19. Oktober

Wunder

In meinem Leben
hat es vermutlich
Wunder gegeben.

Sie gingen vorbei
wie Menschen
in dunklen Mänteln.
Unscheinbar.
Ganz normal.

Selbstverständlich,
sagte ich und
es schmeckte
nicht einmal bitter.

Dieses entzaubernde,
verächtliche Wort.

20. Oktober

Seufzen und Sehnen

Es waren zwei Schwestern, die eine hieß Seufzen, die andere Sehnen.

Seufzen war ziemlich pessimistisch. Sie sah die Welt, wie sie ist. Manchmal war sie unglücklich über sich selbst. »Ach, wieder ist mir etwas danebengegangen«, seufzte sie, wenn ihre Pläne misslangen. Als hätte sie nichts anderes erwartet.

»Du jammerst zu viel«, sagte Sehnen. »Beim nächsten Mal wird es besser gehen!« Im Gegensatz zu ihrer Schwester war sie ziemlich optimistisch. Sie sah die Welt, wie sie sein könnte. Auch sie war manchmal unzufrieden mit sich selbst. »Hätte ich anders angefangen,« sagte sie sich, wenn ihre Pläne misslangen, »so wäre es bestimmt besser ausgegangen!«
»Hätte, hätte, Fahrradkette«, sagte Seufzen dann zu ihr. »Du träumst einfach zu viel ...«

Abends saßen die beiden Schwestern nebeneinander auf dem Sofa und schauten die Nachrichten an. Fast täglich flimmerten die Bilder eines Krieges durch den Raum. »Ach«, seufzte Seufzen, »die armen Menschen, wie halten sie das nur aus?« Manchmal weinte sie mit den Weinenden.
Auch Sehnen fühlte mit denen, die litten. Vor ihren inneren Augen aber sah sie ein anderes Bild: Da wischten die einen den anderen, die weinten, ihre Tränen ab.

Obwohl die beiden Schwestern sich oft nicht einig waren, waren sie doch froh, einander zu haben. »Du machst mir Mut«, sagte Seufzen ab und zu. Und ihre Mundwinkel gingen nach oben. »Und ich fühle mich von dir verstanden«, erwiderte Sehnen und lächelte zurück.
So lebten sie miteinander im Haus, das sich Mensch nannte, irgendwo in einer Stadt, die Erde hieß.

21. Oktober

Nach der Verzweiflung

Möglich:
sitzen zu bleiben
auf den Trümmern des Hauses
und die eigene Verlorenheit
zu beweinen auf immer.

Beharrlich auf Steine, Bretter, Beton
zu verweisen, mit ausladender Geste
auf abgerissene Kabel zu zeigen
und an den Fetzen einer Tapete zu zupfen,
die lose herunterhängt.

Als wäre das nun das Haus,
in dem man verweilen müsse,
als gäbe es einem Recht
für die Ewigkeit.

Möglich auch:
aufzustehen. Weiterzuziehen.
Über sich nur
unbestimmte Verheißung,
dieses blaugraue Zeltdach Zukunft,
das denen Heimat ist,
die aufbrechen
aufgrund eines Wortes.

22. Oktober

Und nun spricht der HERR, der dich geschaffen hat, Jakob, und dich gemacht hat, Israel: Fürchte dich nicht, denn ich habe dich erlöst; ich habe dich bei deinem Namen gerufen; du bist mein! JESAJA 43,1

Zu schade für das Grab

Fast zu schade für das Grab.
So lautet die Überschrift über einem Zeitungsartikel, der von einer Frau berichtet, die Särge anmalt.
Manchmal sind es ihre eigenen Ideen und Bilder, die sie sorgsam daraufpinselt.
Meistens aber spricht sie mit den Angehörigen über den Menschen, der in diesen Sarg eingebettet wird, um begraben zu werden.
Gemeinsam überlegen sie, welche Motive zu sehen sein sollen. Was passt zu dem oder der Verstorbenen, was hätte ihm oder ihr gefallen? Was war wichtig in diesem Leben, das nun zu Ende ist? Welche Hoffnungen, welche Träume? Was hat diese Person ausgemacht und sie so werden lassen, wie sie war?
Die Motive und Farben auf dem Sarg bilden dann das Leben ab, das nun vorbei ist. Sie malen noch einmal vor Augen, was dieser eine Mensch in die Welt eingezeichnet hat.
Sie führen auch vor Augen: Am Ende, wenn wir sterben, müssen wir das Bild unseres Lebens aus der Hand geben. Mit uns wird es in den Sarg gelegt und bestattet.

Fast zu schade für das Grab.
Die Zeitungsüberschrift drückt aus, was wohl viele Menschen empfinden, wenn sie an einem Sarg stehen, nicht nur, wenn er bemalt ist:

Dieses Leben, das ein so einzigartiges Kunstwerk ist, mit allem, was darin war, an Schönem und auch Schwerem, dieses Leben: Es ist doch viel zu kostbar, um begraben zu werden.
Warum muss es mit all seinen Farben und Facetten zu Ende gehen? Als würde der Mensch, der es gestaltet und unverwechselbar gemacht hat, im Dunkel verschwinden, ja, vielleicht gar vergessen.

Fast zu schade für das Grab.
Wer weiß, vielleicht denkt Gott ähnlich, wenn er auf uns Menschen schaut: Ihr Dasein, jedes einzelne, mit seinen angefüllten Tagen und Stunden, ist doch viel zu schade, um endgültig vergessen zu werden und zu vergehen.
Und so setzt er dem endgültigen Ende etwas entgegen:

Ich habe dich bei deinem Namen gerufen; du bist mein.

Gott selbst kennt unsere Namen und mit ihnen das, was uns ausmacht. Was wir einzeichnen in die Welt, geht nicht verloren: Das Glück und den Schmerz, die Arbeit und die Freude, den Tag und die Nacht: Gott nimmt es auf bei sich, als sein Eigenes, er würdigt und vollendet es.

Fürchte dich nicht, denn ich habe dich erlöst; ich habe dich bei deinem Namen gerufen; du bist mein!

Es gibt eine Hoffnung, die reicht über das Grab hinaus.
Einer sagt: Steh auf, diese Ruhestätte ist zwar die letzte. Aber es ist eine, die nicht dem Tod gehört.
Der Sarg mag bestattet werden, der Bilderbogen deines Lebens aber bleibt.

23. Oktober

Dir gehört die Zeit

Ewiger Gott,
dir gehört die Zeit.
Morgen und Abend
und die Stunden dazwischen,
Anfang und Ende
und das Leben darin.

Du umgibst unsere Zeit
mit deiner Ewigkeit.
Füll unsere Hände
mit Leben.

24. Oktober

Darum sorget nicht für morgen, denn der morgige Tag wird für das Seine sorgen. Es ist genug, dass jeder Tag seine eigene Plage hat. MATTHÄUS 6,33

Que Sera, Sera

Auf einer Bank in der Fußgängerzone, die Luft ist längst kühl, doch die Sonne wärmt scheu mein Gesicht. Von oben rieseln rundliche gelbe Blätter auf mich herab. Noch scheint der Herbst sich zu wehren, bald aber wird er dem Winter weichen müssen.

Ein älterer Mann baut einen Notenständer auf und setzt eine Klarinette zusammen. Er spielt ein paar Töne zur Probe. Dann ein erstes Lied: Que Sera, Sera. Warme Klänge. Ein wiegender Takt, der zum Tanzen verführt.

Doris Day hat das Lied berühmt gemacht. Sie singt es in Alfred Hitchcocks Film »Der Mann, der zuviel wusste«. 1957 gab es sogar einen Oscar dafür. Que Sera, Sera.[30]

Ob der Mann mit der Klarinette den Text wohl kennt?
»Was sein wird, wird sein«, heißt es darin sinngemäß. »Es ist nicht an uns, in die Zukunft zu sehen.«
Wie leicht oder schwer mag es sein, das zu spielen als ein Straßenmusikant, der – so stelle ich mir vor – ohne gesicherte Einkünfte lebt? Ist es im Sommer einfacher als im Herbst, wo es kühl wird und der Winter vor der Tür steht?
Vielleicht spielt er das Lied als Ermutigung: Es wird sich ein Weg finden. Oder als Ausdruck seiner Erfahrung, dass es jedenfalls bisher immer so war.
Oder kennt er den Text tatsächlich nicht? Er ist ja kein Sänger, sondern ein Klarinettist.

Ich lausche der Musik, da weht plötzlich ein neuer Ton hinein. Als sänge ein anderer leise mit.
Ich sehe mich um, ein junges Paar kommt vorbei, sie halten einander an den Händen. Er bewegt die Lippen, dreht ihr den Kopf zu und lächelt und singt: »Que sera, sera, whatever will be, will be, the future's not ours to see, que sera, sera.«

---

30 http://www.songfacts.com/detail.php?lyrics=4667, Zugriff am 28.02.2021.

Nein, in die Zukunft sehen können wir nicht. Und doch lächelt die Frau zärtlich zurück.

Es gibt manches, was den Winter überdauern wird, denke ich. Die Sonne. Die Liebe. Ein Lächeln. Ein Lied.

25. Oktober

Anders gesagt: Segen

Segen: der zärtliche und leuchtende Blick Gottes, der auf das Leben fällt. Dann beginnt es zu wachsen und sich zu entfalten. Segen stärkt die Kraft, die ermöglicht, Schmerzen zu überleben; er stattet Menschen aus mit dem Mut, sich Bösem zu widersetzen. Segen lockt unsere innere Schönheit hervor und lässt uns, dich und mich, zu den Menschen werden, als die wir gedacht sind.

26. Oktober

Wenn ihr nicht umkehrt und werdet wie die Kinder, so werdet ihr nicht ins Himmelreich kommen.

MATTHÄUS 18,3B

Bekenntnis aus dem All

Überwältigend schön sieht sie aus, diese blaugrüne Murmel, die durchs Schwarz schwebt. Alexander Gerst hat sie von außen angeschaut, in 400 Kilometern Höhe ist er in einer Raumkapsel um die Erde gekreist, fast ein Jahr lang war er dort oben. Und dennoch kann er sich nicht sattsehen am Anblick des blauen Planeten.

Kurz bevor er zurückkehrt, sendet er eine Botschaft an seine Enkelkinder, die noch gar nicht geboren sind. Er weiß nicht einmal, ob sie einander überhaupt kennenlernen werden.

Und: Er entschuldigt sich.
Denn er gehört zu jener Generation, die die Erde ohne Rücksicht auf ihre Nachkommen geplündert und geschunden hat.

Auch ich gehöre dieser Generation an. Nein, ich habe nicht persönlich Regenwälder gerodet und Bodenschätze ausgebeutet. Aber ich habe davon profitiert, dass andere es getan haben.
In unserem Haus gibt es viel zu viel Plastik, ja, überhaupt wäre da manches, auf das ich gut hätte verzichten können.
Auch ich fahre Wege mit dem Auto, die zu Fuß oder mit dem Fahrrad möglich wären, und bin schon einige Male in den Urlaub geflogen.

Ein Blick von außen hilft immer, sagt Alexander Gerst. Diesen Blick wagt er im doppelten Sinne. Er schaut aus der Raumstation auf die Erde. Er sieht, wie klein sie ist in den Weiten des Alls. Und so verletzlich.
Und er schaut aus einer vorweggenommenen Zukunft mit den Augen einer noch nicht geborenen Generation ins Heute. Und sieht wie in einem Spiegel sich selbst an und zugleich auch uns.

Die nach uns Kommenden werden unsere Fehler ausbaden und mit ihnen leben müssen. Sie werden manches wiedergutmachen müssen, was wir nicht mehr reparieren können.

Und dennoch: Anfangen kann jede und jeder von uns. Mit der Einsicht beginnt schon der erste Schritt. Ich bin verantwortlich für die Zukunft derer, die nach mir kommen. Da zählt auch die kleine Geste, die mir so unbedeutend vorkommt.

Schon jetzt haben gerade jüngere Menschen das verstanden: Am 20. August 2018 beginnt die 15-jährige Schwedin Greta Thunberg einen Schulstreik. Mit einem selbstgemalten Plakat setzt sie sich vor das Reichstagsgebäude in Stockholm, um für ein besseres Klima zu demonstrieren. Sie löst eine Welle aus, die um die Welt geht: An den »Fridays for Future« gehen Schüler*innen in Paris und Berlin, in Wellington und Washington am Freitag auf die Straße statt zum Unterricht.
Greta selbst liest auf Konferenzen Politiker*innen die Leviten, damit sie endlich unseren Planeten schützen.

Die blaugrüne Murmel, die durchs schwarze All zu schweben scheint: Im Jahr 2018 war von dort oben zu sehen, wie ihre Farben verblassten, zum Beispiel in Europa, wo das Gras verdorrte, weil der Sommer viel zu heiß und zu trocken war.

Was kann ich tun, um das Klima zu schützen, damit das Blau und das Grün unserer Erde weiterhin leuchten und unsere Kinder und Enkelkinder auf ihr leben können?

Vielleicht schaue ich vor der Shoppingtour mal in Schubladen und Kleiderschrank und frage mich, was ich wirklich brauche. Und esse viel öfter einen Salat statt des Steaks.
Wenn ich Urlaub plane, könnte ich – statt den Flug zu buchen – nach Zielen in meiner Nähe schauen.
Mit der Einsicht fängt es an. Ich kann etwas tun für diesen Planeten, der mich trägt, und für die Zukunft derer, die nach mir geboren werden.

Jede Veränderung zählt. Ich kann an jedem Tag und in jedem Alter damit beginnen.

27. Oktober

Mutig

Am Morgen bin ich
über meinen Schatten gesprungen,
da lag unversehens
der Tag vor mir
in verlockendem Licht.

28. Oktober

Siehe, in die Hände habe ich dich gezeichnet.
JESAJA 49,16A

Herzen vor meinen Füßen

Vor der Kirche hat einer Herzen aufs Pflaster gemalt.
Ich schaue genauer: Nein, sie sind nicht gemalt.
Doch wie kommen sie dann auf den Stein?
Ich blicke umher, wandere mit den Augen einen Baumstamm entlang. Über mir hängen, schon gelb gefärbt, letzte Blätter an einer Linde und bewegen sich kaum merklich im Wind.
Dann kommt ein Windstoß und nimmt einige mit. Und sie segeln langsam, jedes für sich, zu Boden in einem letzten einsamen Tanz.

Lindenblätter also: Sie sind es, die diese Abdrücke hinterlassen – in Herzform vor meinen Füßen.

Für die Lindenblätter endet das Jahr mit diesem Herbst. Sie haben erfüllt, wozu sie gedacht waren, haben Kohlendioxid aus der Luft aufgenommen und es verwandelt in Sauerstoff. Menschen sind durch den Schatten ihres Blätterdachs gegangen und haben geatmet.
Und die Linde: Sie hat einen Jahresring zugelegt, ihre Blüten haben geduftet, ihre Früchte sind gereift. Sie wird weiter bestehenbleiben.
Den grünen Farbstoff holt sie nun zurück aus den Blättern, dann werden sie gelb und leuchten wie nie. Und wenn das Sonnenlicht auf sie fällt in dem Moment, wenn der Wind sie mitnimmt, dann segeln sie als goldener Flitter zu Boden.
Sie landen auf dem Pflaster; vor dieser Kirche, da ist ein Grund, der sie auffängt und sich zeichnen lässt. Herzen vor meinen Füßen.

Und ich gehe weiter durch diesen Herbst. Ich spüre die Luft, die kühl über die Arme streicht, ich sehe den Regen, in dem die Farben verhalten leuchten, sehe den Nebel, wenn er sich lichtet.

Einmal werde auch ich ein Blatt sein, das seine Kraft verliert. Dann will ich noch einmal leuchten, bevor ein Windstoß mich mitnimmt. Dann will ich noch einmal tanzen im Licht.
Ich hoffe, dass schließlich ein Grund da sein wird, der mich auffängt. Und dass auch ich einen Abdruck hinterlasse von dem, was mich ausgemacht hat. Ich würde es am liebsten Liebe nennen.
Diesen Grund aber stelle ich mir vor wie Gottes Hand. Leise klingt darüber seine Stimme und sagt: In meine Hände habe ich dich gezeichnet.

29. Oktober

Das Buch meines Lebens

Gelegentlich will ich
in meinem Leben blättern
wie in einem guten Buch.

So viele Bilder.
Menschen. Tiere. Wälder.
Häuser. Wiesen. Das Meer.

Ich freue mich am Schönen,
an der Liebe, dem Lachen.
Und will auch das Schwere
nicht verschweigen,
die Tränen, das Leid.

Gespannt will ich bleiben,
auf die Seiten,
die unberührt vor mir liegen.

Einmal gebe ich
das Buch meines Lebens
zurück an den,
der es mir geliehen hat.

Danke sage ich,
und lege mein Leben
und lege mich selbst
in seine großen,
freundlichen Hände.

30. Oktober

Anders gesagt: Gnade

Nicht nur der Freispruch trotz Schuld, nicht nur die Vergebung nach einem Vergehen. Gnade ist auch das unverdiente, manchmal überraschende Geschenk. All das, was wir nicht aus eigener Kraft erreichen oder mit unserer Leistung verdienen können, was wir nicht mit unserer Liebenswürdigkeit erwerben und unserem Geld erkaufen können, ist Gnade. Dazu gehören Liebe und Hoffnung, Familie und Freundschaft, Begabung und Glück. Man könnte auch sagen: Alles! Das Leben selber ist Gnade.

31. Oktober

Einen andern Grund kann niemand legen außer dem, der gelegt ist, welcher ist Jesus Christus. 1. KORINTHER 3,11

Die Arbeit der Engel

Christoph Ransmayr erzählt in seinem Buch »Atlas eines ängstlichen Mannes«[31] von der Begegnung mit einem Mann, der mitten im Winter mit einer Spitzhacke Steine aus einem Schutthaufen löst und sie bereitlegt für eine Mauer, in der eine Lücke klafft. Bohumír Pavlik kümmert sich um einen jahrhundertealten jüdischen Friedhof, der heute zu der tschechischen Stadt Trebitsch gehört. Pavlik kommt Tag für Tag, auch, wenn es friert. Er selbst ist kein Jude. Er ist ein ehemaliger Lehrer,

31 Christoph Ransmayr, Atlas eines ängstlichen Mannes, 4. Auflage, Frankfurt 2012.

der »sich tagtäglich um mehr Licht in den Köpfen der nächsten Generation bemüht hatte«. Als er erfährt, dass die damals herrschenden Kommunist*innen »alles, was ihren Verstand überstieg oder ihren Glaubenssätzen widersprach«, einfach aus der Welt schaffen und den Friedhof zerstören wollen, beginnt Pavlik, die Grabsteine des jüdischen Friedhofs von dem, was sie überwuchert, zu befreien und die fast vollständig verfallene Mauer um das Gelände herum wieder aufzubauen.
Warum tut er das, obwohl er selbst einer anderen oder möglicherweise gar keiner Glaubensgemeinschaft angehört? Hier liegen Jüd*innen, begraben in dem Glauben, dass dieser Platz ihnen bis ans Ende der Zeit bewahrt werde. Es gibt in Trebitsch keine Menschen mehr, die diese Toten und ihre Hoffnung hüten, denn alle dreihundert ehemals noch ansässigen Jüd*innen sind nach Theresienstadt deportiert worden. Nur zehn von ihnen haben überlebt und sind nicht nach Trebitsch zurückgekehrt.
Die Toten werden Pavlik vertraut, die Gräber erzählen ihre Geschichten. Er lernt, die fremden Inschriften zu entziffern. Sorgsam übersetzt er sie und schreibt sie in Schönschrift in ein extra dafür angelegtes Buch. Die schönste, die er entdeckt, ist nicht in einen Stein gehauen, sondern mit Silberfäden auf ein schwarzes Samttuch gestickt. Es hat einmal eine Bahre bedeckt, auf der Verstorbene gebettet wurden.

»Er hat seinen Engeln befohlen
Dich zu behüten
Wohin du auch gehst«

Pavlik ist angerührt von diesen Worten, die »für die Lebenden und für die Toten« zu gelten scheinen. Doch dann fragt er sich, ob sie denn nicht für die Menschen auf dem Weg nach Theresienstadt gegolten haben. Zweifel quälen ihn, ob Gott sein Versprechen vergessen oder gar gebrochen hat. Pavlik hadert, und doch: Er macht weiter, beharrlich setzt er Steine in die Mauer, rührt Mörtel an, baut und baut. Und eines Tages begreift er über seinem Tun, dass es die Aufgabe der Menschen ist, einander zu behüten auf allen Wegen »und so die Arbeit der Engel zu tun«. Pavlik würde von sich selbst wohl nicht sagen, dass er auf dem Grund baut, der Jesus Christus ist. Offensichtlich gibt es unterschiedliche Gründe, die Menschen dazu bewegen, »die Arbeit der Engel zu tun«. Ob Jesus etwas dagegen hätte, wenn sie ökumenisch zusammenarbeiteten? Ich glaube nicht. Ich vermute sogar, er hätte Freude daran.

1. November

Am Tisch

Ich wünsche dir Zeit,
um dich selbst
zu besuchen.

Um dich einzuladen
auf eine Tasse Kaffee oder Tee,
dich zu fragen:
Wie geht es dir?
Und dir dann
freundlich zuzuhören.

Ich wünsche dir,
dass du spürst:
Einer sitzt mit dir
am Tisch.

Du und das,
was dich bewegt,
sind gut aufgehoben
bei ihm.

2. November

Schattenspiel

An einem Winterabend ging ich mit unserem damals noch kleinen Sohn in der Stadt spazieren. Wir gingen auf dem Bürgersteig, und plötzlich entdeckte er, dass vor ihm sein Schatten

war und sich in der Größe veränderte. Länger und schwächer wurde der Schatten und war dann einen Moment lang fast gar nicht mehr zu sehen.
Das war der Augenblick, in dem wir die nächste Straßenlampe erreichten. Dann war er wieder da, der Schatten, klein und kräftig.
Wir spielten mit ihm, wir entdeckten, dass auch hinter uns einer war. So wie der vor uns schrumpfte, wuchs der hinter uns. Wenn wir uns umdrehten, dann tauschten auch die Schatten ihre Plätze, der längere, der vorher hinter uns war, lag nun vor uns, der kürzere hinter uns. Den aber konnten wir sowieso nur sehen, wenn wir den Kopf drehten und uns verbogen.
Wir versuchten, über den Schatten zu springen, über den eigenen, über den des anderen.
Wir hatten Spaß dabei. Aber wir ärgerten uns auch. Dieser verflixte Schatten. Immer war er da.

Man entkommt dem Schatten, den Schatten nicht. Und doch, vielleicht kann man einüben, ihn zu entdecken, anzuschauen, damit kreativ umzugehen, so wie an diesem Abend.
Das Spiel von Licht und Schatten, ich spiele mit, werde aktiv, nehme es selbst, soweit ich kann, in die Hand. Oft ist es ein großer Schritt bis zu dem Punkt, an dem ich mich nicht mehr ausgeliefert fühlen muss, sondern neue Spielräume entdecke.
Vielleicht gelingt es manchmal sogar, Frieden oder Freundschaft mit dem Schatten zu schließen, nicht nur mit dem eigenen. Ich höre zu, was er zu sagen hat, und schenke ihm Aufmerksamkeit. Und manchmal glückt es mir, ihn an die Hand zu nehmen oder sogar für einen Moment zu überspringen.

3. November

November

Im Nebelgrau
legt Gott
einen Garten an
und pflanzt
neues Leben.

4. November

Bittet, so wird euch gegeben; suchet, so werdet ihr finden; klopfet an, so wird euch aufgetan. MATTHÄUS 7,7

Bitten, suchen, anklopfen

Bitten, suchen, anklopfen. Immer wieder.
Den ersten Schritt selber wagen. Denn eine Bitte kann erst erfüllt werden, wenn ich sie ausgesprochen habe. Finden kann ich nur, wenn ich mich auf die Suche mache. Die Tür öffnet sich, wenn ich anklopfe.

Bitten, suchen, anklopfen. Immer wieder.
Manchmal habe ich die Nase voll davon. Ich habe das Gefühl, mir kann sowieso keiner helfen. Ich meine, alle Anstrengungen bringen nichts. Ich befürchte, dass sich nie mehr etwas verändern und zum Guten wenden wird.

Bitten, suchen, anklopfen. Immer wieder.
Jesus ermutigt dazu, den ersten Schritt zu wagen: Gott etwas

zuzutrauen und ihm die Chance zu geben, mein Leben zu verändern. Ein kleiner Schritt, auf dem eine große Verheißung ruht: Gott wird geben, wird sich zeigen und Türen öffnen.

Doch das kann anders aussehen, als ich erwarte.
Vielleicht gibt er nicht das Brot, um das ich gebeten habe. Sondern einen Apfel. Vielleicht finde ich nicht den Silberschatz, den ich gesucht habe. Aber ein erfülltes Leben. Vielleicht sieht es hinter der Tür anders aus, als ich dachte. Der Weg, der sich auftut, ist nicht der, den ich mir ausgemalt habe. Aber es ist ein Weg. Und Gott geht ihn mit mir.

Bitten, suchen, anklopfen. Immer wieder.
Ich bin sicher, dass solch betendes Beharren eine Kettenreaktion bewirkt, die auch anderen neue Perspektiven eröffnet: Denn wem gegeben wurde, der wird weitergeben. Wer gefunden hat, wird anderen beim Aufspüren helfen. Wem eine Tür geöffnet wurde, der wird auch seine nicht verschließen.

5. November

In der Fußgängerzone

fiel ein Lächeln
in meine dunklen Gedanken
und unterbrach
meinen müden Gang.

Ich blieb stehen
und schaute mich um.

Keiner mehr da.

Und doch war mir,
als hörte ich
rechts an der Ecke
ein Flügelrauschen.

6. November

Friede sei mit euch! Wie mich der Vater gesandt hat, so sende ich euch. JOHANNES 20,21

Anders gesagt: Friedensgruß

Friede sei mit euch! Plötzlich steht einer im Raum und sagt diese Worte zu den Jüngern, die sich nach Jesu Tod verkrochen, ja verschanzt haben.
Sie blicken auf. Da sehen sie ihn mit eigenen Augen, er ist durch die Mauer ihrer Ängste getreten, ist wieder mitten unter ihnen.

Schalom, Salam; Worte, mit denen bis heute im arabischen Raum Menschen einander grüßen. Ein Friede im umfassenden Sinn ist damit gemeint: Heil und Wohlergehen, Gedeihen, ja, Unversehrtheit für jeden einzelnen Menschen; Wohlstand und ein gutes Miteinander in der Gemeinschaft.

Solch einen Schalom wünscht Jesus seinen Jünger*innen, einen Frieden, der in Gott wurzelt und in der Verbindung zu ihm wächst. Er ist ausgestattet mit einer sanften, verwundernden Kraft: Menschen vermag er von dem zu entwaffnen, was sie dazu verleitet, sich zu panzern.

Durch ihn können die einen jene Mauern überwinden, die andere um sich errichtet haben; ja, können durch sie hindurchtreten, um ihnen die Angst zu nehmen.

Ein Beispiel, wie das geschehen kann, erzählt Navid Kermani in seinem Buch »Ungläubiges Staunen. Über das Christentum«:[32]
Der katholische Pater Paolo Dall'Oglio hat aufgrund einer Vision angefangen, sich mit dem Islam zu beschäftigen.
1984 beginnt er, ein verfallenes Kloster in Syrien zu restaurieren, dessen Ursprünge bis ins 6. Jahrhundert zurückreichen. Er gründet dort eine Ordensgemeinschaft, die sich der Ökumene zwischen Christentum und Islam verschreibt.
Dall'Oglio sagt von sich selbst, er habe sich in die andere Religion verliebt. In seinem Orden erweitert er die mönchischen Tugenden des Betens und Arbeitens um die islamischen der Gastfreundschaft und des Dialogs. Die Mönche und Nonnen des Klosters halten sich an den islamischen Fastenmonat Ramadan. Christlich-muslimische Seminare werden angeboten.
In der Kapelle des Klosters werden alte Fresken freigelegt. Eine Wand aber bleibt – wie im Islam üblich – bilderlos. Dort können Muslim*innen in Richtung Mekka beten.
Mit Mar Musa hat Pater Paolo einen Ort geschaffen, an dem der Friedensgruß gelebt wird, gastfreundlich und ökumenisch, und das mitten in einer vom Krieg gebeutelten Region.
Wer anders glaubt oder denkt, wird hier nicht als Feind angesehen, sondern als Freund; nicht als bedrohlich, sondern als bereichernd.
Das ist riskant, denn religiöse Extremist*innen erleben es als Provokation, wenn ihr Absolutheitsanspruch infrage gestellt

32 Navid Kermani: Ungläubiges Staunen. Über das Christentum © C. H. Beck, München, 13. Auflage 2016.

wird. Im Jahr 2012 wird Pater Paolo von Islamist*innen verschleppt, seitdem gilt er als verschollen.
In Mar Musa aber führen Mönche und Nonnen weiter, was er angestoßen hat.

Schalom! Salam! Friede sei mit dir!
Mit jedem Friedensgruß, gesprochen und gelebt, würdigen wir den, der anders ist als wir selbst. Wir hüten die Hoffnung, dass sich im Fremden ein Freund verbirgt, dass aus Schwertern Pflugscharen werden und unter einem Panzer manchmal Flügel schimmern.

7. November

Du

Fels, Zuflucht, Quelle, Licht.
Du
entwischst unseren Wortgefäßen,
wehst aus dem Festgefügten
mit sanftem Sausen ins Freie
und ziehst unwiderstehlich
uns hinterher.

Mutter, Vater, Freiheit, Liebe.
Du
wohnst in den Zwischenräumen
all deiner Namen,
baust im Spannungsfeld
unserer Gegensätze
dein wanderndes Zelt.

Mensch, Gott, Geist, Kraft.
Du
bist nicht Mann, nicht Frau,
gehst durch die Zeiten
in, mit, unter uns,
verwundbar, erhaben,
unverfügbar, ganz nah.

8. November

Kurz vor zwölf

Der Bote sortiert Briefe
auf dem Weg zur Tür.
Am Rande die Blätter
beben, als er sie streift.

Kurz vor zwölf.
Wem schulde ich
meine Zeit?

Zitternd reiß ich
jeden Umschlag auf,
der aussieht, als enthalte er
eine Rechnung.

9. November

(Gedenktag Reichspogromnacht)

Es liegt an mir

Ein später Herbsttag, wir sind ein Stück herausgefahren und gehen nun an der Weser spazieren, zwischen Vergangenheit und Gegenwart, beides hat sich in die sanften Hügel eingetragen. Alte Fachwerkhäuschen, eine Domäne, von einer Steinmauer umgeben, die Kirchen, evangelische und katholische, ein Supermarkt am Ortsrand, ein Imbiss und nicht weit entfernt der Betonturm des nahegelegenen Kernkraftwerks.

Alles leuchtet in der schrägen Herbstsonne, am Himmel ist keine Wolke zu sehen. Wir gehen an einer alten Mauer entlang, Schutz für das Dorf, vor Feinden und Hochwasser.
Da entdecke ich eine Gedenktafel:
Einmal ist hier ein jüdischer Friedhof gewesen.

Nationalsozialist*innen haben ihn geschändet und dann zerstört. Keine Spur ist davon geblieben.
Ich weiß, dass die Menschen, die hier begraben lagen, darauf vertrauten, dass ihre Ruhestätte bis zum Ende der Welt unangetastet bleibt. Dann erwarteten sie ihre Erlösung.

Wo sind diese Toten geblieben? Und wo sind ihre Hoffnungen jetzt?

Wenige Tage später laufe ich am Abend durch unsere Stadt. Es ist schon dunkel, da sehe ich auf dem Gehsteig zwei rote Rosen liegen. Ob jemand sie verloren hat? Ich bücke mich und erkenne die Stolpersteine, fünf golden schimmernde Quadrate, auf jedem ein Name, Geburtsdatum, Sterbedatum, Sterbeort.

»Auschwitz« lese ich auf einem, auf anderen steht »Theresienstadt«. Erinnerungen an die deportierten Jüd*innen unserer Stadt.

Es ist der 9. November, der Gedenktag an die Reichspogromnacht, in der 1938 das jüdische Leben in Deutschland zerstört wurde. Heute, am Nachmittag, hat die evangelische Jugend diese Stolpersteine gereinigt und für jeden der ermordeten Menschen eine rote Rose abgelegt.
Statt fünf Rosen aber liegen hier nur zwei.
Als ich mich umschaue, sehe ich einige Meter weiter einen weiteren Rosenstiel, die Blüte aber ist zerfleddert. Ich hebe sie auf, trage sie zurück.

Ich weiß, was in der Reichspogromnacht geschehen ist. Oft genug habe ich die Bilder im Fernsehen gesehen. Wie Synagogen zerstört wurden, ihre Scheiben zerschlagen und ihre Altäre angezündet. Wie uniformierte Männer sich nicht einmal scheuten, auf die Thorarollen zu urinieren, die heiligen Schriften der Menschen jüdischen Glaubens.
Ich weiß um Züge, die in Richtung Osten fuhren, darin eingepfercht Männer, Frauen und Kinder.

Nun aber spüre ich es auf andere Weise, ohne die Buchdeckel, die ich jederzeit zuklappen kann, ohne schützende Mattscheibe zwischen mir und dem, was ich sehe.

Hautnah.
Das ist die Geschichte der Landschaft, die ich Heimat nenne, denke ich. Die so idyllisch erscheint, wenn die Herbstsonne schräg auf sie fällt.
Hier ist es passiert. Hier haben die einen das zerstört, was anderen heilig ist.

Und in meiner Stadt mit ihren schmucken Fachwerkhäusern: Hier haben die einen die anderen gezwungen, ihre Habseligkeiten in ein Köfferchen zu packen und sich dann auf eine Reise zu machen, auf der ihnen jegliche Würde und zuletzt das Leben genommen wurde.

Hier gibt es heute Menschen, darunter viele Jugendliche, die die Stolpersteine für die deportierten Jüd*innen unserer Stadt polieren und Rosen auf sie legen. Und es gibt andere, die diese Steine nicht beachten, ja, sie mit Füßen treten und die Rosen zerfleddern.

Es liegt an mir, zu welchen von ihnen ich gehören will.

10. November

Laternentage

Sonne, Mond und Sterne
schweben heute
in Kindergröße
über den Bürgersteig,
zerteilen flüsternd
das Dunkel
und stecken mich an
mit Lachen und Licht.

11. November (Martinstag)

Umgedeutet

Der Name »Martin« leitet sich ab von Mars, dem römischen Kriegsgott, und bedeutet übersetzt: »der Krieger«.
Der heilige Martin unterläuft durch sein Handeln die Bedeutung des eigenen Namens.
Er hört den Hilferuf eines anderen. Er steigt von seinem hohen Ross. Er verwendet sein Schwert zu friedlichen Zwecken: um seinen Mantel mit einem Bettler zu teilen.
So verbindet er den Namen »Martin« mit einem neuen Bild: Es zeigt nicht länger den Krieger, sondern einen Menschen, der mitfühlend und barmherzig ist.

12. November

Was hülfe es dem Menschen, wenn er die ganze Welt gewönne und nähme doch Schaden an seiner Seele?

MATTHÄUS 16,26A

Die Seele bewahren

Peter Schlemihl hat keinen Schatten. Er hat ihn einem merkwürdigen Herrn überlassen und dafür ein Glückssäckel voller Gold bekommen, das niemals leer wird.
Eine Lichtgestalt mit einem unerschöpflichen Goldvorrat: beste Voraussetzungen, um die Welt zu gewinnen! Aber so ist es nicht.

Als die anderen sein schattenloses Dasein bemerken, meiden sie Peter Schlemihls Gesellschaft. Die einen verspotten ihn, anderen ist er unheimlich.
Er – der sich kaufen kann, was immer er will – wird zu einer einsamen, traurigen Gestalt und bleibt mit seiner Sehnsucht nach Freundschaft und Liebe allein.

Wen erstaunt es, dass er sich nichts sehnlicher wünscht, als den verheerenden Tausch rückgängig zu machen?
Doch als er nach Jahr und Tag endlich den eigenartigen Herrn wieder trifft und ihn bittet, das Säckel gegen den Schatten zurückzutauschen, lacht der ihn aus. Das gehe nicht, sagt er. Peter werde seinen Schatten nur dann zurückbekommen, wenn er dafür dem Teufel seine Seele überlasse.

Ob Seele und Schatten aneinandergebunden sind? In der Erzählung »Peter Schlemihls wundersame Geschichte«[33] von Adelbert von Chamisso scheint es so. Wenn eins von beiden verlorengeht oder Schaden nimmt, kommt dem Menschen ein wesentlicher Teil seiner selbst abhanden.

Meint Jesus etwas Ähnliches, wenn er dazu auffordert, sein Kreuz auf sich zu nehmen und ihm nachzufolgen, und dann fragt: »Was hülfe es dem Menschen, wenn er die ganze Welt gewönne und nähme doch Schaden an seiner Seele?«

Dann würde sich gerade dadurch die Seele erhalten und sogar entfalten, indem ich mich mit dem Schatten versöhne, Grenzen akzeptiere und mich mit der Endlichkeit des Lebens befasse,

---

33 Adelbert von Chamisso: Peter Schlemihls wundersame Geschichte. Universal-Bibliothek, Nr.93 © Philipp Reclam jun. Verlag GmbH, Stuttgart 2003.

statt nach einem Leben im senkrechten Licht zu streben, das nur den beleuchtet, der makellos, mächtig, reich und unverwundbar erscheint.

Sein Kreuz auf sich zu nehmen und Jesus nachzufolgen, hieße, das Ganze des Lebens anzunehmen und neben den hellen auch die dunklen Seiten zu akzeptieren. Und es hieße zugleich, Liebe zu erfahren und zu geben, im Leiden getragen zu werden und selbst einfühlsam zu bleiben für den Schmerz meines Gegenübers.

In seinem Buch »Eine Welt für Madurer«[34] erzählt Roberto Piumini vom todkranken Jungen Madurer, der kein Licht verträgt und in einem abgedunkelten Haus seine Tage verbringt. Darum bittet sein Vater Ganuan den Maler Sakumat, für seinen Sohn die Wände zu bemalen. Miteinander entwerfen der Maler und der Junge, was dort entstehen soll. Dann erschafft Sakumat mit dem Pinsel eine Welt für Madurer: Ein Gebirge, ein Meer, eine Wiese wachsen inmitten des Schattenlandes.
Der Maler und der Junge erzählen einander Geschichten, die dort geschehen und wahr sein könnten. Als Madurer dem Tod immer näherkommt, werden die Landschaften zu Bildern jener anderen Welt, in die das Kind gehen wird, und machen es möglich, über das Sterben zu sprechen. Alle drei spüren, wie nah die Welten beieinanderliegen, wie die eine in die andere hineinragt, wie sie sich manchmal beinahe vermischen.
Die Welt steht Madurer – anders als Peter Schlemihl mit seinem Glückssäckel – nicht offen. Im Gegenteil: Er verliert sie durch den Tod. Und doch scheint mir, dass ihm und seinen Begleitern die Seele selbst im Schattenland nicht verlorengegangen ist.

---

34 Roberto Piumini: Eine Welt für Madurer © Carl Hanser Verlag, München 1999.

13. November

Ein besonderer Tag

Ich war für ein paar Novembertage in einem Dorf in Ostfriesland; dort, wo ich aufgewachsen bin. Wie so oft ist das Wetter durchwachsen.
Nun muss ich zurück nach Hause. Als ich durch den Ort fahre, sehe ich, wie sich am Denkmal eine kleine Gruppe aufstellt. Sie bauen Notenständer auf, ein Mann hat eine Trompete in der Hand: der Posaunenchor.
Ach, stimmt, fällt mir ein, heute ist ein besonderer Tag, der Volkstrauertag.
Gleich wird wohl der Ortsvorsteher kommen und einen Kranz niederlegen. Dann wird die Pastorin im Talar ein paar Worte sagen. Und der Posaunenchor spielt einen Choral.
Das Wort »Helden« hört man dort heutzutage nicht mehr. Gott sei Dank.
An die unzähligen, oft auch namenlosen Opfer wird erinnert, deren Leben durch Kriege zerstört wurden und immer noch werden. Vielleicht spricht einer vom Frieden, nach dem sich wohl jeder Mensch sehnt. Frieden, für den wir verantwortlich sind; als Deutsche, von deren Land so viel Unheil ausgegangen ist, umso mehr.
All das geht mir durch den Kopf, als ich abbiege, um am Fluss entlangzufahren, der eine rötliche Farbe hat. Das Land ist so weit hier, der Himmel so groß. Fast bis zum Boden scheinen die Wolken zu reichen. Eben spannt sich vor der verzagten Morgensonne ein Regenbogen aus.

14. November

Unerhört

Alexej Gerassimez ist Musiker, Percussionist und Komponist. Er wurde 1987 in Essen geboren und wuchs in einer Musiker*innenfamilie auf. Schon als Kind machte er die Küche zur Werkstatt, Töpfe und Pfannen wurden zu Trommeln, Kochlöffel und Schneebesen zu Schlagwerkzeugen. Schnell lernte er, wie unterschiedlich sie klingen und welch verschiedene Klänge er mit ihnen erzeugen konnte.
Auf dem Schulweg wurde der Klickrhythmus verschiedener Ampeln zur Musik, die ihn elektrisierte. Sie inspirierte ihn, weil er in der Lage war, sie neu und anders zu hören, eben nicht nur als Klicken einer Ampel.

Im Jahr 2017 ist Gerassimez Künstler in Residence der Festspiele Mecklenburg-Vorpommern. Er wird im ganzen Bundesland an verschiedenen Orten Konzerte geben.
Um sich darauf vorzubereiten, packt er all seine Schlagwerkzeuge ein und macht sich auf eine Reise durch das Land.
Dort klopft er, wie er sagt, »unerhörte Orte« ab.
Er trommelt auf Mülltonnen, improvisiert auf Wasserflaschen, macht Musik auf Schiffsschrauben. So findet er neben den altbekannten Orten auch ungewöhnliche, an denen er Konzerte gibt. Unerhörte Orte eben.
Einmal spielt er im Wald, und zwar nur auf dem Holz, das er vorfindet. Dann trommelt er in einer ehemaligen Reparaturwerkstatt für Panzer: Wo früher Kriegsfahrzeuge standen, erklingt nun Musik. Gerassimez öffnet auf diese Weise »unerhörte« Resonanzräume und er zeigt zugleich nicht nur sich selbst neue Möglichkeiten auf, sondern auch denen, die ihm zuhören.

Wie wäre es, das eigene Leben auf diese Weise zu gestalten? Das Instrument könnte ich selbst sein, mit dem, was ich liebe und gut und gerne mache. Ich spiele es auf ganz eigene Weise, mit meiner Lebenserfahrung und meiner Art, die Welt zu sehen und zu interpretieren.

So, wie ich bin, mit dem, was ich kann, mache ich mich auf, um die Welt zu erkunden und nach »Unerhörtem« zu suchen. Was ist schon da, wurde aber noch nicht wahrgenommen und bespielt? Und was ist »unerhört«, provozierend und hinterfragend?

Ich versuche, auf andere Weise zu sehen, zu hören, zu spüren. Mit einem zweiten und auch dritten Blick. Ich klopfe meine Umgebung ab auf das, was unter der Oberfläche ist, und suche nach verborgenen Möglichkeiten.
So lassen sich neue Resonanzräume entdecken und ich kann etwas zum Klingen bringen oder vor Augen führen, was noch nicht da war. Und auf diese Weise mich überraschen lassen und auch andere Menschen ins Staunen bringen.

15. November

Persönliche Note

Ich wünsche dir,
dass du im Lied des Lebens
deinen Platz findest und ausfüllst.

Vielleicht bist du
ein Ton in der Melodie,
kraftvoll, laut,
verhalten oder zart.
Oder du summst im Bass,
der die nötige Tiefe verleiht.

Vielleicht bist du fröhlich,
du singst und hüpfst
und bringst andere zum Tanzen.
Vielleicht bist du die Synkope,
die drängt und schwingt.
Oder der leise Ton,
bei dem man still wird
und zur Ruhe kommt.

Ich wünsche dir,
dass du der Welt
deine ganz eigene,
persönliche Note schenkst.

Wie sonst
sollte ihr Lied
vollständig klingen?

16. November

Denn bei dir ist die Vergebung, dass man dich fürchte.

PSALM 130,4

Sich selbst verzeihen

Er habe, wie man so sagt, eine »Leiche im Keller«. Die quäle ihn jetzt. Als ich ihn im Krankenhaus besuche, vertraut er mir an, dass ihn das bedrückt, ja, fast erdrückt. Er habe jahrelang niemandem davon erzählt, ja, manchmal habe er es selbst vergessen. Aber jetzt, hier im Krankenhaus, komme das zurück, was im Alltag schon so weit weg war.

Seine »Leiche im Keller« – er kann sie ganz anschaulich beschreiben: Sie ist dunkel gekleidet, mit einem Hut auf dem Kopf. Ständig halte sie ihm vor, dass er einmal einen Menschen tief verletzt habe und das nun nie mehr gutmachen könne. Immer wieder sei sie da, diese Gestalt, sie bedrohe ihn, sie nage an seinen Kräften und zermürbe ihn. Eine ganze Weile sprechen wir über diese dunkle Gestalt, die ihn nicht zur Ruhe kommen lässt. Schließlich ermutige ich den Mann, sie anzuschauen und mit ihr zu sprechen. Er zögert. Doch dann sagt er ihr, dass sie ja recht hat. Und wie leid es ihm tut, dass er diesen Menschen so sehr verletzt hat und das nicht mehr gutmachen kann.

Als ich ihn frage, wie die verletzte Person selbst reagiert hätte, sagt er: »Ich glaube, sie hätte mir verziehen.« Eine Weile schweigen wir. Dann frage ich ihn, ob er sich denn auch selbst verzeihen kann. »Nein«, sagt er, »ich nehme es mir immer noch übel, was ich getan habe!« Ich bitte ihn zu überlegen, was ihm helfen könnte, auch sich selbst zu vergeben. Er brauche Zeit, sagt er.

Und doch: Der Anfang ist gemacht, es verändert sich etwas in ihm. Als ich nach einer Woche wiederkomme, ist die Gestalt zwar noch da, aber sie bedrängt ihn nicht mehr so. Nachdem er sie angeschaut, über seine Schuld gesprochen und die Möglichkeit der Vergebung abgewogen hat, hat sie an Macht über ihn verloren. Und am Tag, bevor er entlassen wird, sagt er, er könne sich selbst nun freundlicher anschauen, er fühle sich freier. Das Sprechen und Hinschauen habe ihm geholfen, gesund zu werden.

17. November

Umkehren

Dem Ruf lauschen,
der aus Abwegen,
Irrgängen und Sackgassen
mich wieder zur Mitte führt.

Still werden,
tastend der Stimme folgen:
Als rufe mich einer
bei meinem Namen,
als rufe er mich
nach Haus.

18. November

Heute, wenn ihr seine Stimme hören werdet, so verstockt eure Herzen nicht. HEBRÄER 3,15A

Das Herz berührbar halten

Gottes Stimme ist eine, die das weiche Herz braucht, um gehört zu werden. Das lässt vermuten, dass sie selbst eher leise ist, sanft, und doch: unerbittlich. Deshalb diese Aufforderung: Verstockt euer Herz nicht.

Verstockt sein, das ist nicht zuerst »bockig sein« oder »nicht hören wollen«, wie es oft moralisch interpretiert wurde. Nein, diese Aufforderung ist zuallererst ein Hinweis zum Leben: Sie bittet darum, sich weich und biegsam zu halten, statt hart und stocksteif zu werden.

Verstockt werden, das kann zum Beispiel geschehen, wenn zu viele Stimmen von außen und in mir selbst auf mich einreden. Zu viele Aufgaben sind zu erfüllen. Und den Anforderungen, die an mich gestellt werden, fühle ich mich nicht gewachsen. Mein Rücken verspannt sich, ich verhärte, ich verschließe mich, schotte mich ab. Dann kann ich auch die leise Stimme kaum noch hören, die mir guttut und mich ins Leben ruft.

Verstockt werden, das kann geschehen, weil ich enttäuscht und verbittert bin vom Leben. Ich bin verletzt worden, viele Erfahrungen waren schmerzhaft, und die Narben brennen noch. Dann wappne ich mich und lege einen Panzer an, damit nichts und niemand mich mehr verletzen kann. Und auch die gute Stimme Gottes hat es schwer hindurchzudringen.

An solchen Verhärtungen kann man zerbrechen. Oder aber man beginnt selbst, Härte auszuüben und Unheil zu säen.

Verstocke dein Herz nicht. Diese Aufforderung verlockt dazu, der leisen und Leben schaffenden Stimme Gottes zu lauschen.

Sie sagt: Achte auf dein Herz. Hüte es sorgsam. Halte es berührbar.
Was hilft, dass das Herz nicht stocksteif und starr wird? Was hilft, es beweglich zu halten, geschmeidig, biegsam, lebendig? Vielleicht gerade solche Stimmen, die der Gottes ähneln: die sanft sind, leise, liebevoll, werbend, tröstend. Und doch unerbittlich und unbeirrbar. Ich will mich öffnen für ihren Klang, will mich davon bewegen lassen. Und ich möchte ein Resonanzraum sein, in dem sie weiterklingen und zu anderen dringen, damit auch ihre Herzen berührbar und lebendig bleiben.

19. November

Gott im Gefängnis

In meiner Angst
halte ich
ihn gefangen.

Ich baue eine Mauer
um ihn, vergittere die Fenster
und sehe den Himmel
kleinkariert.

Dann schließe ich die Tür
und schiebe noch
einen Riegel davor.

So bin ich sicher,
dass er mich nicht
heimsuchen kann.

Dass er mir nicht mehr
diesen Spiegel
hinhalten kann.

Seinen Spiegel,
in dem ein anderes Ich
mich anblickt
mit freundlichen Augen:

sein Bild
von mir.

20. November

Was ihr getan habt einem von diesen meinen geringsten Brüdern, das habt ihr mir getan. MATTHÄUS 25,40

Vom Weltgericht

Jesus scheidet die Gerechten von den Ungerechten. Der Maßstab, den er anlegt, sind die Taten der Liebe und das diakonische Engagement: Hast du Hungrige gespeist, Fremdlinge beherbergt, Nackte bekleidet, Kranke und Gefangene besucht?
Die einen, immer den Nächsten im Blick, zur einen Seite. Die anderen, immer nur sich selbst im Blick, auf die andere Seite. Aber ist es wirklich so einfach?
Ich kann mir die meisten Menschen nur vorstellen als solche, die zu beiden Gruppen gehören. Dann aber müsste Jesus Christus beides zu ihnen sagen. Vielleicht sagt er zu mir: Was hast du nicht getan, was hast du gelassen und versäumt? Und dann erschrecke ich angesichts der Möglichkeiten, die ich gehabt

hätte, anderen Menschen Gutes zu tun, und die ich doch nicht genutzt habe. Ich spüre: Wert bin ich es nicht, von ihm liebevoll angeschaut zu werden, denn ich habe ja selbst oft genug nicht liebevoll geschaut und gehandelt.
Aber vielleicht sagt er ebenso im nächsten Satz auch zu mir: Du hast mich besucht, mir zu essen gegeben, mich beherbergt. Vielleicht bin auch ich manchmal ein Engel gewesen und habe es selbst gar nicht gemerkt.
Natürlich sollen wir die aufspüren, die Jesus seine »geringsten Brüder« genannt hat. Ebenso die geringsten Geschwister. Nach Kräften sollen wir sie unterstützen, damit die Welt gerechter werden kann und die Liebe in ihr wächst. Wie vieles aber tun wir, das uns gar nicht bewusst ist oder das anders ausgeht, als wir es beabsichtigt haben? Gut gemeint, schlecht gemacht. Aber auch umgekehrt: Böses im Sinn, und doch ging es gut aus.
Jesus Christus wird richten. Wir müssen uns vor ihm verantworten. Ich hoffe, dass sein letzter Blick auf uns liebevoll sein wird. Dass er uns aufrichtet und versöhnt: mit uns selbst, mit Gott. Und dass wir dann als Brüder und Geschwister mit ihm leben dürfen.

21. November

Ins Freie

Damals,
als die Angst ihre Fesseln
um mich schlang
und zuzog, immer fester.
Und ich verstört war,
weil ich mir nicht vertraute
in meinem Glauben
an dich.

Damals,
als ich weinte,
angesichts meiner Lieben,
die vergehen würden
im Feuer deines Zorns.
Und ich bestürzt war
von dem, was man mir
ins Herz brüllte
über dich.

Da erreichte mich leise
ein Wort von dir,
das mir so neu erschien
wie ein Morgen.

Hielt es für möglich,
dass deine Liebe größer sei
als dein Zorn.
Und deine Güte himmelweit weiter
als manchem von ihnen lieb.

Da löstest du, allgütig Versöhnender,
meine Fesseln,
da wischtest du selbst
mir die Tränen ab.

Da sprachst du
mein Leben
ins Freie.

22. November

Bleibe bei uns; denn es will Abend werden, und der Tag hat sich geneigt. LUKAS 24,29

Unerkannt und doch nah
(zu Lukas 24,13-35)

Trauerwege. Der Blick bleibt am Boden.
Die Zeit fühlt sich an, als sei auch sie gestorben.
Mechanisch läuft sie weiter, ein totes Gerät. Funktioniert, ohne lebendig zu sein.

Du gehst auf dem Weg, der unüberschaubar ist, und die Beine bewegen sich, als gehörten sie nicht zu dir.

Neben dir einer, der ähnlich fühlt. Die Luft zwischen euch schweigt und wiegt schwer. Wenn einer zu sprechen beginnt, ist die Stimme müde und mürb von enttäuschter Hoffnung. Stockend, stotternd verlassen die Worte den Mund, als ließe sich so auch die Trauer verlangsamen, um nicht fassen müssen, was nicht zu fassen ist.

Einer stößt dazu, geht nebenher. Du nimmst ihn kaum wahr mit deinem gesenkten Kopf. Bis er fragt: Wovon redet ihr? Was belastet euch?

Wie gut das tut, einer, der zuhört, wenn du die ganze Geschichte noch einmal erzählst.
Die Spule dreht sich, der Film zeigt noch einmal, was war. Die Worte beginnen wieder zu fließen. Sie erzählen mit dem Vorzeichen »Vorbei«. Und du spürst, was du verloren hast. Und dann fließen auch die Tränen.

Du spürst, etwas ist anders. Spürst, ohne es deuten zu können. Und ihr geht weiter, mal redend, mal schweigend, bis an das Ende des Weges.
Dann sitzt ihr am Tisch und er bricht das Brot. Er bricht es so, dass der Himmel nah kommt. Und da erkennst du: Er, den ich tot glaubte, ging neben mir.

Und ist auch heute da, in jedem, der mitgeht auf Trauerwegen, Schritt für Schritt. Der das Schweigen verschiebt und sich die ganze Geschichte noch einmal erzählen lässt.

Der weite Weg will gegangen sein. Da erkennst du das Brennen noch nicht, spürst nicht den Luftzug, der den glimmenden Docht anfacht, beharrlich und sanft.

Bis ein Moment kommt, der die die Augen öffnet. Bis das Brot in deinem Mund wieder nach Erde und Himmel schmeckt. Und du das Brennen fühlst, die Flamme, die dich lebendig macht.

Bis du beginnst, neu zu leben.

23. November

Stützende Hand

Manchmal mache ich mich mit der Ewigkeit vertraut. Ich stelle mir vor, ich könnte mich an sie lehnen wie an eine stützende Hand in meinem Rücken.
Dann spüre ich: Gott ist größer als meine Angst und seine Gedanken reichen über meine hinaus. Er hält mich, seine Weite umgibt mein Leben, in seiner Liebe kann ich mich bergen.
Und wenn ich dann aufstehe und weitergehe, bin ich ein wenig aufrechter und spüre noch lange die Wärme in meinem Rücken.

24. November

Und es werden kommen von Osten und von Westen,
von Norden und von Süden, die zu Tisch sitzen werden
im Reich Gottes. LUKAS 13,29

An Gottes Tisch

Wie Babettes Festmahl, so stelle ich es mir an Gottes Tisch vor. Tania Blixen erzählt davon:[35] Babette muss aus Frankreich fliehen und gelangt auf Vermittlung eines Herrn ins Haus zweier alter Schwestern an einem norwegischen Fjord. Die beiden sind Töchter eines Propstes und Propheten, der eine sehr fromme und sehr strenge Glaubensgemeinschaft gegründet hat. Sie gönnen sich nur das Allernötigste.

---

35 Tania Blixen: Babettes Fest und andere Erzählungen, München 2013, S. 26ff.

Die Schwestern nehmen Babette in ihr Haus auf und weisen sie an, ihren Haushalt zu führen. Üppige Mahlzeiten seien nicht angebracht, teilen sie ihr mit, man beschränke sich im Wesentlichen auf Stockfisch und Brotsuppe mit Bier.

Zwölf Jahre später erhält Babette einen Brief aus Frankreich. Wie sich herausstellt, hat sie dort über all die Jahre im Lotto gespielt und nun zehntausend Francs gewonnen. Zum ersten Mal bittet Babette die Schwestern um etwas: Sie möchte zum hundertsten Geburtstag des längst verstorbenen Propstes ein Festmahl für die Ältesten der Gemeinde kochen. Die beiden Damen gestatten es ihr. Und nun beginnt im Haus ein seltsames Treiben und fremde Gerüche durchwehen die kärglichen Räume.

Am großen Tag treffen die Gäste ein. Babette tischt auf. Und die Gäste wissen nicht, wie ihnen geschieht. Nie haben sie solche Gaumenfreuden erlebt, nie solche Köstlichkeiten zu sich genommen. Wein fließt reichlich durch ihre Kehlen. Und zwischen ihnen spielen sich plötzlich kleine Wunder ab: Zerstrittene sehen ihre Fehler ein, lachen darüber, versöhnen sich. Der Schiffer Halvorsen und Witwe Oppegaarden schmiegen sich in einer Ecke aneinander und tauschen endlich den langen Kuss, der ihnen, als sie noch jung waren, in einer heimlichen Liebesgeschichte nie vergönnt war.

Ein Gast bringt es in seiner Rede auf den Punkt und deutet das Gastmahl als einen Ausdruck der grenzenlosen Gnade Gottes, die man nur dankbar hinnehmen kann. »Die Gnade«, so sagt er, »stellt keine Bedingungen und sondert keinen von uns aus der Reihe heraus; die Gnade nimmt uns alle an die Brust und verkündet Generalamnestie.«

Ja, so kann ich es mir vorstellen, Gottes Festmahl an seinem Tisch: Alles Karge, mit dem wir meinen, uns vor ihm rechtfertigen zu müssen, wird mit überbordender Liebe beantwortet, alles Unvollendete erhält eine neue Chance, Streitigkeiten scheinen belanglos und weichen einem großen Gelächter, und alle können sich am Frieden sattessen. Himmlisch liegt der Geschmack denen auf der Zunge, die kommen, von Osten und von Westen, von Norden und von Süden, und zu Tisch sitzen werden im Reich Gottes.

25. November

Wunsch

Dass einer mich findet,
wenn ich mich selbst verliere,
dass einer meinen Namen
bei sich bewahrt.

Dass einer noch weiß,
wer ich bin,
und neu erzählt,
was ich längst vergaß.

Dass einer mich birgt
im Haus einer Liebe,
die weiter reicht als das,
was ich ahne von mir.

26. November

Der König aller Könige und Herrn aller Herren, der allein Unsterblichkeit hat... Dem sei Ehre und ewige Macht. 1. TIMOTHEUS 6,15 F.

Ins unsterbliche Leben

»Man kann mir alles nachsagen, nur nicht, dass ich ungerecht bin.« Markus Zusak lässt in seinem Buch »Die Bücherdiebin« den Tod selbst sprechen. Der erzählt von Liesel, einem Mädchen, das ihm einige Male begegnet ist: Immer dann, wenn in ihrer Nähe ein Mensch starb, traf er sie. Zum ersten Mal in einem Zug nach Bayern. Die Mutter will Liesel und deren Bruder zu Pflegeltern bringen, der Bruder aber stirbt unterwegs, und so lernt der Tod Liesel kennen, bevor sie allein zur Familie Meininger kommt und in Bayern ihre Kinder-und Jugendzeit mitten im Zweiten Weltkrieg erlebt.

Auch in den folgenden Jahren begegnet der Tod ihr einige Male. Einmal trifft er sie, als sie gemeinsam mit ihrem Freund Rudi einen Soldaten findet, der mit seinem Flugzeug abgestürzt ist. Später holt er die Menschen ab, die ihre Liebsten sind, und er sieht sie verzweifelt und machtlos danebenstehen. Einmal aber muss er umkehren, denn das Mädchen hat es geschafft, einem bei der Familie untergetauchten Juden, der schwer erkrankt ist, das Leben zu retten.

Wie begegnet der Tod uns in diesem Buch? Jedenfalls nicht als brutaler Sensenmann. Er ist einer, der einfach seine Arbeit tut. Er trägt, wie er selbst sagt, die Seelen davon. Behutsam wirkt er dabei. »Eure Seelen werden in meinen Armen liegen«, sagt er den Lesern. Und er verspricht: »Sanft werde ich euch davontragen.« Manchmal jedoch ist er selbst erschöpft und weiß nicht, wie er seine Arbeit schaffen soll. Denn in der Zeit, von der er erzählt, ist ja Krieg. Und der ist ein »Vorgesetzter, der Unmögliches von einem erwartet«. Und so ist selbst der Tod innerlich »zermürbt, zerfahren, zunichtegemacht.«[36]

Nein, ungerecht ist der Tod nicht, er unterscheidet nicht zwischen denen, die er holt. Er sammelt ihre Seelen ein. Nur wenn er auf die Hinterbliebenen schaut, dann bricht es ihm manchmal fast das Herz. Doch er muss ja weitermachen, kein anderer kann seine Arbeit tun. Und so trägt er die Seelen fort und trägt sie an einen Ort, über den wir nichts erfahren.

Ich frage mich, wo wohl der Tod die Seelen ablegt, ablegen darf. Ich könnte mir vorstellen, dass er sie dorthin bringt, wo der König wohnt, der – wie der Bibelvers sagt – allein Unsterblichkeit hat. Er führt keinen Krieg gegen uns Menschen. Er holt uns vielmehr in seine Ewigkeit. Dort teilt er sein unsterbliches Leben mit uns. Dem müden Tod aber schenkt er Ruhe für immer.

27. November

Einmal wird

Einmal wird durch die Wolken
ein Lichtstrahl brechen
und was erstarrt war
zum Tauen bringen.

---

36 Markus Zusak: Die Bücherdiebin © 2008 cbj Verlag, München, in der Verlagsgruppe Random House GmbH, Übersetzung: Alexandra Ernst.

Einmal wird durch den Staub
ein Stängel drängen
und eine Knospe sich schieben
in Richtung Himmel.

Einmal wird hinter den Tränen
ein Lächeln warten
und der Schmerz klingt ab
und wird still.

Einmal wird hinter dem Tod
das Leben summen
und dich auffordern:
Komm, stimm ein in mein Lied!

28. November

Ein Mensch ist in seinem Leben wie Gras, er blüht wie eine Blume auf dem Felde; wenn der Wind darüber geht, so ist sie nimmer da, und ihre Stätte kennet sie nicht mehr. Die Gnade aber des HERRN währt von Ewigkeit zu Ewigkeit über denen, die ihn fürchten, und seine Gerechtigkeit auf Kindeskind. PSALM 103,15–17

Kalligrafen

Chinesische Männer am Ufer eines Sees. Immer wieder tauchen sie einen Stock ins Wasser, an dessen Spitze ein Schwamm gebunden ist. Dann malen sie sorgsam und genau Schriftzeichen auf flache, steinerne Inseln, die sich im Wasser befinden. Je nachdem, ob Wolken über den Himmel ziehen oder aber die

Sonne herunterbrennt, verschwinden die Zeichen früher oder später. Kaum eines hält sich wohl länger als eine halbe Stunde auf diesen Steinen.
Christoph Ransmayr hat die Kalligrafen am Ufer des Kunming-Sees im Nordwesten von Peking beobachtet und schildert sie in seinem Buch »Atlas eines ängstlichen Mannes«[37]. Als er sie fragt, was sie dort tun, erzählen sie ihm ihre Geschichte. Uralte Gedichte sind es, die sie auf die Inseln aus Stein auftragen. Sie bewahren sie auf zärtliche Weise mit ihren vergänglichen Mitteln.

Oft schon habe ich darüber nachgedacht, ob diese Kalligrafen ein Bild für einen Gott sein könnten, der seine Ewigkeit ins Zeitliche zeichnet. Ähnlich versunken, manchmal schweigsam verrichtet er seine Arbeit. Sorgsam und zärtlich schreibt er sich ein in die vergängliche Welt.
Könnte es sein, dass wir seine Schriftzeichen sind? Flüchtig und fragil. Verwehende, in denen doch der Geist Gottes wirkt und wächst. Sein wertvolles Wort, aufblitzend in der Zeit. Vergänglich. Und doch Wohnstatt seines Heiligen Geistes und so auch selbst geheiligt.
Gott, der uns mit Schönschrift schreibt in die Zeit: Er weiß, wer wir sind. Was uns ausmacht, bewahrt er in seinem Gedächtnis.

---

37 Christoph Ransmayr: Atlas eines ängstlichen Mannes © S. Fischer Verlag, Frankfurt am Main, 4. Auflage 2012.

29. November

Nähme ich Flügel der Morgenröte und bliebe am äußersten Meer, so würde auch dort deine Hand mich führen und deine Rechte mich halten. PSALM 139,9 F.

Vaters Hand

Als sie aufwacht, spürt sie ihre rechte Hand, ganz warm. Sie hat von ihrem Vater geträumt. Er lag in seinem Bett im Wohnzimmer, schon schwer krank. Sie saß daneben, ihre Hand in seiner. Draußen erwachte der Frühling, zu Hause aber starb er. Im Traum hat sie ihre Trauer von damals gespürt. Und gleichzeitig die Vertrautheit zwischen ihnen, stark wie seit ihrer Kindheit nicht mehr. Das immerhin hatte die Krankheit möglich gemacht.
Mit diesem Gefühl ist sie aufgewacht. Es ist, als hielte ihr Vater noch immer die Hand. Sie schaut auf den Wecker, zehn Minuten vor sieben. Ein paar Minuten hat sie noch, bis sie aufstehen muss.
Ach ja, denkt sie, Vaters Hände. Momente fallen ihr ein, als sie klein war. Wie er sie in die Luft warf und wieder auffing oder sie im Kreis um sich herum wirbelte. »Ein Flugzeug, Achtung, ein Flugzeug«, rief er dann. Davon konnte sie gar nicht genug bekommen. »Einmal noch, bitte, lass mich noch einmal ein Flugzeug sein.« Dann nahm er sie wieder und wirbelte sie herum. Oder wenn sie spazieren gingen und er an einer befahrenen Straße neben ihr war, ihre Hand fest in seiner. »Ich passe auf, dass dir nichts geschieht«, sagte er. Und sie hatte sich sicher und geborgen gefühlt.
»Jetzt bin ich erwachsen und halte selbst oft die kleine Hand von Kathrin in meiner«, denkt sie. »Und er, er ist schon so lange tot. Trotzdem, manchmal ist es, als ginge er neben mir. Als

wäre er da mit seiner Hand, die mir Schutz und Geborgenheit gibt. Oft gerade dann, wenn ich Angst habe vor einer Veränderung in meinem Leben. Als ich im letzten Jahr in den Beruf zurückging, zum Beispiel. Da habe ich mir oft Gedanken gemacht, wie das wohl wird. Ob ich es schaffe und nicht dabei untergehe. Dann dachte ich plötzlich: Ich bin nicht allein. Da geht einer mit und gibt mir Halt.«
»Das tut mir gut«, denkt sie, »das braucht man doch auch als Erwachsener noch: Das Gefühl, dass eine Hand da ist, die mich hält, einer, der achtgibt, dass mir nichts passieren kann.« Dann schlägt sie die Bettdecke zurück, um aufzustehen.

30. November

Vor der Tür

Die Liebe
war es.

Sie hat ihn
aus dem Himmel
zur Erde getrieben.
Menschenleid
hat das Herz
ihm zerrissen.

Die Liebe
war es.

Sie hat
seinen Traum
leise auferweckt.

Da kam er,
um unter uns
die Welt
zu verändern.

Die Liebe
war er.

Und er ist
und er bleibt
und klopft als Hilfe
an unsere Tür.

1. Dezember

Sieben Weihnachtswünsche

Einen Duft,
der durch
die Zeiten weht.

Einen Himmel,
der über dir
offen steht.

Ein Lied,
das noch lange
in dir erklingt.

Einen Menschen,
der mit dir
von Freude singt.

Ein Licht,
das goldenen Glanz
verbreitet.

Einen Stern,
der dich
durch das Dunkle leitet.

Und auf all deinen Wegen
einen Engel,
der dich begleitet.

2. Dezember

Macht hoch die Tür!

Macht hoch die Tür, die Tor macht weit![38]
Mit dem ersten Lied aus dem Gesangbuch beginnen am ersten Advent viele Gottesdienste: ein doppelter Anfang.

Probier es aus, sagt es mir. Öffne die Tür, vielleicht steht er ja da: Gott, ein Gast, mit dem ein Leuchten ins Haus weht.

Heil und Leben bringt er mit sich, so heißt es in dem Lied.

Einer holt mich aus dem Hamsterrad und führt mich zurück zu mir. Er sieht meine Wunden und verbindet sie.
Einer füllt meine Leere mit neuem Leben.
Sanftmütigkeit und Barmherzigkeit regieren dort, wo er einzieht. Einer kratzt mein verkrustetes Herz vorsichtig frei.
Er nimmt mir den Zorn aus Mund und Faust. Einer macht mich berührbar und einfühlsam.

Ja, eine wahre Freudensonne sei er.

Ein Licht ist er, das sich weder einfangen noch aufhalten lässt.
Er scheint in mein Leben, bis in die dunklen Winkel hinein.
Und bringt eine Freude mit sich, die tief greift und weit reicht.

Probier es aus!

---

38 Evangelisches Gesangbuch, Nr. 1.

Mit der ersten Kerze auf dem Adventskranz fange ich an. Ich nehme mir Zeit und lasse mich ein.
Täglich denke ich ein »Willkommen« in die Stille.

Ich öffne die Herzenstür.
Und halte für möglich, dass ein Leuchten hineinweht: ins Haus und ins Leben.

3. Dezember

Advent

Nun wechselt die Welt
ihr Kleid.

Sie will das
grobgewebte Gewand
aus nebelfahlen Tagen
nicht länger tragen.

Stattdessen nimmt sie
sanften Samt
aus dem Schrank
und bestickt ihn mit Sternen.

Nun kommt die Welt
im Lichtkleid daher
und summt beharrlich
von Hoffnung:

Nun beginnt eine neue,
heilige Zeit.
Ein Funkeln
über dem Alltag.

Bist du bereit?

4. Dezember

Barbaratag

An einem Morgen im Dezember ziehe ich mir die dicke Jacke über. Dann nehme ich mir die Rosenschere und trete vor die Tür. In der Nacht hat es geschneit, unberührt liegt der Garten vor mir. Der Schnee scheint alles stiller zu machen. Ich ziehe mir Gummistiefel an und setze den Fuß ins Weiß. Leise knirscht es unter den Sohlen, als ich zum Forsythienbusch gehe. Ich schneide drei Zweige ab, einige Flocken schweben zu Boden.

Einige Male atme ich die frische Luft ein und aus. Dann gehe ich zurück ins Haus, um die Zweige in eine Vase zu stellen. Es ist der 4. Dezember. Barbaratag.

Barbara soll im 3. Jahrhundert nach Christus in Nikomedia gelebt haben. Als sie Christin werden wollte, versuchte ihr Vater, sie mit allen Mitteln davon abzuhalten. Doch Barbara setzte sich durch und ließ sich taufen. Ihr Vater erfuhr davon, brachte sie vor Gericht und ließ sie zum Tode verurteilen.

Die Legende erzählt, dass Barbaras Gewand sich auf dem Weg ins Gefängnis an einem Zweig verhakte. Der Zweig brach,

Barbara nahm ihn mit und stellte ihn im Gefängnis in ein mit Wasser gefülltes Gefäß. Am Tag, als das Todesurteil über sie gesprochen wurde, öffneten sich die Blüten des Zweigs: Als wolle er widersprechen mit einer leisen, doch deutlichen Stimme.

Der Vater aber hörte diese Stimme nicht. Er selbst soll seine Tochter enthauptet haben. Noch am selben Tag soll er von einem Blitz erschlagen worden sein.

Der 4. Dezember ist der Legende nach Barbaras Todestag. Zweige, die an diesem Tag geschnitten werden und dann in der warmen Wohnung in eine Vase gestellt werden, werden am Heiligen Abend blühen, so sagt man.

Solche Barbarazweige überbrücken eine kalte und dunkle Zeit. Draußen erscheint alles erstarrt. Auch der Zweig ist blattlos und kahl. Eine Veränderung ist viele Tage lang kaum zu erkennen. Nichts zu sehen vom Leben, das sich wieder öffnen wird. Geduld ist gefragt. Beharrlichkeit. Hoffnung gegen den Augenschein. Nicht aufzugeben, auch wenn alles aussichtslos erscheint.

Einmal wird der Zweig blühen. Am Geburtstag des Kindes, von dem es in einem Lied heißt, es blühe selber wie eine Rose: »mitten im kalten Winter wohl zu der halben Nacht«[39].

---

39 Evangelisches Gesangbuch, Nr. 30.

5. Dezember

Sternenglanz und Engelswort

Wieder naht die dunkle Zeit,
in der es hell wird
durch Sternenglanz
und Engelswort.

Du, Gott, kommst näher,
Tag für Tag,
um unter uns zu wohnen
als Licht der Welt.

Zieh ein
in unsere Wohnungen
und unser Leben,
leuchte in uns und durch uns.

Damit es hell wird
an dunklen Tagen,
an düsteren Orten
und in verfinsterten Herzen.

6. Dezember (Nikolaustag)

Wer dem Geringen Gewalt tut, lästert dessen Schöpfer; aber wer sich des Armen erbarmt, der ehrt Gott.

SPRÜCHE 14,31

Ein Nikolaus mit Knopf im Ohr

Ein Dezembermorgen im Supermarkt. Am Ende einer langen Schlange stehe ich vor der Kasse und übe mich in Geduld. Eine ältere Frau schiebt ihren Wagen hinter mich, sie seufzt: »Oh wei.«

»Im Dezember muss man Zeit mitbringen«, sage ich. Der Mann, der vor mir steht, ergänzt: »Und dazu ist noch Montag, da ist es immer voll.« Er ist groß, vollbärtig und hat einen Knopf im Ohr.

Die Frau meint: »Ja, die an der Kasse tun, was sie können.«
Wir drei kommen in ein Gespräch, das uns die Wartezeit verkürzt. Endlich ist der Mann an der Reihe. Er beginnt, seinen Wagen auszupacken »Bei mir kann es dauern!«, sagt er. Nikoläuse und Schokoherzen, Marzipankartoffeln und Mandarinen wandern auf das Kassenband. Leckereien in Hülle und Fülle.

»Na, Sie haben wohl eine Großfamilie, was?«, sagt die Frau an der Kasse. Er entgegnet: »Nein, das ist für meine Leute. Ich packe Tüten zum Nikolaus für sie.«
Ein Nikolaus also. Mit Rauschebart und Knopf im Ohr.

Ein Nachfolger jenes Mannes, der im 4. Jahrhundert als Bischof von Myra in der heutigen Türkei wirkte und von dem viele Legenden erzählen. Zahlreiche Wunder soll er vollbracht haben.

Einmal habe er Korn vermehrt, heißt es von ihm, um es an Arme zu verteilen. Ein Sturm sei still geworden durch seine Gegenwart und sogar einen Toten habe er auferweckt.

Dass wir einander am Nikolaustag, dem Gedenktag seines Todes, beschenken, geht wohl auf folgende Legende zurück:
Nikolaus erfuhr von einem Mann, der in Armut geraten war und nun seine drei Töchter in die Prostitution schicken wollte. Daraufhin soll der Heilige in drei aufeinanderfolgenden Nächten jeweils einen Goldklumpen durchs Fenster des Hauses geworfen haben, in dem die drei Jungfrauen wohnten. So bewahrte er sie vor der Prostitution.
Der Nikolaus im Supermarkt erzählt nicht, wer genau »seine Leute« sind. Aber man kann sich denken, dass es Menschen sind, die in besonderer Weise angewiesen sind auf einen, der auf sie achtet.

Als ich auf dem Parkplatz meinen Einkaufswagen zum Auto schiebe, packt er gerade seine Sachen ein. Der Knopf in seinem Ohr blitzt in der fahlen Dezembersonne. Der Nikolaus klappt die Tür zur Ladefläche zu und steigt ins Auto. Als er losfährt, lächelt er mir noch einmal freundlich zu.

7. Dezember

Im Dezemberdunkel

Im Dezemberdunkel
tappe ich
meiner Sehnsucht hinterher.

So oft schon
ins Leere gefasst.
Durch Löcher gestolpert.
An dornigen Zweigen mir
das Hoffnungskleid zerrissen.

Da schweift am Horizont
ein Stern.

Als suche jemand die Erde ab.
Als hoffe er, im Lichtkegel
einen Verlorenen zu entdecken.

Einer hat sich
auf den Weg gemacht
zu mir.

8. Dezember

Wunschzettel

In den Wochen vor Weihnachten hat das Postamt in Himmelsthür bei Hildesheim alle Hände voll zu tun. Zigtausend Briefe gehen

dort jährlich ein, adressiert an den Weihnachtsmann, der, wie die Kinder glauben, dort hinter der Himmelstür wohnt.
Aus aller Welt kommen sie: die Wunschzettel mit den großen und kleinen Kinderwünschen. Ich kann mir vorstellen, wie sie aussehen. Ich erinnere mich selbst noch gut daran, wie ich als Kind meinen Wunschzettel geschrieben habe. In Schönschrift und möglichst ohne einen Fehler. Dann habe ich meistens noch ein paar Bilder darauf gemalt: einen Tannenbaum oder einen Schneemann, Sterne oder Kerzen. Der Weihnachtsmann sollte sehen, wie viel Mühe ich mir gemacht hatte, und sich über die Bilder freuen.
Auch die Auswahl der Wünsche habe ich gut bedacht. Nicht zu viele, denn es sollte nicht unbescheiden wirken. Aber mit zu wenig wollte ich mich auch nicht begnügen, auf gar keinen Fall. Die Adresse in Himmelsthür kannte ich damals noch nicht. Meine Eltern übermittelten dem Weihnachtsmann meinen Brief.

Wie schön war es doch, als Kind eine Anschrift für seine Wünsche zu haben. Zu wissen, dort kommen sie an, dort werden sie gelesen oder gehört, ja, vielleicht sogar erfüllt.
Dann wurde ich größer, der Weihnachtsmann wurde zur Märchengestalt. Später erfuhr ich, dass das himmlische Postamt auf der Erde bei Hildesheim steht. Menschen beantworten dort die Briefe der Kinder.
Aber eine Adresse für meine Wünsche, die hätte ich immer noch gern.

Wie sähe der Wunschzettel aus, den ich heute, als Erwachsene, schreiben würde? In Gedanken setze ich mich hin und schreibe ihn auf. Manches notiere ich, was ich gern für mich selbst hätte. Einen schönen Schal. Bücher oder CDs. Aber ich merke, dass das gar nicht so entscheidend ist. Wichtiger sind die großen Wünsche, die ich ersehne für die Welt.

Friede auf Erden, notiere ich. Mir fällt die Nacht ein, in der Engel davon ein Lied gesungen haben. Brot für die Welt, schreibe ich auf. Und denke an die Hilfsaktion, die in jedem Jahr am 1. Advent eröffnet wird. Vieles kommt mir noch in den Sinn: dass Kinder ohne Gewalt aufwachsen können, dass kranke Menschen geheilt werden, dass alle Menschen sauberes Wasser zum Trinken haben.

Damit die kleinen Anliegen wahr werden, ist oft nur wenig nötig; handwerkliches Geschick oder der Gang in ein Geschäft. Die großen Wünsche brauchen mehr: Kraft und Fantasie, Mut und vor allem: einen langen Atem.

Ich kann diese Wünsche an Gottes Adresse schicken, als Gebet. Doch zum Erwachsensein gehört auch, anzuerkennen, dass nicht nur er für diese Wünsche zuständig ist. Ich selbst kann dazu beitragen, dass sie wahr werden. Ich will mich anstecken lassen vom Kind in der Krippe, das, groß geworden, Frieden gesät und Brot ausgeteilt, Wunden geheilt und Leben gebracht hat.

9. Dezember

Außerhalb der Mauer

Der Stall: er
steht außerhalb der Mauer;
wo die verlornen
Schafe grasen,
im Rücken den Stern,
der unbeirrbar und
auf sanfteste Weise
sein Licht über sie legt
wie eine Decke.

10. Dezember

Tag der Menschenrechte

In der Adventszeit ist die Haut dünn. Der Unterschied zwischen der Welt, wie sie sein sollte und wie sie tatsächlich ist, wird einem oft besonders bewusst. Und der Schmerz über die Diskrepanz zwischen dem, wonach wir uns sehnen, und dem, was wir vor Augen haben, dringt tiefer in uns ein als zu anderen Zeiten.
In keinem anderen Monat ist der Wunsch nach Frieden und Gerechtigkeit so deutlich spürbar wie im Dezember. Nie ist die Spendenbereitschaft in unserem christlich geprägten Land so groß wie in der Adventszeit.

Es mag ein Zufall sein, dass mitten in diese Zeit der »Tag der Menschenrechte« fällt. Er erinnert an den 10. Dezember 1948, als von der Generalversammlung der Vereinten Nationen die allgemeine Erklärung der Menschenrechte verkündet wurde, deren Grundsatz lautet:
»Alle Menschen sind frei und gleich an Würde und Rechten geboren.«

Jedem Menschen wird also eine unantastbare Würde zuerkannt. Allein aufgrund seines Menschseins stehen ihm die Menschenrechte von Geburt an zu; immer und überall auf der Welt.

Zu diesen Rechten gehören neben dem Recht auf Leben, Freiheit und Sicherheit der Person zum Beispiel auch das Recht auf Privatsphäre, auf Asyl, auf freie Meinungsäußerung und auf Arbeit und Bildung.

Auch heute noch sind wir weit entfernt davon, dass die Menschenrechte weltweit eingehalten werden.
Aber: Es gibt nun diese Richtlinie, auf die die Regierungen vieler Staaten sich verpflichtet haben und an der sie gemessen werden können.
Es gibt Organisationen, die beobachten, ob die Menschenrechte geachtet werden. Amnesty International etwa prangert jene Staaten an, die sie verletzen.

Und es gibt internationale Gerichtshöfe für Menschenrechte, zum Beispiel in Straßburg, vor denen sich Personen verantworten müssen, die diese Rechte verletzen.

Ihre frühesten Wurzeln haben die Menschenrechte lange vor der Entstehung des Christentums. Aber sie entsprechen auch der Grundhaltung, aus der Jesus Christus gelebt und gelehrt hat.
Darum passt es zur Adventszeit, dass der »Tag der Menschenrechte« uns befragt, wie es um die Würde und die Rechte jedes einzelnen Menschen steht.
Im Riss zwischen Ideal und Wirklichkeit wird unter der dünnen Adventshaut die Sehnsucht spürbar nach einer anderen Welt. Empörung wächst über jene Staaten und Personen, die über die Würde anderer hinweggehen und sie verletzen. Menschen werden bereit, sich einzusetzen für jene, denen diese Rechte versagt werden.

Der Tag der Menschenrechte stellt uns Fragen. In diesen Fragen lassen sich unterschiedliche Stimmen vernehmen. Auch die des Christus, auf den wir im Advent hoffen und warten, und der zugleich angewiesen ist auf Menschen, die seinen Ruf hören und seinen Willen tun.

11. Dezember

Zum Engel werden

Gott, du siehst:
Flügel habe ich keine.
Doch habe ich Arme,
die einen anderen
umfangen und halten können.

Gott, du weißt:
Aus dem Himmel komme ich nicht,
doch kann ich über die Erde gehen
mit offenen Augen
und wachen Ohren.

Gott, du erkennst:
Eine Lichtgestalt habe und bin ich nicht,
doch kann ich ein Leuchten tragen
in die Dunkelheit
eines Verzweifelten.

Gott, ein Mensch bin ich.
Lass mich gelegentlich
zum Engel werden.

12. Dezember

Ein anderer Ton

In der Stadt ist Weihnachtsmarkt. Ich dränge mich durch die Massen. Stimmengewirr, einzelne Fetzen, die keinen Sinn ergeben, dazwischen von allen Seiten unterschiedliche Weihnachtslieder. »Schlaf in himmlischer Ruh«, »Rampampampam«, »… rieselt der Schnee, …«
Gerade als ich von irgendwo höre »Glocken mit heiligem Klang, klinget die Erde entlang«, beginnt tatsächlich eine Glocke zu läuten. Ein melodischer, kräftiger Klang.
Doch übertönt er die anderen Geräusche gar nicht. Eher klingt er hinein, wandert hindurch, bringt einen anderen, überraschenden Ton mit sich, der Erinnerungen weckt. Ich finde mich wieder in einen großen Raum, in dem es still ist. Auf dem Altar liegt aufgeschlagen eine Bibel. Kerzen leuchten in einer Gebetsecke.
Der Klang der Glocke holt mich zurück in diese Erinnerung. Mitten auf dem Weihnachtsmarkt, zwischen all den Menschen und dem Geräuschskuddelmuddel wird es in mir für einige Momente still. Als halte die Zeit inne und der Himmel habe die Erde gestreift.

13. Dezember (Luciatag)

Ihr seid das Licht der Welt. MATTHÄUS 5,14A

Ausgerechnet am 13.

Die Dreizehn gilt bei vielen Menschen als Unglückszahl. In manchen Krankenhäusern gibt es keine Zimmer mit der Nummer Dreizehn, in Hochhäusern kein dreizehntes Geschoss.

Der Dezember durchbricht diesen Aberglauben mit einer Gegengeschichte. Da geht ausgerechnet am 13. eine Lichtgestalt um. Lucia durchwandert das Dunkel mit einem Strahlenkranz auf dem Kopf.

Lucia war eine junge Christin, die im 3. Jahrhundert in Syrakus in Italien gelebt hat. Genau nachvollziehen lässt sich ihr Leben nicht mehr. Doch wird von ihr überliefert, dass sie aufgrund ihres Glaubens jungfräulich bleiben wollte. Darum versuchte sie, sich der Verlobung zu entziehen, die ihre Mutter Eutychia wünschte.
Als Eutychia jedoch auf einer gemeinsamen Wallfahrt von einer Krankheit geheilt wird, gestattet sie ihrer Tochter, unverheiratet zu bleiben.
Der verschmähte Verlobte aber verrät Lucia bei den Christenverfolger*innen des Kaisers Diokletian. Sie wird vor Gericht gestellt und zum Tode verurteilt. Doch als man sie ihrer Strafe zuführen will, ist es unmöglich, sie von der Stelle zu bewegen. Schließlich wird Lucia – wohl durch einen Stich in den Hals – getötet. So wird sie zur Märtyrerin.

Von Lucia wird erzählt, dass sie anderen Christ*innen heimlich Nahrung brachte und – um die Hände frei zu haben – dabei einen Kranz aus Lichtern auf dem Kopf trug.
Dieses Bild von ihr bleibt lebendig über ihren grausamen Tod hinaus. Und es begründet einen Hoffnungsbrauch:

Lucia wird zum Vorbild jener leuchtenden Gestalten, denen man am 13. Dezember, dem Luciatag, vor allem in Schweden begegnen kann.

Dort geht am Morgen ein junges Mädchen – oft die älteste Tochter – als Lucia durchs Haus der Familie: Sie ist in ein weißes Gewand gehüllt und trägt einen Lichtkranz auf dem Kopf.
Wenn sie anschließend in die Öffentlichkeit geht, gesellen sich andere Kinder hinzu. Auch sie tragen Kerzen in ihren Händen. Gemeinsam ziehen sie durch Kindergärten, Schulen und andere Einrichtungen. An vielen Orten entsteht so eine Licht-Prozession. Auch in vielen Kirchen Schwedens wird das Luciafest gefeiert.

In Deutschland ist dieser Brauch wenig verbreitet: Trotzdem will ich am 13. Dezember nicht nach dem Unglück Ausschau halten. Lieber sehe ich mich um nach dem Menschen, der auch ohne einen Lichtkranz auf dem Kopf der heiligen Lucia ähnelt und ein Leuchten in den Tag bringt.

14. Dezember

Kniefall

In dieser Nacht
kniet der Himmel nieder.

Neigt sich zu denen,
die am Boden sind.

Schaut den Gebeugten
ins Gesicht.

Richtet auf
die Gefallenen.

Erhebt eure Häupter,
sagt er.
Seht nur, das Licht!

Hört doch! Die Engel –
sie singen:

»Fürchtet euch nicht!«

15. Dezember

Zu lieben wagen

Offene Augen
wünsche ich dir
für die Lichter,
die nun
aus den Fenstern
ins Dunkel fallen.

Hör nur, wie sie
Geschichten erzählen
von Menschen,
die immer noch,
immer wieder
zu lieben wagen.

16. Dezember

Josef, die Randgestalt

Besser als gar keinen Oscar. So mag mancher denken, der den Oscar für die beste Nebenrolle erhält. Wie aber ist es im Leben mit den Nebenrollen?

Ich denke an Josef. Einen ersten kleinen Auftritt hat er, als er sich auf den Weg nach Bethlehem macht. Mit Maria, der unter ominösen Umständen schwanger Gewordenen. Josef hält zu ihr und meistert mit ihr den beschwerlichen Weg.
Als sie endlich am Ziel ihrer Reise ankommen, wird ihnen im

überfüllten Bethlehem ein Stall zugewiesen als Unterkunft für die Nacht.

Die nächste Szene zeigt Josef im Stall. In der Bibel ist sie nicht ausgeführt und doch ist sie bekannt. Zahlreiche Krippenspiele malen sie aus: Das Kind ist geboren, der Raum voller Menschen. Josef steht meist am Rand – in dunklen Kleidern, auf dem Kopf einen Hut – und sieht ein wenig verloren aus.
Das Rampenlicht fällt auf die anderen: in der Mitte die Krippe, das Kind darin. Maria, die ihrem Erstgeborenen liebevoll über den Kopf streicht. Im Halbrund um sie herum und deutlich zu sehen die Hirten, den Glanz des Himmelslichtes noch im Gesicht, und die Sterndeuter mit ihren leuchtenden Gewändern. Josef aber, den bemerkt man kaum, dort hinten, abseits im Schatten wird er fast verschluckt von der Dunkelheit.

Seine Stunde kommt, als die Hirten und Weisen gegangen sind. Das Licht ist erloschen, Finsternis legt sich auf das Land. Auch im Stall wird es nun still.
Josef aber wälzt sich unruhig auf seiner Liegestatt hin und her. Obwohl er schläft, ist etwas in ihm hellwach. Er vernimmt die Stimme eines Engels im Traum.
Das Leben des Kindes sei bedroht, sagt der Engel. Und er fordert Josef auf: »Steh auf, nimm das Kindlein und seine Mutter mit dir und flieh nach Ägypten« (Matthäus 2,13).
Josef handelt sofort: Mitten in der Nacht weckt er Maria und beide machen sich mit dem Neugeborenen auf den Weg.

Josef kennt seinen Platz. Und wenn er gebraucht wird, fragt er nicht lang. Dann ist er da.
Ganz und gar. Er ist gesegnet mit einer feinen Wahrnehmung und mit der Gabe, das Wichtige vom Unwichtigen zu unterscheiden.

Immer im Mittelpunkt stehen, das muss gar nicht sein. Auch die Nebenrolle will sorgsam gespielt sein. Selbst, wenn ich keinen Oscar dafür bekomme, will ich aufmerksam sein. Abseits des Rampenlichts will ich das mir anvertraute Leben fördern, hüten und bewahren.

17. Dezember

Der verlorene Stern

Der Stern ging verloren
und ließ dich zurück
ohne Richtung und Ziel.

Müde vom Weg
durch die Wüste,
und von der
verlorenen Hoffnung
fällst du in einen
schweren Schlaf.

Da träumt sich
durch deine Trauer
ein Engel
und tippt dich an.

Seine Hand
weist nach oben,
als wolle er sagen:
»Da ist doch der Stern!«

Du reibst dir die Augen
und wunderst dich.

Und machst dich neu
auf den Weg.

18. Dezember

Gott sprach zu Mose: Ich werde sein, der ich sein werde.

EXODUS 3,14A

Neue Namen

Für die im Dunkeln wird Gott oft namenlos. Sein »Ich bin da« geht in der Finsternis verloren.

Das Leben aber läuft weiter, als ob nichts gewesen wäre. Die Erde dreht sich in den Weiten des Alls. Die Zeiger der Uhren gehen in ihrem immergleichen Takt voran. Und zwingen mich, Schritt zu halten.

Einem Menschen, der sich von Gott verlassen fühlt, nützen die glaubensstarken Worte der anderen nichts. Gott selbst müsste kommen, bleiben und beistehen. Müsste seinem Namen treu bleiben und sich seiner würdig erweisen.

Denn ich werde nur den Namen ins Dunkel rufen, der durch die Erfahrung gedeckt ist, dass ich ihm vertrauen kann.

So wie ein Kind, das nach der Mutter ruft. Es kann glauben, dass die Mutter da ist, auch wenn sie den Raum verlässt. Denn sie ist ja bisher immer wiedergekommen, ist bei ihm gewesen, hat es getröstet und in den Schlaf gewiegt. Jedes Mal. Und hat sich so als verlässlich erwiesen.

Wenn Gott in der Finsternis unkenntlich wird, dann tragen die Namen, die ich ihm gegeben habe, nicht mehr.
Ich nannte ihn »Allmächtiger« und kann nun nicht mehr erkennen, dass er seine Macht erweist.
Ich nannte ihn »Barmherziger« und kann ihn nicht in Verbindung bringen mit dem, was mir oder auch anderen widerfährt.

In solchen Zeiten müssen Stellvertreter*innen für Gott in die Bresche springen. Die Nachbarin, die am Gartenzaun fragt, wie es mir geht. Der Sozialarbeiter, der aus einer verfahrenen Lage einen Weg aufzeigt.
Gott kann Musik sein, die löst, was in mir hart geworden ist. Ein Farbfleck im Schnee, der sich als Krokus entpuppt. Ein Gedicht, durch das ich mich verstanden fühle.

Erst im Nachhinein erkenne ich manchmal, dass Gott in der finsteren Zeit einen neuen Namen annahm. Er verbarg sich im lösenden Wort. Oder ging neben mir auf dem Weg durch den kahlen Wald, auf dem ich mir so verloren vorkam.

So wachsen Gott neue Namen zu, die mit Erfahrungen gesättigt sind. Namen, denen ich Vertrauen schenke.
In der Dunkelheit sind sie neu geboren. So wie das Kind in der Nacht, die wir »heilig« nennen.

19. Dezember

Ins Leben treten

Über den dunklen Tagen
geht nun die Nacht auf
mit mildem Schein.

Und in den Winter ist
eine Blüte gewachsen,
die unter dem Schnee
an Farbe gewinnt.

Es ist die Zeit,
in der Bilder sich
aus dem Rahmen lösen.

Als wollten sie endlich
ins Leben treten.

Sollte es klopfen,
so öffne die Tür.

20. Dezember

Heilige Nacht

Jede Nacht, in der
ein Licht aufscheint
über denen draußen im Dunkel.

Jede Nacht, in der
einer dem anderen sagt:
Fürchte dich nicht.

Jede Nacht, in der
der Engel in dir und mir
hell zu leuchten beginnt.

Jede Nacht, in der
Gott zur Welt kommt
in einem Menschen.

21. Dezember

Ich glaube, hilf meinem Unglauben. MARKUS 9,24

Gedenktag für einen Zweifler

In der dunkelsten Zeit kommen die Zweifel. Ob deshalb der 21. Dezember zum Gedenktag des Apostels Thomas wurde? Der 21. Dezember ist der kürzeste Tag des Jahres, auf den die längste Nacht folgt.
Ein Gedenktag für einen Zweifler im Advent. Er sagt mir: Auch

Fragen und Skepsis gehören in diese Zeit. Und tatsächlich gibt es wohl keinen Glauben, der unangefochten wäre; kein Leben, dem existenzielle Fragen erspart blieben, und keinen Menschen, dem nicht zuweilen durch Zweifel und Fragen der Boden unter den Füßen entzogen würde.
Wer ins Zweifeln gerät, erlebt dies tatsächlich oft in einer düsteren Zeit. Meistens überkommen einen die bedrohlichen Fragen in einer ohnehin schwierigen Situation. Sie gesellen sich zu Schmerz oder Trauer, zu Sinnkrisen, Krankheiten oder Umbrüchen im Leben.
Der Zweifel trennt mich dann von den Überzeugten, die einen festen Stand mitten im Leben haben. Selbst wenn sie sich nicht abwenden, sondern mich in ihre Mitte nehmen (was keineswegs selbstverständlich ist), fühle ich mich allein, tröstende Worte und stärkende Gesten haben es schwer, zu mir durchzudringen.
Alles steht infrage und auf dem Spiel: die eigene Identität und der Glaube an Gott, die Interpretation der gemeinsamen Vergangenheit und auch die Zukunft.

Wer zweifelnden Menschen aufmerksam zuhört, der vernimmt oft kluge, brennende Fragen. Sie rühren an das, was sonst unter der Oberfläche schlummert. Das kann verunsichern und wehtun.
Aber: Wer sich einlässt und den Fragen und Zweifeln auf den Grund geht, dem begegnen auch ihre Kehrseiten:
Sie eröffnen die Möglichkeit, mich zu verändern, und helfen mir, neue Wege zu erkennen; sie lassen mich den Glauben anders begreifen und neue Bilder und Worte dafür finden. Sie vertiefen mein Vertrauen ins Leben.
Mein Glaube wird tragfähig und glaubwürdig, wenn er auch dunkle Wege durchschritten hat. Gerade dann entwickelt er eine leuchtende Kraft.

Oft sind Zweifler*innen bekämpft und aus der Gemeinschaft ausgestoßen worden, nicht nur unter Glaubenden, auch in anderen Gruppen oder Organisationen. Manchmal ist es immer noch so. Zweifelnde verstören, sie können andere anstecken mit ihren Fragen und so die festgefügten Bilder oder Gedankengebäude ins Wanken bringen.

Viel wäre gewonnen, wenn wir die Skeptiker*innen willkommen heißen als Menschen, die wichtige Fragen stellen; wenn wir sie in die Mitte nehmen, so wie die Jünger*innen damals Thomas in ihre Mitte genommen haben, und wenn wir uns mit ihnen auf den Weg machen, statt sie auszuschließen.

Zweifler*innen gehen durch eine riskante Zeit, von der man nicht sagen kann, ob sie gut ausgeht. So mag es tatsächlich richtig sein, dass seliger wohl jene sind, die nicht sehen und doch glauben (siehe Johannes 20,29). Doch Jesus verdammt auch die anderen nicht:

Er erlaubt Thomas, den Finger in seine Wunde zu legen. Er vertraut ihm und geht davon aus, dass Thomas behutsam und zärtlich sein wird. Für beide ist dies eine Schlüsselszene ihrer Freundschaft. Ein bewegender Moment, nach dem sie anders, tiefer miteinander verbunden sein werden als bisher.

In der längsten, dunkelsten Nacht kommen die Zweifel. Sie können einen isolieren, ja, geradezu in Todesnähe bringen. Am 21. Dezember werden wir erinnert an den Apostel Thomas, unseren zweifelnden Bruder.

Drei Tage später feiern wir die Geburt eines Kindes, das – erwachsen geworden – in den Abgrund des Todes steigt. Um nach drei Tagen zurückzukehren und uns behutsam an sich zu ziehen, ins Leben.

22. Dezember

Umso fester haben wir das prophetische Wort, und ihr tut gut daran, dass ihr darauf achtet als auf ein Licht, das da scheint an einem dunklen Ort, bis der Tag anbricht und der Morgenstern aufgeht in euren Herzen.

2. PETRUS 1,19

Morgenstern-Momente

Am Winterhimmel ist er besonders gut zu sehen: der Morgenstern. Ein silberner Lichtpunkt vor der Morgenröte. Oben ist es nachtschwarz, darunter hellt das Blau sich auf, geht über in einen orangeroten Streifen aus Licht. Hinreißend schön kündet der Tag sich an.

Hinreißend schön ist es, wenn es hell wird in einem verdunkelten Herzen. Nacht kann ja auch in einem Leben sein. In ausweglos erscheinenden Zeiten, wenn kein Hoffnungsschimmer ins Leben fällt. Wenn die Trauer um einen Menschen, den ich geliebt habe, sich wintertrüb auf die Seele legt.

Manchmal hat ein Wort die Kraft, solche Dunkelheit zu durchbrechen. Oft ist es kein lautes, sondern eher ein zartes Wort, dem solch ein Wunder gelingen kann.

Offene Sinne und der richtige Moment sind nötig, damit es seine Strahlkraft entfaltet.

Dann aber rettet es durch eine riskante Zeit, in der ich mich zu verlieren drohe.

Ein genau richtiges Wort entfacht neue Hoffnung in mir. Eine Freundin leitet mich durch die Trauertage wie ein Licht.

Bis der Morgenstern aufgeht und – hinreißend schön – den Tag ankündet, an dem sich das Leben neu entwirft.

23. Dezember

Wer sagt denn …

Wer sagt denn, dass der Himmel klar war und die Sterne funkelten, damals in dieser Nacht?
Vielleicht regnete es und die Hirten wurden durchweicht bis unter die Haut. Und sie froren vor Nässe und Angst und suchten Schutz bei den Schafen.
Vielleicht klang der Gesang nicht die Erde entlang und der Himmel riss gar nicht auf über allen. Der Furchtsamste nur sah oben ein Licht, gerade in dem Augenblick, als einer neben ihm sagte: Fürchte dich nicht. Und die Worte durchdrangen das Dunkel bis unter die Haut.
Da begann er, vor Freude im Regen zu tanzen. Und er sang dabei wieder und wieder: Fürchte dich nicht. Und riss alle anderen mit auf den Weg zum Licht. Und sie fanden am Rande den Stall und das Kind.

24. Dezember

Heilige Nacht

Nach Hause kommen.
Gott hat
ein Licht ins Fenster gestellt.

Es gleicht einem Stern.

25. Dezember

Und sie kamen eilend und fanden beide, Maria und Josef, dazu das Kind in der Krippe liegen. LUKAS 2,16

Ich steh an deiner Krippen hier[40]

Von nah und fern sind sie gekommen. Maria und Josef aus Nazareth. Das Kind, ein Wunder aus einer anderen Welt. Die Hirten von den Feldern vor der Stadt. Die Weisen aus dem Morgenland.

Am Heiligen Abend stelle ich mich dazu. Wie viele vor mir überspringe ich die Kluft der Zeit. In dieser Nacht scheint das möglich zu sein.
War nicht schon damals die Zeit seltsam aufgehoben, diese Nacht aus ihr herausgefallen in die großen Hände Gottes?

»Ich steh an deiner Krippen hier.« Auch Paul Gerhardt hat vor über dreihundert Jahren die Kluft der Zeit übersprungen, als gäbe es ihre Grenzen nicht. Und so hat er ein Lied gedichtet, in dem er sich einfach dazustellt, in den Stall, an die Krippe, neben Hirten und Weise.

Er macht es wie sie: Er beschenkt das Kind. Nicht mit Gold, Weihrauch und Myrrhe, sondern mit sich selbst:
»Nimm hin, es ist mein Geist und Sinn, Herz, Seel und Mut, nimm alles hin«, bittet er das Kind in der Krippe.
Verzückt schaut er es an. Eine Liebeserklärung sind die Worte, mit denen er es besingt. Auch sie heben die Grenzen auf, die die Zeit uns setzen will. Was das Kind bewirkt, reicht bis in die Gegenwart hinein:

---

40 Evangelisches Gesangbuch, Nr. 37.

Es fällt als Sonne in die Todesnacht, es bringt Licht, Leben, Freude und Wonne. Nicht zu fassen ist seine Liebe, und so dichtet Paul Gerhardt:
»O daß mein Sinn ein Abgrund wär und meine Seel ein weites Meer, daß ich dich möchte fassen!«

Am Ende des Liedes steht eine seltsame Wende. Nun ist es nicht mehr der Dichter, der das Kind beschenken will. Er bittet vielmehr darum, dass es ihn begleitet und in sein Leben einzieht: »So lass mich doch dein Kripplein sein, komm, komm und lege bei mir ein dich und all deine Freuden.«

Am Heiligen Abend stelle ich mich zu Paul Gerhardt und singe sein Lied mit ihm.
Bewegt und angerührt stehe ich dort mit vielen und schaue auf das besondere Kind, das sein göttliches Leben mit unserem menschlichen Leben verbindet. Die Trennlinie zwischen Himmel und Erde ist durchlässig geworden in dieser Nacht. Gott zeichnet sich in die Welt ein, in das Leben, bis heute.
Mitten unter uns lebt er als Mensch und geht doch weit über unser Leben hinaus.
In der Zeit sind wir einen Moment lang schon aus ihr herausgefallen. Nicht in einen Abgrund, sondern in die großen Hände Gottes. Aufgehoben sind wir, damals und heute, an der Krippe und auf dem Weg, aufgehoben mitten im Leben in ihm.

26. Dezember

Hiobskind

Unter den Engeln
von Bethlehem
ist einer,
der schweigt.

Es hat ihm
die Sprache verschlagen.

Das Lied
von der großen Freude,
es scheint ihm
unangebracht.

Selbst in der
Heiligen Nacht.

Er hat das
Elend gesehen.

Unter den Engeln
von Bethlehem
ist einer,
er weint
mit dir.

27. Dezember

Von Träumer*innen und Realist*innen

Ob es ein Zufall ist, dass die Hirten das große Licht sehen mitten in der Nacht, die Weisen aber dem Stern folgen müssen?

Die Hirten: In den Krippenspielen erscheinen sie in schmuddeliges Fell gekleidet, manchmal mit einem derben Ton in der Stimme. Sie bringen solide, lebenspraktische Dinge mit: ein Brot, ein Lamm, eine wärmende Decke.
Ob sie lesen und schreiben können? Wohl eher nicht.

Die Weisen: In den Krippenspielen sind sie dargestellt als Männer in kostbaren Gewändern. Teure Geschenke tragen sie in den Händen: Weihrauch, Myrrhe und Gold. Ob sie wissen, wie man einem Lamm auf die Welt hilft? Wohl eher nicht.

Ob es einen Grund hat, dass sich über denen der Himmel öffnet, die Dreck und Dunkelheit gewohnt sind und beides nicht scheuen? Machen wir uns das Klischee zunutze und stellen wir sie uns ruhig einmal als etwas derbe, eher arme, vielleicht auch ungebildete Realisten vor:
Ihnen werden nun die Flügel der Träume verliehen. Ihr Weg zur Krippe ist lichtgesäumt und nah. Ein Abglanz des Engelscheins liegt auf ihren Gesichtern. Sie, die sonst wohl oft hinten anstehen müssen, treffen in allen Krippenspielen als Erste ein im Stall.

Ob es ein Zufall ist, dass die Sternengucker den weiten Weg gehen müssen? Machen wir uns das Klischee zunutze und stellen wir sie uns ruhig einmal als reiche Träumer vor: Als solche durchwandern sie nun die weite und läuternde Wüste der Rea-

lität. Ihre kostbaren Kleider werden staubig. Sie lernen Hunger und Durst kennen, Dornen und Dunkelheit.
Sie, vor denen sich viele ehrfürchtig verneigen, kommen in allen Krippenspielen als Letzte an im Stall.

An der Krippe stehen sie nun nebeneinander:
Die Hirten mit ihren flüchtigen Heiligenscheinen. Die Weisen mit ihren dornenzerkratzten Armen.

Hier im Stall streiten Träumer*innen und Realist*innen sich nicht. Sie sind auf dem Weg ja in den Schuhen des anderen gegangen.
Sie ahnen wohl schon, dass das das Leben eher komplizierter als einfacher macht. Wer die Welt des anderen betreten hat, dem zerbrechen die Klischees. Wo die verkratzten Träume und die beflügelte Realität aufeinandertreffen, werden Sehnsucht, Fantasie, Kreativität und Kraft frei. Es entsteht ein Raum, in dem geerdete Wunder geschehen.
Ein Kind hat das möglich gemacht. An der Krippe stehen sie nun, Hirten und Weise, und staunen.

28. Dezember

Nach dem Fest

Nach Weihnachten genieße ich es, in Ruhe die Post zu lesen. Ich freue mich über die Menschen, mit denen ich verbunden bin. Ich schaue mir meine Geschenke an und probiere sie aus. Wie viele freundliche Gedanken stecken in ihnen. Ich spüre die Liebe, die mir in anderen begegnet. Es ist, als lächele Gott selbst mir darin zu.

29. Dezember

Ehre sei Gott in der Höhe und Friede auf Erden bei den Menschen seines Wohlgefallens. LUKAS 2,14

Frieden auf Erden

Vom Frieden auf Erden sangen die Engel über den Feldern von Bethlehem. Was ist daraus geworden, 2000 Jahre später? Ist die Welt friedlicher geworden?

Blicke in die Geschichte und in die Gegenwart lassen mich das bezweifeln.
Vom Frieden ist wenig zu sehen. Wir haben Waffen erfunden, mit denen sich die Menschheit nicht nur einmal komplett vernichten ließe. Bis heute versuchen Menschen gewaltsam, Andersdenkende in den eigenen Glauben zu zwingen. In den Zeitungen liest man an jedem Tag von Mord und Totschlag und die Abendnachrichten verschlagen einem zuweilen die Sprache.
Ich kann verstehen, wenn Menschen sich enttäuscht abwenden

vom Glauben, wenn sie Gott verlassen und ihm vorwerfen, dass das Lied der Engel nur ein hohles Versprechen sei.
Es scheint so offensichtlich, dass die Welt sich durch die Vision Gottes vom Frieden auf Erden nicht hat verwandeln lassen.

Zugegeben: Es war eine charmante Vision, mit dem Potenzial, Menschen anzustecken und an sich zu binden. Manchmal aber wirkt es, als habe sie ihre Hoffnungskraft verloren. Als könnten wir sie mitsamt ihrer Worte und Bilder ablegen im Buch der Geschichte.

Das Weihnachtsfest wäre dann ein immer wieder beschworenes, aber illusorisches Idyll. Folklore, schön anzuschauen, jedoch wirkungslos und ohne die Kraft, Not zu wenden, Schmerzen zu lindern und Frieden zu stiften.
Und der Glaube wäre museal geworden, er könnte mit religionswissenschaftlichem und religionshistorischem Interesse betrachtet werden, hätte aber keinerlei Auswirkungen auf die Lebens- und Weltgestaltung im Heute.
Ein lebendiger und glaubwürdiger Glaube ist auf Aktualisierung angewiesen. Es hilft nicht, aufzuzeigen, warum er einmal gut und notwendig war, wenn er es jetzt nicht mehr ist.
Wer glaubt, kommt nicht umhin, sich mit der Wirklichkeit zu befassen, wie sie heute ist, und sie religiös zu erkunden: Wo finden sich Spuren, die hinausweisen über das Vorfindliche? Gibt es Beziehungen zwischen dem, was die Bibel erzählt, und dem, was Menschen gegenwärtig erleben? Lässt sich die Vision Gottes, die in der Heiligen Nacht geboren wurde, ins Heute übersetzen?
Die große Geschichte von damals geht so ein in unsere kleinen Geschichten. Der besondere Moment leuchtet hinein in unsere Tage. Im eigenen Leben. Und darüber hinaus.

Und die große Verheißung vom »Frieden auf Erden«? Wie jedes Versprechen bleibt auch dieses leer, wenn es nicht gestaltet wird: Durch Einzelne, die in ihrem Umfeld für eine wertschätzende Atmosphäre sorgen. Durch die Institution Kirche, die zum Frieden beitragen kann, in den Gemeinden, aber auch im kritischen Gegenüber zur Politik. Und durch Menschen, die sich über Religionsgrenzen hinweg um eine Ökumene derer bemühen, die Versöhnung stiften und sich dafür einsetzen wollen.

»Friede auf Erden«: Das Lied der Engel über den Feldern von Bethlehem: Es weht vom Damals ins Heute; doch beschreibt es nicht das Vorfindliche. Es will gestaltet werden.
Es erklingt durch die Zeiten als ein Versprechen, das Gott uns ans Herz legt und uns mit seiner Hilfe zu füllen bittet.

30. Dezember

Das Mosaik eines Jahres

Die Stunden eines Jahres kommen mir vor wie kleine Steine, die ich zu einem Mosaik aneinandergefügt habe. Am Ende des Jahres schaue ich mir das Bild an, das entstanden ist: Manche Szenen sind wunderschön. Helle, fröhliche, glückliche und bunte Momente, jetzt geprägt in Vergangenheit. Manches sieht dunkler aus, als ich mir vorgestellt habe. Aber die Schatten verleihen dem Bild auch Tiefe. Anderes ist offengeblieben, ich muss die leeren Stellen ertragen. Nun lege ich mein Mosaik Gott in die Hände. Er wird etwas Gutes daraus entstehen lassen. Er wird auch dieses Jahr vollenden zu einem Kunstwerk, das mich ins Staunen bringt.

31. Dezember

Barmherzig und gnädig ist der HERR, geduldig und von großer Güte. PSALM 103,8

Silvester

Silvester, der letzte Tag des Jahres. Mithilfe der Zeitungen und Fernsehsendungen konnten wir es noch einmal an uns vorbeiziehen lassen.
Mir tut es gut, am Ende eines Jahres auch für mich selber Bilanz zu ziehen. Dabei hilft mir mein altmodischer Kalender aus Papier. Ich lege ihn neben den neuen. Sie kommen mir vor wie die Jahre selbst: abgegriffen und verbraucht der eine, weiß und nagelneu der andere.
Seite für Seite blättere ich um und übertrage Geburtstage und Jahrestage. Mein persönliches Jahr zieht dabei noch einmal an mir vorbei. Die Höhepunkte: ein schöner Urlaub, ein fröhliches Fest, lange Abende auf der Terrasse mit guten Freunden. Aber auch die schweren Tage, das, was mühsam oder traurig war: ein Mensch, von dem ich Abschied nehmen musste, ein Plan, der gescheitert ist.
Ich überlege: Was war wichtig für mich? Was habe ich gelernt? Was möchte ich mitnehmen in das nächste Jahr? Und auch das fällt mir ein, was ich zurücklassen möchte. Manches davon kann ich aus der Hand geben. Anderes wird mir erhalten bleiben, weil es untrennbar zu mir gehört. Und dann gibt es noch das eine oder andere, von dem muss ich mich verabschieden, auch wenn ich es gar nicht will.
Wie mag es Ihnen gehen, wenn Sie zurückblicken auf Ihr Jahr? Was überwiegt: das Schöne oder das Schwere? Lassen Sie dieses Jahr gern zurück? Oder würden Sie es lieber festhalten und ein wenig verlängern?

Ja, mir tut es gut, am Ende des Jahres Rückblick zu halten und Bilanz zu ziehen.
Im Jahresschlussgottesdienst gebe ich dann in Gedanken das Jahr zurück an den, der meine Zeit in den Händen hält. In seine barmherzigen Hände lege ich das, was vergangen ist, und bitte ihn, etwas Gutes daraus zu machen.

Quellenverzeichnis

Die Bibelstellen sind, wenn nicht explizit anders angegeben, der Lutherbibel entnommen.

Lutherbibel, revidiert 2017, © 2016 Deutsche Bibelgesellschaft, Stuttgart.

Elberfelder Studienbibel © SCM R.Brockhaus, Witten, 6. Auflage 2017.

Evangelisches Gesangbuch.

Bánk, Zsuzsa: Die hellen Tage, Frankfurt 2012.

Becker, Jurek: Jakob der Lügner, Suhrkamp TB, Frankfurt am Main 1982.

Blixen, Tania: Babettes Fest und andere Erzählungen, München 2013.

Büscher, Wolfgang: Ein Frühling in Jerusalem © Rowohlt, Berlin, 3. Auflage 2014.

Chamisso, Adelbert von: Peter Schlemihls wundersame Geschichte. Universal-Bibliothek, Nr.93 © Philipp Reclam jun. Verlag GmbH, Stuttgart 2003.

Civaschi, Matteo, und Gianmarco Milesi: Das Leben in fünf Sekunden, Fischer Taschenbuch, Frankfurt am Main 2013.

Domin, Hilde: Gesammelte Gedichte © S. Fischer Verlag, Frankfurt am Main, 9. Auflage 2003.

Domin, Hilde: Von der Natur nicht vorgesehen, S. Fischer, München, 3. Auflage 1981.

Ende, Michael: Momo © Thienemann, Stuttgart 1973.

Eulenberger, Klaus: Nur die Stimme der Wahrheit kann trösten. Religiöse Erkundungen der Wirklichkeit, Berlin 2010.

Geiger, Arno: Der alte König in seinem Exil © dtv, München 2012.

Geiger, Arno: Unter der Drachenwand © Carl Hanser Verlag, München 2018.

Gelderblom, Bernhard: Die NS-Reichserntedankfeste auf dem Bückeberg 1933-1937. Aufmarsch der Volksgemeinschaft und Massenpropaganda © Verlag Jörg Mitzkat, Holzminden 2018.

Glattauer, Daniel: Geschenkt, Wien 2014.
Härtling, Peter: Nachgetragene Liebe. Erzählung, Darmstadt 1980.
Hansen, Dörte: Mittagsstunde, Penguin 2018.
Kermani, Navid: Ungläubiges Staunen. Über das Christentum © C. H. Beck, München, 13. Auflage 2016.
Miłosz, Czesław: Gedichte. Ausgewählt und mit einem Nachwort versehen von Adam Zagajewski © Carl Hanser Verlag, München 2013.
Munro, Alice: Kinderspiel. Aus: dies.: Zu viel Glück © Fischer Taschenbuch, Frankfurt am Main, 6. Auflage 2013.
Nordquist, Sven: Armer Pettersson, Oetinger Verlag, Hamburg, 19. Aufl. 1988.
Ortheil, Hanns-Josef: Die Erfindung des Lebens, Luchterhand Literaturverlag, München 2009.
Piumini, Roberto: Eine Welt für Madurer © Carl Hanser Verlag, München 1999.
Ransmayr, Christoph: Atlas eines ängstlichen Mannes © S. Fischer Verlag, Frankfurt am Main, 4. Auflage 2012.
Rosa, Hartmut: Resonanz. Eine Soziologie der Weltbeziehung © Suhrkamp, Berlin, 5. Auflage 2016.
Schleske, Martin: Der Klang. Vom unerhörten Sinn des Lebens © Wilhelm Goldmann Verlag, München, 5. Auflage 2014.
Tranströmer, Tomas: Sämtliche Gedichte © Carl Hanser Verlag, München 1997.
Willms, Tina: Zwischen Abschied und Anfang. Ein Begleiter durch die Passions- und Osterzeit. Andachten, Gedichte und Gebete, Neukirchen-Vluyn 2020.
Zusak, Markus: Die Bücherdiebin © 2008 cbj Verlag, München, in der Verlagsgruppe Random House GmbH, Übersetzung: Alexandra Ernst.

Erwähnte Internetseiten

Erstarrte Hülle – Mutter und Kind, Polyester, 102 cm, 1982 zu sehen auf: www.wieland-schmiedel.de/werke/, auf Seite 4 der Übersicht, Zugriff am 31.01.2021.

https://www.gasometer.de/de/ausstellungen/christo-big-air-package, Zugriff am 31.01.2021.

https://chrismon.evangelisch.de/artikel/2015/31779/wie-auf-erden-kay-pollak, Zugriff am 31.01.2021.

https://www.youtube.com/watch?v=vpLOPn_pxuk, Zugriff am 31.01.2021.

https://www.youtube.com/watch?v=ysTqSHoTzoM, Zugriff am 28.02.2021.

http://www.songfacts.com/detail.php?lyrics=4667, Zugriff am 28.02.2021.

Bibelstellenregister

Schlagwortregister